BIBLIOTHÈQUE MÉRIDIONALE
PUBLIÉE SOUS LES AUSPICES DE LA FACULTÉ DES LETTRES DE TOULOUSE
2ᵉ SÉRIE — TOME V

QUELQUES PRÉLIMINAIRES

DE LA

RÉVOCATION DE L'ÉDIT DE NANTES

EN LANGUEDOC

(1661-1685)

PAR

P. GACHON

PROFESSEUR D'HISTOIRE A L'UNIVERSITÉ DE MONTPELLIER

TOULOUSE
IMPRIMERIE ET LIBRAIRIE ÉDOUARD PRIVAT
45, RUE DES TOURNEURS, 45

PARIS. — ALPHONSE PICARD ET FILS, RUE BONAPARTE, 82.

1899

QUELQUES PRÉLIMINAIRES

DE LA

RÉVOCATION DE L'ÉDIT DE NANTES

EN LANGUEDOC

(1661-1685)

QUELQUES PRÉLIMINAIRES

DE LA

RÉVOCATION DE L'ÉDIT DE NANTES

EN LANGUEDOC

(1661 - 1685)

PAR

P. GACHON

PROFESSEUR D'HISTOIRE A L'UNIVERSITÉ DE MONTPELLIER

TOULOUSE

IMPRIMERIE ET LIBRAIRIE ÉDOUARD PRIVAT

45, RUE DES TOURNEURS, 45

—

1899

AVANT-PROPOS

Le présent travail n'est qu'un cadre d'études, sommairement tracé et très inégalement rempli, sur la procédure suivie en Languedoc contre les Réformés, de 1661 à 1685. En plusieurs points, tels que la propagande catholique, la condition civile des Réformés, la progression des violences qui se marque quatre ou cinq ans avant la révocation de l'Édit de Nantes, il ne contient que des indications. Non que les documents fassent défaut aux recherches, mais parce que la province de Languedoc ne présente, en ces matières, guère de différences avec les autres régions protestantes déjà étudiées. Cette province l'a été aussi et de très près, surtout dans l'histoire interne du calvinisme, celle de ses églises, la plus attachante, sans doute. Néanmoins, il n'a point paru inutile d'examiner certains ensembles de faits qui semblent plus spéciaux au pays de Languedoc.

Et d'abord, il est curieux de chercher pourquoi la longue procédure qu'on s'accorde aujourd'hui à dater, dans ses moyens essentiels, de la mort de

Mazarin, a trouvé surtout en Languedoc, à ses débuts, ses formules principales et ses applications, étendues ensuite au reste du royaume. Sur cette assertion les contemporains sont unanimes, ceux mêmes qui ont le plus contribué à les définir et à les fixer, tels que le P. Jésuite Meynier et le jurisconsulte Bernard. Ils disent tous : On commença par le Languedoc. C'est aussi l'opinion des historiens protestants, celle d'Élie Benoît qui en donne comme raison le nombre et l'importance des églises réformées de cette province. Il y en a d'autres, telles que les pouvoirs conservés encore par la tradition aux consuls des municipalités languedociennes ; l'existence d'assemblées diocésaines et d'États provinciaux, groupes administrateurs longtemps accessibles aux Réformés ; les règles de répartition et de perception d'impôts qui subsistaient encore, enfin la puissance économique de bien des centres protestants due à leur activité industrielle et commerciale. Il y avait là une force organisée. Aussi ne faut-il pas s'étonner que des quatre cents édits, déclarations ou arrêts attribués en général à cette campagne menée pendant vingt-cinq ans contre les Réformés, — et le chiffre de l'évaluation est trop faible, —plus du tiers aient été fondés, surtout dans les vingt premières années, sur des espèces d'origine languedocienne, pour recevoir ensuite leur exécution dans le reste de la France.

Il est, d'autre part, plus aisé peut-être en Languedoc qu'ailleurs, à cause des délibérations qu'ont laissées derrière eux des corps constitués, comme les assemblées diocésaines et les États, de constater, sans pouvoir en mesurer, du reste, la puissance, cette coalition d'intérêts liguée contre les Huguenots en terre classique de guerres religieuses ; cette poussée d'en bas, qui, de la corporation, de l'atelier urbain, comme de la rue villageoise et du champ, soutint les pouvoirs ecclésiastique et royal dans leur répression de l'hérésie, fut souvent appelée, provoquée et dirigée par eux, mais souvent aussi devança leur action, en fournit le prétexte.

L'heure en était mal choisie, on le sait, et comment les Protestants ne formaient plus, depuis La Rochelle, un parti politique. Leur conduite avait été irréprochable, toute de dévouement à la monarchie et à la nation dans le mouvement que Montmorency et Gaston d'Orléans soulevèrent en Languedoc et dont on ne peut dire comment il aurait fini si les vieux corps cévenols de Rohan eussent pris parti contre le roi. Avec les révoltés s'étaient rangés plusieurs évêques et les États de la Province. Ce n'est pas du côté des Protestants, sauf de très rares exceptions, que s'étaient trouvés les traîtres de la Fronde, et il est bien inutile de réfuter encore les calomnies du P. Soulier, à propos du synode de Montpazier, de 1659. Récemment, l'éminent critique de l'*Histoire des Variations*, M. Rébelliau, l'a fait et de façon définitive[1]. La réaction dirigée peu de temps après contre les calvinistes de France ne saurait donc s'expliquer que par un dessein prémédité, soutenu de

---

1. Rébelliau. *Bossuet historien du protestantisme*. Paris, Hachette, 1891, p. 357, note 2, et 358.

nombreuses complicités. Quelques-unes se manifestent en Languedoc.

Enfin, il n'est pas oiseux de contrôler, à propos d'une province, le jugement porté par l'historien C. Rousset sur l'œuvre poursuivie, où on ne voit pas, dit-il, d'ensemble, de système cohérent. Il sera permis d'apprécier si, en Languedoc du moins, ce système ne paraît pas présenter une prévision et une logique dont le mérite ou la responsabilité directe revient au clergé, aux intendants, aux Etats provinciaux, aux villes mêmes. Dans quelles proportions? Les exemples cités pourront servir à se faire une opinion sur ce point, sans qu'on examine d'où provenaient l'inspiration et la conduite générales. On a répondu à cette dernière question en des travaux qui ont donné une solution appuyée sur les textes [1]. Il n'est pas nécessaire d'y revenir.

Que si, d'ailleurs, le sujet abordé paraissait ou trop vaste ou trop étroit, selon les points de vue, ou bien aride et terne, un dépouillement de greffe accusateur, un musée d'archaïques chicanes dirigées contre une minorité, les pièces justificatives, où se trouvent plusieurs documents de la défense, pourront peut-être offrir quelque attrait et quelque utilité.

On croit devoir indiquer ici un certain nombre de sources manuscrites où ont été puisés les éléments de cette contribution à l'étude du Languedoc protestant :

---

1. LANFREY, *L'Église et les philosophes au dix-huitième siècle*. Paris, Charpentier, 1879, ch. I. — F. PUAUX et A. SABATIER, *Etudes sur la Révocation de l'Édit de Nantes*. Paris, Grassart, 1886.

— *Bibliothèque Nationale*. Ms., fonds français, 15.832 (anc. Saint-Germain français; papiers de Séguier) catalogué par M. L. Auvray dans le catalogue général des mss. français, t. II.

17411 (catalogue sous presse; communication due à l'obligeance de MM. H. Omont et L. Auvray).

7044 (anc. supplément français, collection Rulhière), catalogué par M. H. Omont. (Vol. I du Catalogue général des mss. français.)

— *Archives nationales*, série TT (classée actuellement par noms de lieux). N^{os} se rapportant plus particulièrement aux affaires générales des Religionnaires du Languedoc : TT 247 (*ol.* TT 322) et TT 431 (*ol.* TT 268). D'autres cotes sont visées au fur et à mesure de leur emploi.

— *Archives départementales de l'Hérault*. C, États. — Recueil manuscrit des Édits, Ordonnances et Arrêts, à l'usage des États. T. XII-XV. (Restitué aujourd'hui à la série A comme contenant les actes du pouvoir souverain.)

Procès-verbaux des délibérations des États. — Registres de 1660 à 1686. (Un dépouillement excellent, très utile, qui peut, dans bien des cas, suppléer aux originaux, en a été donné sur les exemplaires conservés à Toulouse, par M. l'archiviste Baudouin, dans la collection des Inventaires des Archives départementales.)

Cahiers de doléances des États. T. V des Registres, de 1656 à 1686. Le cahier de 1680 manque.

Comptes du Trésorier de la Bourse des États. — Liasses de 1660 à 1686.

C, Intendance. — N°⁵ 159, 161, 162, 163 (liasses).

G, Fonds de l'Évêché de Montpellier. — G IV ¹⁵, (État des paroisses du diocèse de Montpellier, 1684). — IV⁷, 41, 42, 43. Nouveaux Convertis (Répertoire ms. de Thomas). Plusieurs communications dues à l'obligeance de M. l'archiviste Berthelé.

— *Archives municipales de Montpellier*. AA. — Ordonnances rendues par Mgr Daguesseau, intendant (en tête OO 483). (T. III de l'invent. ms. de Darles, p. 319.) Cinq liasses ont été constituées autrefois sous le titre commun GG *Réformés*, sans numéro d'ordre ni pagination, avec les pièces relatives aux Protestants sous les intendances de Bezons et de Daguesseau. Les références renvoient donc à ces liasses.

— *Archives départementales du Gard*, C (Intendance), n°⁵ 664, 732, 908.

— *Archives municipales de Nimes*, NN 10. Recueil contenant diverses pièces touchant les dettes de la ville et communauté de Nimes. (Registre.) LL 26. — Registre des délibérations de la maison consulaire de la ville de Nimes (1674-1678). LL 27. Suite (1678-1681).

— *Archives du Consistoire de Nimes*. — Catalogue ms. B 1-5. (Consistoire. Rapports avec l'autorité civile.)

On se bornera, en outre, à mentionner parmi les imprimés quelques recueils d'arrêts ou écrits contemporains des faits qui intéressent spécialement l'histoire protestante du Languedoc, et à rappeler des collections modernes contenant les textes les plus importants. Les mémoires particuliers et monographies, les ouvrages modernes de critique et d'histoire dont il a été fait usage sont cités au cours du travail :

Recueil des Édits, Déclarations du Roy et Arrets de son Conseil . . . . pour savoir ce qui est permis et ce qui est défendu aux Prétendus Réformés. In-8°. Paris, 1681.

Recueil des Édits, Déclarations, Arrêts, Sentences, Ordonnances et autres rendus pour l'extirpation de l'hérésie. In-12. Paris, 1686.

Le Fèvre. Nouveau recueil de tout ce qui s'est fait pour et contre les protestants. In-4°. Paris, 1686.

Recueil des Édits, Déclarations, Arrests du Conseil et des Parlements de Paris et de Toulouse rendus au sujet de la Religion prétendue réformée depuis 1669 jusqu'à présent. In-8°. Toulouse, 1715.

Voir la bibliographie donnée par L. Pilatte en tête du recueil suivant :

Édits, Déclarations et Arrests concernans la Religion P. Réformée, 1662-1751. In-8°. Paris, Fischbacher, 1885.

Collection des Procès-Verbaux des Assemblées générales du Clergé de France depuis l'année 1560 jusqu'à présent. 9 vol. in-folio. Paris, 1770. T. IV, V, VI.

Isambert-Decruzy. Recueil des anciennes lois françaises. Paris, 1829. T. XVIII-XIX (vol. 19, 20).

Le P. B. Meynier. De l'Exécution de l'Edit de Nantes... Petit in-4°. Pézenas, 1662.

BERNARD. Maximes à observer au jugement des partages faits par M^rs les Commissaires Exécuteurs de l'Edit de Nantes (dans El. Benoît, *Hist. de l'Édit*, t. III, p. justif. LXXXIV, p. 145 sqq).

BERNARD. Explication de l'Édit de Nantes par les autres Édits de pacification et Arrests de règlement. In-8°. Paris, 1666.

BERNARD SOULIER. L'Explication de l'Édit de Nantes de M. Bernard, avec de nouvelles observations..., par M. SOULIER, prestre. In-8°. Paris, 1683.

ÉLIE BENOÎT. Histoire de l'Édit de Nantes. 5 vol. in-4°. Delft, 1693.

Pour la bibliographie des ouvrages contemporains, voir, entre autres, celle qu'a donnée M. F. PUAUX dans l'*Histoire générale* publiée sous la direction de MM. LAVISSE et RAMBAUD. Paris, Colin. T. VI, pp. 302-303.

CLAUDE BROUSSON. Apologie du Projet des Reformez de France... In-12. Cologne, 1684.

D'AGUESSEAU (chancelier). Discours sur la vie et la mort... de M. d'Aguesseau, conseiller d'État. Edit. Doublet. Paris, 1812.

Mémoires du duc de NOAILLES. T. I. (Col. Petitot, t. LXXI.)

Histoire générale de Languedoc. T. XIII et XIV; in-4°. Toulouse, Privat, 1876-1877.

Bulletin de la Société de l'Histoire du Protestantisme français. Paris, 1853-1898. V. spécialement le numéro édité en 1898 à l'occasion du troisième centenaire de l'Édit de Nantes et, là, une étude de M. P. DE FÉLICE : Comment l'Édit de Nantes fut observé.

EUG. et EM. HAAG. France protestante. 10 vol. in-8°. Paris, 1846-58; 2ᵉ éd., 1877-95.

Revue historique, pass., spécialement l'année 1885.

LA PROCÉDURE

(1661-1680)

CHAPITRE PREMIER.

CONDITION CIVIQUE DES RÉFORMÉS.

1. LES RÉFORMÉS ET LES ÉTATS.

C'est dans l'exercice de leurs droits « politiques », selon le terme du temps, et par là il faut entendre l'assistance aux assemblées légales de la province, que les Réformés furent d'abord attaqués. Ainsi le voulait la logique de l'intérêt. Exclus de ces conseils, ils perdaient leur part de discussion et de contrôle sur l'administration financière de la région et de ses communautés, demeuraient réduits à la condition de contribuables sans action ni surveillance.

Tel n'était pas le droit commun en Languedoc, pays d'États, où, même après la révolte de son gouverneur Montmorency, s'étaient conservés quelques privilèges en ce qui concerne l'établissement, la répartition et la perception des impôts. Le règlement de 1634 qui resta, sauf des modifications de détail, la loi fiscale de la province jusqu'à la chute de la monarchie, les avait respectés. L'assemblée des États, et au-dessous d'elle chacune des vingt-deux assemblées *d'assiette,* chargées de répartir les impositions sur chacune des circonscriptions administratives et financières correspondant à un *diocèse,* n'étaient plus, sans doute, que des réunions de comptables. Cependant, à côté des deniers perçus directement par les agents du roi, une part notable des revenus de la province restait encore aux mains des délégués provinciaux : fonds consacrés aux travaux publics, par exemple, et perception de « l'équivalent », impôt de consommation qui atteint 300,000 livres. Et il est à remarquer que, par leur emploi ou leur nature, ces deux levées touchent tous les habitants, depuis les artisans et les bourgeois des villes jusqu'aux paysans des communautés rurales. Combien étaient encore précieux ces derniers vestiges d'autonomie provinciale, on le comprend si on se souvient que les États ont, jusqu'à la fin de leur existence, usé d'une tolérance où le pouvoir royal trouvait d'ailleurs son compte, la faculté de racheter, par abonnement avec le Trésor, bien des « affaires » ou impôts que ne cessait d'inventer l'inépuisable fiscalité du temps. L'assemblée qui en soldait le montant en assurait du moins la rentrée par les moyens les mieux appropriés aux ressources réelles du pays, en réglait dès lors la répartition. On sait que ses trésoriers, pendant plus d'un siècle et demi, ont ainsi administré avec intégrité et habileté une sorte de vaste banque provinciale dont le crédit appuya parfois celui du roi même. On sait de plus combien fut favorable aux intérêts économiques des diocèses et des communes la tutelle, même fort restreinte, que l'assemblée continua longtemps d'exercer sur ces groupes. C'est assez pour indiquer l'intérêt puissant que les Réformés avaient à y conserver leur place. D'ailleurs, par leurs agents en cour, par leurs cahiers annuels de doléances, les députés qui la composaient ne gardaient-ils pas ce privilège devenu rare d'entrer en relations directes avec le roi et ses ministres ? En quelque mesure, l'expression de leurs vœux pouvait agir sur l'administration générale du royaume. Plus encore que la dignité et les émoluments attachés à la délégation provinciale, ces avantages rendaient les Réformés jaloux de leur accès à l'assemblée des États.

Comment ils en furent d'abord exclus, pour l'être ensuite des assemblées diocésaines ou assiettes et des consulats de ville, c'est un des chapitres les plus fournis de la longue et exubérante procédure menée contre leur qualité de citoyens et de Français. Les éléments en sont complexes et connexes, car les arguments invoqués contre leur présence aux assiettes se tirent de leur incapacité affirmée d'entrer aux États. Et, d'autre part, s'ils ont perdu l'accès aux États, c'est qu'ils ont déjà perdu le premier rang dans les conseils de ville, le premier consulat. Le fait initial est nettement expliqué dans leur requête au roi, en date de 1648[1]. Leur réclamation vise l'admission des consuls de villes principales. La constitution même des États en donne la raison.

Au premier rang y siégeaient les vingt-deux évêques de Languedoc, à la fois pasteurs des âmes et possesseurs de baronnies, possesseurs aussi de terres roturières qui, de ce chef, supportent une partie de l'impôt foncier, les tailles étant, dans la province, inhérentes à la nature des biens-fonds. Leur titre de seigneurs terriens leur donne séance en cet endroit, au moins autant que leur dignité et leur privilège de cléricature[2].

En vertu de ce principe que la possession de la terre, avec

---

1. *P. justif.*, n° 2.
2. *Arch. Nat.*, H 748 [120]. DESCUDIER, *Mémoire sur le cérémonial des États*, fol. 15.

sa qualité personnelle, pour ainsi dire, créait le droit d'assistance aux États, des seigneurs laïques de la confession réformée eussent pu y siéger au second rang, à titre de barons, s'il se fût trouvé parmi eux des propriétaires de baronnies qualifiées pour cette délégation. Aucun arrêt du Conseil royal ne se rencontre, en effet, interdisant aux seigneurs réformés l'entrée des États. C'est qu'il n'était pas nécessaire à la protection des intérêts catholiques dans l'assemblée. Avant l'Édit de Nantes, les familles de Languedoc, pourvues du droit d'assistance, s'étaient ralliées à la confession de la majorité : tels les Crussol, ducs d'Uzès. Nul parmi les anciens compagnons de Rohan ne jouissait de ce privilège; et des gentilshommes qui avaient soutenu sa prise d'armes, la plupart, après l'Édit de Grâce, en 1629, avaient mis leur épée au service du roi, quitté une religion qui fût devenue un obstacle à leur fortune. Par là s'explique le petit nombre et la mince importance de ceux qui figurent encore, en 1685, dans l'état des « exercices personnels » du culte réformé envoyé à Châteauneuf par l'intendant Daguesseau[1].

Quant aux Protestants du Tiers État, des actes du pouvoir souverain, la déclaration royale du 2 avril 1666 (art. 29) et celle du 1er février 1669 (art. 27) leur interdiront l'accès de l'assemblée provinciale où ils auraient pu représenter soit les diocèses, soit les villes pourvues du droit d'assistance. Et la précaution est déjà de pure forme; car ces députés diocésains ou urbains étaient, à l'ordinaire et de droit, les premiers consuls des villes principales. Or, dans le partage des consulats entre les deux confessions, le pre-

---

1. Il est certain que l'intendant Daguesseau avait droit à la particule (d'Aguesseau) que son fils le chancelier fut le premier à prendre (d'après l'Encyclop.). On garde ici à son nom l'orthographe qui est celle de sa signature, soit autographe, soit simplement manuscrite ou imprimée, dans tous les documents de l'époque qui nous occupe.

mier rang restait invariablement, depuis la déclaration de 1631, dévolu aux catholiques. C'est donc par abus que les États, qui n'étaient maîtres de leur recrutement qu'en vertu de formes traditionnelles, sauf intervention de l'autorité royale, font de la profession de foi un motif d'exclusion. Ils l'établissent en une décision arbitraire et générale qui ne doit rien aux inspirations des assemblées du clergé. Elle est formulée dans leurs délibérations de 1615. En 1646 et dix ans après, ils devaient, plus méfiants encore, pousser plus loin le luxe de précautions superflues, prévoir le cas où des baronnies investies du droit d'assistance pourraient échoir à des Réformés. Les héritiers ou les acquéreurs seraient alors tenus de se faire représenter par un procureur catholique. C'est la condition de la baronnie de Vauvert (diocèse de Nîmes), acquise par M. d'Autheville, « une personne de la R. P. R[1]. »

Mais, les gentilshommes religionnaires déjà réduits pour la plupart à la pauvreté ou à l'abjuration, l'intérêt principal n'était plus là, et les États pouvaient oublier sans danger leurs résolutions plus libérales de 1611 et 1613, rendues en un moment où le concours de toutes les forces provinciales importait à leur sûreté.

Un de leurs syndics, évidemment autorisé par eux, avait posé en 1648 une question plus urgente. Il assimilait hardiment la composition des États à celle des assiettes, des assemblées de diocèse où se répartissait sur chaque communauté l'ensemble des impositions diocésaines. Les Réformés étant bannis des États (au nom de quel droit, il se gardait bien de le dire), il concluait à les bannir des assiettes[2]. Les États goûtèrent ce raisonnement par analogie. L'influence des Réformés sur les municipalités des villes importantes,

---

1. *Hist. gén. de Languedoc*, t. XIV, col. 1075 sqq.
2. *P. justif.*, n° 1.

telles que Nimes, Uzès, Castres, les inquiétait. On s'était mis en garde dans ces diocèses contre les surprises; on maintenait toujours à la délégation un premier consul, c'est-à-dire un Catholique, son temps d'exercice fût-il expiré. Mais que faire pour les grandes communautés en majorité protestantes, dont les premiers consuls « nouveaux ou anciens », gagnés ou incapables se dérobaient obstinément ? Le syndic diocésain entrait à leur place. Mais ce pouvait être un Réformé. Manquait-il, d'ailleurs, de magistrats religionnaires qui, de par leurs fonctions, occupaient dans les assemblées d'assiette la situation de commissaires royaux ? On fermera la porte aux premiers; on priera le roi de remplacer d'office les seconds par leurs lieutenants faisant profession de la religion catholique.

La protestation toute naturelle des Réformés adressée au roi par des députés des trois cités protestantes est curieuse en ce qu'elle circonscrit nettement le terrain du débat[1].

Elle constate, comme un fait accompli, l'occupation par les catholiques du consulat de premier rang. Mais c'est à cette décision royale, et non à un principe traditionnel ou légal réglant la composition de la haute assemblée provinciale, que tient l'exception dont les Réformés sont l'objet. Quand le second consul, de confession réformée, remplace le premier, il peut prétendre l'entrée aux Etats. Si les premiers consuls catholiques sont si exacts aux sessions, n'est-ce pas qu'ils y trouvent « quelque douceur avantageuse », les *montres* ou indemnités payées aux députés des trois ordres? Et cette rapide allusion, dont la justesse ne saurait être mise en doute[2], dénonce l'un des caractères, bien humain, ins-

---

1. *P. justif.*, n° 2.
2. *Histoire générale de Languedoc.* — P. GACHON, *Les Etats de Languedoc et l'Edit de Béziers* (1632). Paris, 1887. — H. MONIN, *Essai sur l'histoire administrative du Languedoc pendant l'intendance de Basville* (1685-1719). Paris, 1884, *passim*. — Cf. DEPPING,

tructif par sa vulgarité même, de la lutte si âprement menée, la complicité de la bourgeoisie urbaine à une procédure qu'allaient diriger d'en haut et codifier le clergé et les agents royaux. On se disputait, avec l'influence administrative, les places et l'argent.

Le point de droit permanent et l'avenir ainsi réservés dans le débat ouvert sur le droit d'assistance aux Etats, les Réformés protestataires niaient la conséquence tirée de prémisses déjà contestées. Leur entrée aux assiettes ne dépend nullement de leur admission aux Etats. Ils invoquent, en l'absence de principes légaux ou traditionnels, la solidarité de charges et de dévouement qui les lie, avec les Catholiques, à la province et au roi. La justice de la cause était trop évidente. L'initiative des Etats de Languedoc, de beaucoup antérieure sur ce point à celle des assemblées du clergé qui ne formulent point de semblables demandes, échoua pour quelques années. Une note du cabinet de La Vrillière, jetée au bas de la protestation, décide, sans mention d'enquête, qu'il en sera « usé aux assiettes conformément à l'usage pratiqué de tout temps », et la délibération des Etats fut cassée par un arrêt royal du 22 mai. Les gens du Conseil n'étaient pas encore les prisonniers du clergé. Ils tenaient à la légalité traditionnelle dans le gouvernement des provinces, ne voulaient pas mécontenter, en Languedoc, une minorité puissante et productrice. Les mouvements qui aboutirent à la Fronde avaient déjà commencé et, précisément, tenaient, pour une notable part, à des scandales financiers. D'où le maintien des Réformés aux assemblées d'assiette. Leur présence y garantissait en quelque mesure un contrôle sur la répartition des deniers publics. Surveillés de très près, ils surveillaient à leur tour.

Correspondance administrative sous le règne de Louis XIV (Collection des Documents inédits de l'Histoire de France), *passim*.

Mais cette solution équitable ne pouvait agréer aux Etats qui semblent un instant avoir cru retrouver quelque autonomie à la faveur des troubles. Ils achètent par des concessions pécuniaires l'abrogation de l'Edit de Béziers qui avait puni leurs sympathies pour Montmorency d'une restriction de leurs privilèges. En retour, ils entendent bien s'assurer le monopole de la gestion financière dans les diocèses. En 1649, 1653, 1659, 1662, ils reviennent à la charge contre l'admission des Réformés aux conseils diocésains et, pour ce dessein, mettent à profit tous les incidents : une contestation entre Catholiques et Réformés pour le partage du consulat à Lunel en 1653; à Castres, le fait même que les consuls et députés du lieu ont exercé leur droit d'assistance. On va même découvrir au fond du Gévaudan un seigneur, et des plus qualifiés pourtant pour user de son privilège, M. d'Entraygues; on le bannira des assemblées du Gévaudan[1]; on en chassera le bailli de Marvejols; on en chassera aussi le procureur du roi du même lieu, qui y siège en vertu de sa charge, et, par la même occasion, le roi sera prié de la lui ôter. L'un et l'autre ont le tort d'être Religionnaires. Ces instances jusqu'en 1663 furent peu écoutées à Paris. Mais à ce moment était résolument engagée la campagne contre le dispositif de l'Edit de Nantes et s'instruisaient un grand nombre de procès qui devaient aboutir à la ruine du culte réformé. L'œuvre était déjà vue à la cour avec quelque faveur. Le gouverneur de Languedoc, Conti, le Conti de la Fronde, qui essayait d'effacer par son zèle dévot et même théologique des souvenirs moins édifiants, s'empressa de terminer le débat dès qu'il reçut une lettre royale du 30 mars 1663, approuvant la délibération prise par les Etats au sujet des assemblées d'assiette et visant la situation du

---

1. *Arch. départ. de l'Hérault.* C, Etats. Proc.-verb., nov. 1662-fév. 1663, fol 19 v°. Rapport du syndic Joubert.

bailli de Marvejols, dont la charge devait être remboursée « et remplie d'une personne catholique qui sera nommée par Sa Majesté[1]. » Il donna son ordonnance conforme le 8 avril.

Quand parut l'acte de Conti proscrivant ainsi des assemblées où se traitaient leurs affaires et au mépris de leurs droits civiques des gens qui n'en payaient pas moins leurs impôts, il ne réglait guère qu'une question de principe. L'exclusion des Religionnaires y est déjà d'usage et de tradition ; leur présence n'y semblait plus qu'insolite, exception rare et scandaleuse. La déclaration de 1669 qui les y maintient par son article 28, en les bannissant définitivement des Etats, n'est qu'une concession à des nécessités administratives. Il fallait, en quelques cantons tout protestants, assurer les répartitions d'impôts. Mais il semble bien que cette réserve cesse en 1673. Sur une réclamation des Etats consignée à cette date dans leur cahier de doléances et approuvée par le roi, disparaissent les dernières garanties accordées aux Réformés dans l'administration des finances diocésaines[2].

2. LES RÉFORMÉS ET LES CONSULATS.

Comme le faisait remarquer la protestation de 1648 contre l'intolérance des États, la question était d'ordre plus général, liée à celle des consulats municipaux et des

---

1. *Arch. du Consist. de Nimes*, B 1 (1663). Lettre du roi sur l'exclusion des consuls de la R. P. R. des assemblées de la province. Ordonnance de Conti pour l'exécution. Cf. *Arch. départ. de l'Hérault*, C, Etats. Cah. de dol., 1662. Réponse à l'art. 3. Le roi y trouvait l'occasion d'une *affaire* et la nomination directe d'un officier de justice.
2. *P. justif.*, n° 30.

conseils de ville. En Languedoc, le tiers ordre n'a de vie politique et d'action sur les affaires communes que par eux. C'est donc le régime appliqué aux consulats et aux assemblées municipales qui explique la série des affaires précédentes et intéresse surtout la condition des Réformés.

L'établir au moyen d'une répartition équitable de ces charges entre Catholiques et Protestants avait été l'une des principales difficultés rencontrées aux traités qui terminèrent les guerres religieuses. Comme les exercices de leur culte, le consulat et l'accès aux conseils de communauté pour les Réformés s'étaient trouvés, par l'effet des luttes, des cantonnements respectifs d'adversaires, des transactions particulières et de la politique royale, soumis à une sorte de distribution géographique. L'Édit signé par Henri IV, qui n'y soumet pas l'exercice des charges civiques, est de beaucoup en avance sur son temps, et ce fut précisément son silence à cet égard qu'on interpréta contre les Réformés, dont il avait pourtant pour objet de garantir le statut. Les hommes du dix-septième siècle, catholiques ou protestants, comprennent mal des droits communs à tous les citoyens d'une même patrie, indépendants du lieu, de la classe, de la corporation. Et, d'autre part, la jouissance des droits civiques tels que les assurait l'accès au consulat et au « conseil politique », au corps municipal, semblait aux Français de ce temps, surtout aux Languedociens du Tiers État, un honneur plus relevé et un emploi plus utile que ne pourrait paraître de nos jours, à leurs descendants, la distinction conférée par les mandats municipaux. Ayant bien moins de part que nos contemporains aux affaires générales du pays, moins mêlés à la politique nationale, beaucoup d'entre eux ne portaient guère leurs regards et leurs ambitions au delà des murs d'enceinte, qui en bien des endroits fermaient encore les cités, ou des limites souvent restreintes de la communauté rurale. Pour demeurer resserrés en un étroit espace, les intérêts et les passions n'en gardaient que plus d'importance relative et de vivacité. Les personnages à chaperons, manteaux ornés et bâtons ouvragés, avaient, outre la police locale et la juridiction qui s'y rattachait, la surveillance et le maniement des deniers dont le pouvoir royal permettait encore l'usage aux communautés : 900 livres pour les villes capitales de diocèses, 600 pour les chefs-lieux de viguerie, 300 pour les autres. Partant, ils intervenaient dans les questions d'assistance et d'instruction publiques, alors toutes locales; dans les règlements du travail corporatif ou l'observation des usages ruraux, la répartition sur leur ville ou leur paroisse des contributions générales. En certains lieux, ils jouissaient d'indemnités ou de privilèges rémunérateurs. Leur titre, en quelques villes, conférait la noblesse héréditaire avec exemption d'impôts. Et quand la vénalité de ces offices fut établie, en 1693, cette immunité fournit un placement de fonds. Honneurs et profits aidant, les charges de cette nature étaient vivement disputées dans un corps électoral fort restreint, d'ailleurs, subdivisé, d'ordinaire, pour les villes importantes, en *échelles*, catégories d'habitants répartis d'après leurs conditions, depuis les nobles jusqu'aux artisans. Tout le monde se connaissait dans leurs rangs, ce qui donnait aux dissensions religieuses une acuité particulière en y mêlant les rivalités personnelles et le conflit des intérêts privés.

Moins étendues, les attributions laissées aux conseils des communautés conféraient à leurs membres des privilèges encore enviables, les mettaient au courant des finances municipales et de leur gestion, des répartitions de l'impôt général où leur partialité parfois constatée rendit nécessaire en plusieurs villes l'usage des auditeurs et *impugnateurs* ou contrôleurs libres des comptes. N'était-ce pas eux, d'ailleurs, qui, la plupart du temps et sauf les cas d'intervention royale, créaient le corps consulaire par des procédés d'élection souvent compliqués[1]?

Ainsi, tout amoindrie qu'elle fût depuis le seizième siècle[2], l'autorité des corps consulaires et municipaux restait encore, au milieu du dix-septième siècle, en Languedoc, pour la bourgeoisie des villes et le peuple des communautés rurales, un moyen d'action, de défense et un objet de naturelles convoitises. De la plus petite communauté à la plus étendue, parmi celles que les luttes religieuses avaient partagées en deux confessions, il n'en était point où la possession des magistratures municipales ne touchât aux intérêts essentiels et aux passions de la vie quotidienne.

C'est ce que comprennent à merveille, dans les États provinciaux, la bourgeoisie catholique, jalouse de conserver ou de conquérir des monopoles productifs, et les évêques tout-puissants sur elle. Ceux-ci, à part le souci très sincère et absolu chez eux de protéger et de propager la foi orthodoxe, doivent encore prendre le soin d'une administration diocésaine où la présence de Protestants dans les consulats et les conseils de ville leur crée des difficultés journalières. Pas de paroisses où le contact des consuls hérétiques et des curés ne fasse naître des incidents à propos des lieux de culte, des cimetières, des hôpitaux, des écoles, des préséances, des redevances et des impôts. Au fond, les luttes religieuses du seizième siècle s'y conservent et s'y répercutent dans la pratique courante de la vie provinciale. La coalition du Tiers État catholique et des évêques contre les droits civiques des Réformés est donc d'une naturelle logique. Depuis la fin des guerres religieuses, les agents royaux de tout ordre, dont la majorité appartenait à la religion du prince, devaient la

1. P. Gachon, *loc. cit.*, p. 18.
2. P. Dognon, *Les institutions politiques et administratives du pays de Languedoc du treizième siècle aux guerres de religion*. Toulouse et Paris, 1895. V. 1re part., chap. ii à iii et 5e part., chap. i.

soutenir. Mais leur action ne prend pas d'abord un caractère
réglé et méthodique. Si l'on excepte le Parlement de Toulouse qui, de bonne heure, subordonna sa jurisprudence en
matière religieuse aux intérêts de la confession romaine, on
ne constate pas chez les gens du roi de partialité systématique avant les premières formules et les instructions coordonnées prescrites aux commissaires départis pour l'exécution de l'Édit de Nantes en 1656, puis en 1661. Parmi les
agents d'ordre administratif, le plus puissant, le seul puissant, dont la décision domine déjà et détermine en fait la
conduite des affaires, l'intendant paraît, en quelques rencontres, s'élever au-dessus des rivalités locales. En Languedoc,
de Bezons, et son successeur, Daguesseau, furent l'un et
l'autre des croyants ; mais c'étaient surtout des administrateurs, et le dernier refusa le rôle de convertisseur à outrance. Ils n'en ont pas moins, par des moyens qu'ils s'efforçaient d'emprunter à la légalité, préparé la Révocation de
l'Édit de Nantes, qu'ils ne voulaient ni l'un ni l'autre.

La procédure ouverte, ils durent l'appuyer, en hâtèrent
les progrès, chacun avec son tempérament et ses aptitudes.
C'était à la fois servir la religion et le roi, l'autorité royale
devant trouver son profit à effacer jusqu'au fond des villages obscurs les distinctions de croyance et à consommer
l'unité administrative par la ruine entière des libertés municipales ou de leurs restes.

C'est un grand procès, au cours du seizième siècle, que
la possession des consulats et des conseils de ville, souvent
plaidé par l'épée et le mousquet entre les deux partis confessionnels. Au milieu du dix-septième, les Réformés le
sentirent perdu, ne songèrent plus qu'à conserver ce qu'ils
avaient acquis, parfois par la violence. Ils ne pouvaient
plus reprendre ce que la violence leur avait ôté. Les pièces
innombrables de l'affaire, mémoires contradictoires des
deux partis, protestations, suppliques, arrêts invoqués ou

discutés semblent encore débattre entre elles cette cause surannée dans les cartons des dépôts où elles sont rangées côte à côte.

Sans entrer dans le détail qui serait infini, à prendre l'ensemble des faits que révèlent les documents vers 1660, apparaissent les résultats d'une transaction que les rédacteurs de l'Édit de Grâce, en 1629, puis du règlement de 1631 ont voulu consacrer, restreignant ainsi la portée générale de l'Édit de Nantes. Car ce dernier acte mentionnait des lieux où l'exercice de la religion réformée demeurait interdit, mais ne fermait dans aucun cas aux Réformés l'entrée des corps consulaires et municipaux. Ainsi se trouvait sauvegardée pour les dissidents de la religion d'État l'entière et générale jouissance de leurs droits civiques. Peu explicite sur ce point, l'Édit de Grâce contenait pourtant une clause limitative du domaine municipal laissé aux protestants. L'article 17 porte en effet : « L'ordre gardé « d'ancienneté esdites villes (villes rebelles plus haut énu- « mérées) tant pour le consulat que police, et assemblée des- « dits consuls et conseils de villes sera gardé et observé, « comme il estoit devant les mouvemens. » L'Édit ne parle pas des autres villes. Mais l'article 5 avait déjà garanti aux Réformés la jouissance de l'Édit de Nantes. Seulement, il est à noter que l'acte précédent, daté de Nimes (juillet 1629), spécifie la forme ancienne des municipalités, interdit par là de la modifier. Ce fut le roi lui-même qui la modifia. Une déclaration du 19 octobre 1631 instituait dans les communautés de population en majorité protestante, appartenant au ressort du Parlement de Toulouse et spécialement désignées, le régime du consulat et des conseils de ville mi-partis. Elle attribuait le premier rang à un consul catholique, avec l'alternance entre Réformés et Catholiques pour les rangs suivants. Comme les mandats municipaux, les offices qui en dépendaient, ceux de syndics, trésoriers, et dans les villes d'importance, telles que Uzès ou Nimes, ceux d'horlogers, portiers ou gardiens des portes, employés de tout ordre durent être également partagés entre les adhérents des deux confessions. Cette dérogation à des édits récents, qui pouvait paraître fondée sur le souci d'appeler les deux partis à la gestion des affaires communales et d'assurer aux minorités une sorte de représentation, consacrait la primauté de la religion professée par le plus grand nombre et substituait l'intervention du roi aux élections traditionnelles. Elle eût pu, appliquée du moins avec impartialité, remédier à certains abus. Pratiquée avec intolérance[1], elle eut pour effet d'étendre à la province entière les compétitions entre les deux partis pour les petites sinécures, l'assaut au budget municipal, élément ordinaire et fâcheux à toutes les époques, sous tous les régimes, des luttes politiques, plus redoutable encore si l'âpreté s'en accroît aux haines religieuses.

Le débat complexe et passionné des cahiers contradictoires présentés, en chacun des lieux intéressés, par les Religionnaires et les Catholiques préparait les décisions des commissaires de l'Edit et celles du Conseil royal. Il leur est antérieur, et les compétitions qu'il révèle ont précédé les délibérations des assemblées du clergé de 1655 et de 1660-61. En ce point, l'initiative prise contre les Réformés partit bien d'en bas, de la province, des communautés où se poursuivait depuis plus d'un siècle le conflit des confessions et des intérêts, de l'assemblée provinciale, tout entière acquise à la cause catholique. C'est d'un mouvement populaire qu'il s'agit là. Il ne reçut sa direction du clergé, sa sanction des commissaires royaux qu'après s'être manifesté. Si l'assem-

---

1. *Arch. municip. de Nîmes*, LL, 26. Reg. des délibérations de la maison consulaire. Séance du conseil de ville du mardi 2 janvier 1674. Le second consul, André, fait l'histoire de la question pour Nimes.

blée du clergé tenue en 1655 envoie une députation auprès du chancelier pour demander que le consulat de Montpellier reste tout entier au pouvoir des Catholiques, c'est que les Huguenots y ont demandé le partage de cette magistrature et que le parti catholique, après avoir protesté, en a averti les évêques. Et M. de Boucherat informe ces derniers qu'il a en mains un arrêt du Conseil signé, portant qu'il sera incessamment procédé à l'élection des consuls, lesquels doivent être tous catholiques, et qu' « à l'avenir l'élection ne pourra être remplie que de personnes catholiques[1]. » Déjà, en 1653, les Etats avaient pris fait et cause contre les Religionnaires de Lunel prétendant recouvrer la part des charges consulaires que venait de leur accorder un arrêt du Conseil[2]; en 1654, contre ceux de Bédarieux, où, sur les instances de l'assemblée provinciale, leur est ôtée, dès 1657, la représentation municipale que leur avait accordée le Conseil en 1652, au moment où la fidélité des Réformés pendant la Fronde avait commandé au pouvoir royal quelque respect de leurs droits[3]. Au début de 1661, dans les délibérations des Etats s'accroît le zèle inquiet de l'assemblée à poursuivre, partout où l'occasion lui en est fournie, l'établissement ou la prépondérance de municipalités catholiques, à Réalmont, Florac, Sommières, Mazamet[4]. Elle ne fait, d'ailleurs, qu'appuyer les vœux des intéressés. Leurs réclamations, parfois leurs calomnies animent ses procès-ver-

---

1. *Proc.-verb. des assemblées générales du clergé de France.* Paris, 1770, t. IV, pp. 170 A et 172 B.
2. *Hist. gén. de Languedoc*, t. XIV, col. 483-484 (1653).
3. *Ibid.*, t. XIII, p. 11. Cf. El. Benoit, *Hist. de l'Ed.*, III ; P. justif. xviii, p. 48, et *Bibl. Nat.*, f. franç. 15832, fol. 29.
4. *Arch. départ. de l'Hérault*, C, Etats. Proc.-verb. de la session du 24 janv.-10 avr. 1661. Pour Mazamet, voir *Hist. gén. de Languedoc*, t. XIV, p. justif. cccxix, col. 788-89. Pour Sommières, *Arch. départ. de l'Hérault*, C, Etats. Cah. de dol., 1661, art. 6. La réponse du roi renvoie l'affaire aux commissaires exécuteurs de l'Edit.

baux. La solution pressait, en effet; les commissaires de l'Edit étaient là, au début de leurs opérations. Il fallait agir sur eux et sur le Conseil. Et l'affaire en valait la peine, l'entrée au consulat et au conseil de ville attribuant aux possesseurs des dignités urbaines la répartition des impôts sur la ville même ou le village, d'après la *mande* ou chiffre global arrêté dans l'assemblée d'assiette. L'une des accusations les plus ordinaires que se renvoient, dans leurs mémoires contradictoires, les partis adverses est la dilapidation des fonds communaux, plus souvent encore l'inique distribution des charges communes, contributions royales, provinciales ou municipales. C'est argument courant de polémique et de plaidoyer, puissant sur le contribuable, citadin ou villageois, en des temps lourds d'impôts.

A ce moment, l'assemblée du clergé ne semble pas accorder à ce débat l'attention que méritait son importance. Bien que les remontrances adressées au roi par l'évêque de Nimes, Cohon, signalent, sans y insister d'ailleurs, le partage du consulat à Nimes et à Sommières[1], l'assemblée de 1660-61 s'attarde encore à des questions d'intérêt féodal, telles que le patronage de quelques églises resté à des seigneurs hérétiques; s'attache surtout à la propagande de la foi et à la restriction du culte réformé. L'assemblée était dans son rôle et s'y tint d'abord, malgré la présence d'évêques languedociens, entre autres M. de Lavaur, dont le zèle occupe une partie notable de la session. Elle se porte d'autant moins volontiers au soin des affaires lointaines et locales débattues dans les communautés de Languedoc, que le régime financier de cette province est une exception dans le royaume. Le reste du territoire, même aux pays d'Etats qui subsistent encore, est plus soumis, pour la répartition des

---

1. Ménard, *Hist. de Nimes.* Paris, 1759, t. IV. Preuves, p. 74 sqq. Ménard leur donne pour date: vers 1661.

impôts, à l'action des agents royaux, en qui le clergé a confiance. Les échevins et les maires y gardent moins d'autonomie, encore moins d'influence locale que ne font chez eux les consuls languedociens. L'intendant et ses subdélégués y sont et y font tout. Le clergé n'y a pas pris l'habitude d'intervenir dans la gestion financière des communautés.

Voilà pourquoi les instructions données par lui à ses agents en 1661[1], qui sont comme un programme de la procédure à mener contre les Réformés, touchent à peine au régime municipal de Languedoc. Mal soutenus par l'Eglise, un moment, les Etats et les syndicats catholiques des communautés (les syndicats sont alors d'usage commun aux deux partis) crurent leur cause compromise par les hésitations du pouvoir royal qui tenait encore à garantir par un contrôle mutuel des deux factions intéressées la bonne gestion des finances communales. C'est le fond d'un article du Cahier de doléances présenté en 1661 au roi par l'assemblée provinciale[2]. Elle y marque l'infériorité où leur condition sociale met, en quelques villes, les premiers consuls catholiques incapables de « soutenir le poids et l'honneur de la « charge » en face des Réformés plus puissants, plus riches, mieux organisés que leurs adversaires. Le texte dit même, avec l'exagération ordinaire des plaidoyers de ce genre : « en toutes les villes et lieux... où les consulats mi-partis « sont encore tolérés. » Et l'on demande que le corps électoral soit scindé en deux : les Catholiques nommeront leurs consuls ; les Protestants, les leurs ; ce qui, vu l'attribution ordonnée du premier consulat au parti catholique, revenait, dans certaines communautés des diocèses de Nimes, Montpellier, Uzès, Castres, Mirepoix ou Lavaur, à confier le

---

1. El. BENOIT, *Hist. de l'Ed.*, t. III ; p. justif. XL, p. 70.
2. *P. justif.*, n° 6.

choix du principal magistrat urbain à une infime minorité[1]. La réponse du roi, en termes réservés, indiquait la solution. Selon la tradition monarchique, le Conseil en avait confié le secret et les moyens à des agents royaux, investis de pouvoirs exceptionnels, les commissaires départis pour l'exécution de l'Edit de Nantes. Les consulats et les conseils de ville allaient être peu à peu fermés aux protestants par des voies de procédure. Il y fallait cependant quelque temps et des formes.

Ce fut l'affaire de ces commissaires et du Conseil des Dépêches dont les Protestants avaient eux-mêmes sollicité la juridiction suprême, confiants dans son impartialité. Ils avaient même réclamé l'institution des commissaires, désireux d'échapper aux préventions des juridictions régionales, préférant, pour le premier degré d'instance, l'action d'un pouvoir exceptionnel. Lourde faute, comme l'a fait remarquer l'historien de l'Edit, Elie Benoit, que d'ouvrir ainsi « des brèches » à l'autorité des Chambres de justice où Henri IV avait placé leurs garanties judiciaires. La commission du 15 avril 1661 baillée à de Bezons et à de Peyremales[2] ne visait pas de cas spéciaux ; elle mentionnait seulement « les contraventions et innovations » faites à l'Edit de Nantes et aux « autres Edits et Déclarations expédiées en conséquence. » Mais le relevé de leurs décisions montre que leur mandat portait sur deux points principaux : l'administration des communautés et l'exercice du culte réformé. Elle fut d'ailleurs complétée, six mois après, sur la requête des Etats de Languedoc, par un arrêt du Conseil visant l'inter-

1. Cf., par exemple, dans le n° 19 des *P. justif.*, les chiffres respectifs de la population catholique et protestante, en 1665 environ, à Ganges, Marsillargues, Vauvert, Calvisson, Sauve, La Salle, Saint-Hippolyte, Valleraugue, Sumène, Sommières, Gallargues, Anduze, Saint-Jean-du-Gard, Meyrueys, Arpaillargues, Les Vans, Saint-Geniès, Montredon (du Tarn), Mazères, Mazamet.
2. El. Benoit, *Hist. de l'Ed.*, t. III ; P. justif., xli, p. 81.

vention de l'assemblée provinciale et la nature de l'enquête qui allait, entre autres objets, s'appliquer à l'administration municipale. On y laissait aux agents royaux toute liberté de définir et de condamner les « innovations » apportées à la pratique de l'Edit; on y supprimait implicitement les garanties accordées aux Religionnaires par les déclarations royales de 1652 et 1654. C'était l'arbitraire aux mains des commissaires-départis[1].

En Languedoc, ils manquaient, l'un d'impartialité, l'autre de fermeté et de crédit. De Bezons[2], commissaire catholique, intendant en charge de la province, pourvu des pouvoirs ordinaires et permanents que le progrès de l'institution achève de fixer, donne les renseignements et reçoit les instructions qu'il exécute au profit de l'autorité royale. La loi de sa conscience et la règle de ses jugements paraît être demeurée, dans le conflit religieux qu'il appréciait en légiste, l'intérêt présumé de l'Etat, du roi. Esprit cultivé, d'une superficielle érudition prodiguée devant l'assemblée provinciale, aux jours de séance solennelle, en des exordes que l'*Intimé* des Plaideurs eût reconnus[3], il n'en apportait pas moins à la pratique des affaires une profonde entente des moyens de procédure, un sens naturellement droit, souvent prévenu et quelque tolérance[4]. Si ses avis ont contribué

---

1. *P. justif.*, n° 7.
2. Claude Bazin, chevalier, seigneur de Bezons, conseiller du Roi ordinaire en tous ses Conseils, intendant de justice, police et finances en la province de Languedoc. (*Arch. nat.*, TT 247 (*olim*, TT 322), pièce 151.) Ailleurs, il prend le titre « d'Intendant en la Justice, « Police et Finances ez provinces et armées de Languedoc, Catalo- « gne, Roussillon et Cerdagne, et visiteur général en la province de « Catalogne ». (*Bibl. Nat.*, f. franç. 15832, fol. 41-42 (1661).
3. *Hist. gén. de Languedoc*, T. XIV. P. justif. ccxcii, col. 705-706; cccxi, col. 762 et 764. Autres exemples dans les *Proc.-verb. des Etats*.
4. *P. justif.*, n° 12. Cf. DEPPING, *Correspond. administral. de Louis XIV*, T. IV, p. 309, un rapport de Bezons à Colbert sur un juge accusateur à faux des Réformés.

à donner la formule d'arrêts qui rendaient inévitable, presque inutile la révocation de l'Edit de Nantes, il doit garder, pour son honneur, le souvenir attaché à son nom de certaines mesures équitables et celui d'un vote révélant en son âme de vieil administrateur le respect de sentiments sacrés. Il ne voulut pas forcer, dans leur dernier refuge, des consciences opprimées, sanctionner une hypocrisie officielle, et, après la Révocation, siégeant au Conseil du Roi, comme on y délibérait sur la nécessité d'obliger les nouveaux convertis d'aller à la messe, il se prononça pour la négative[1].

A côté de ce haut personnage, son collègue protestant, le commissaire de Peyremales, simple conseiller et lieutenant particulier en la sénéchaussée et siège présidial de Nimes, figurait peu et comptait peu. L'inégalité des situations entre les délégués aux fonctions d'enquêteurs sur le fait de l'Edit a été plusieurs fois remarquée. Les coreligionnaires de M. de Peyremales, qui d'ailleurs se méfiaient de lui, ne pouvaient même pas se douter à quel point ce magistrat de soixante ans dépendait de la chancellerie. Dans son désir de se garder ou de conserver à sa famille sa place de judicature, il s'était fait recommander à La Vrillière et à Séguier par l'intendant et même par le P. Annat, confesseur du roi[2]. Son caractère préjuge en faveur des causes où il a différé d'avis avec son puissant collègue et soutenu les intérêts protestants. Il fallait que le droit y fût bien évident, s'il osait l'y affirmer. Le

---

1. *Arch. nat.*, TT 431 (ol. TT 268), pièce 155.
2. *P. justif.*, n° 21. La signature de Peyremales se trouve, notamment, au bas du jugement rendu par Daguesseau le 7 septembre 1685, contre l'exercice du culte réformé à Anduze (*Arch. nat.*, TT 231, pièce 105); au bas d'une condamnation aux galères portée le 16 juillet 1686 par le présidial de Nimes contre le religionnaire Viano, rentré en France sans permission. (*Arch. du départ. de l'Hérault*, C. Intend. 163, liasse.) Ce nom est peut-être celui de Peyremales-Dieuze, frère du commissaire, pour lequel celui-ci demandait la survivance de sa charge en 1666. En 1686, le commissaire de Peyremales aurait eu environ quatre-vingts ans.

bonhomme pouvait d'ailleurs formuler des décisions à son aise. Il savait qu'elles n'auraient aucune sanction. Le Conseil des Dépêches où se débattaient les litiges ne recevait pas seulement les lettres de l'intendant, mais aussi ses visites, et de Bezons y siégea en personne pour le jugement de plusieurs affaires qu'il avait rapportées sur ses propres décisions, rédigées contradictoirement avec le petit magistrat qu'un scrupule fallacieux du Conseil avait associé à sa mission.

La délégation de ces commissaires à la pratique de l'Edit de Nantes n'était pas sans précédents. On trouve, à plusieurs reprises, notamment en 1656, l'emploi d'enquêteurs de ce genre qui sont institués depuis 1602. Mais leur œuvre rapide, souvent incohérente, avait laissé peu de traces. Ceux de 1661 fondèrent la méthode suivie contre les Réformés dans l'administration communale et l'exercice du culte. Dès 1666, elle est complète et peut se codifier, ce qui est l'objet de la déclaration royale rendue la même année. Sous l'influence de l'opinion catholique en Languedoc, des suggestions fournies et des encouragement donnés par les Etats de la Province, avant les instructions célèbres insérées en 1666, dans ses cahiers par l'assemblée du clergé, avant la publication du livre de Bernard, plein d'ingénieux moyens de chicane, de Bezons avait établi les cas de contravention à l'Edit, distingué les espèces, créé par une foule de précédents la jurisprudence, qui, dans la suite, plus offensive encore, éliminera de l'administration communale l'élément protestant. En 1663, comme le fait remarquer l'évêque de Nimes, il en pose les principes généraux, consignés dans ses décisions provisoires. Le Conseil n'a qu'à les confirmer, malgré l'opposition inévitable et vaine du commissaire réformé, deux surtout : « que, dans « toutes les communautés, le conseil politique sera, du « moins la moitié, catholique ; que dans les communautés

« où le nombre des catholiques n'est pas assez grand pour
« faire la moitié du conseil politique, les curés ou vicai-
« res entreront au conseil et y auront la première voix dé-
« libérative [1]. » En 1660-61, les mémoires des agents généraux du clergé n'étaient pas allés jusque-là. Ce fut l'objet
d'une série d'arrêts rendus en Conseil sur les *partages* ou
le désaccord entre les commissaires, de 1662 à 1666. Dès
cette année 1666, la matière, enrichie par les décisions locales rendues dans les autres provinces, notamment en
Béarn, put recevoir une forme générale. Elle la prend par
la déclaration royale du 2 avril 1666, renouvelée, dans ses
dispositions essentielles, en 1669 (1er février).

Des documents qui permettent de fixer, en ses données
essentielles, l'état de la question : cahiers contradictoires
présentés aux commissaires par les habitants catholiques
ou protestants des communautés, requêtes et mémoires ma-
nuscrits ou imprimés, arrêts rendus par le Conseil sur la
décision des enquêteurs et mentionnant souvent dans leurs
considérants l'avis des États provinciaux, ressortent deux
espèces principales de cas.

D'abord, celui des villes « soumises par la force des armes » pendant les derniers troubles religieux de Languedoc,
celui que visent surtout les cahiers du clergé, en 1661. Les
capitulations plus ou moins sommaires auraient entraîné
pour elles la déchéance des libertés municipales. L'Édit de
Grâce avait tranché la question en faveur des Réformés,
annulant même l'effet des capitulations par des amnisties
nominatives. La déclaration royale de 1652 avait confirmé
ce dispositif. C'est pourtant cet argument caduc que l'on in-
voquait, inspiré des proscriptions du seizième siècle, dont le
souvenir et la tentation ont longtemps survécu en terre languedocienne. Les commissaires l'avaient en 1656, d'accord

---

1. *P. justif.* n° 15 (*Règlements généraux*, p. xxii).

avec les États provinciaux, opposé à l'effet de déclarations royales rédigées en termes précis. Leur successeur, de Bezons, trouva dans la vague rédaction de l'arrêt royal rendu en 1657 et dans ses propres instructions toutes facilités pour user d'arbitraire. Sur ce point, il n'a rien innové, n'a fait que suivre la doctrine des États, celle que devait formuler Bernard, le juriste pensionné des États, dans son manuel de procédure antiprotestante, et qu'on ne songea même pas tout d'abord à étendre au droit d'exercice confessionnel [1].

C'est ainsi qu'après plusieurs autres furent condamnés et supprimés les consulats et conseils politiques mi-partis de Saint-André, au diocèse de Lodève [2]; de Sommières, au diocèse de Nimes [3], où sur une population de 1,400 âmes, 1,200 perdaient ainsi leurs droits civiques; de Bédarieux une seconde fois; de Montpellier, où se trouvaient encore 7,000 Réformés sur 27,000 habitants [4]. Ces décisions, contraires à l'avis du commissaire protestant, passèrent pêle-mêle avec les deux cents prononcés de jugements sur les partages des commissaires de Languedoc en 1663. Elles devaient aussi faire jurisprudence. L'action des commissaires avait abrégé les délais de procédure en transportant de suite les causes au dernier appel. Par ces moyens ou des moyens analogues on atteignit dans la suite Mazamet, au diocèse de Lavaur, qui comptait 1,582 religionnaires sur

---

1. C'est en 1679 seulement que Daguesseau suggère ce moyen de supprimer des exercices de culte réformé. Voir *P. justif.*, n° 36. Cf. deux avis conformes du P. Meynier aux *Arch. Nat.* TT 431 (*ol.* TT 268), pièces 116 et 117.

2. *Bibl. Nat.*, f. franc., 15832, fol. 33.

3. Arrêt du 5 octobre 1663, art. 44, dans El. BENOIT, *Hist. de l'Éd.*, III, P. justif. LXVIII, p. 120.

4. Voir pour ces chiffres le n° 19 des *P. justif.* Ce mémoire n'a d'ailleurs, sur certains points, qu'une valeur approximative. Il renferme des erreurs, une, notamment, sur le diocèse de Mende, où il ne compte que 400 religionnaires, alors que Daguesseau en relèvera 18,000. C'est un lapsus évident du scribe.

1,829 habitants, Pignan et Cournonterral au diocèse de Montpellier (1670).

En vain, dans les communautés menacées, les Réformés se défendirent-ils par des articles de leurs cahiers, respectueuses et fermes requêtes présentées aux commissaires, sur preuves solides, comprenant l'ensemble de leurs droits civiques et religieux. En vain, contre l'attaque du syndic catholique, le cahier de Bédarieux prouve-t-il la continuité du consulat réformé en cette ville depuis l'Edit de Nantes jusqu'en 1622, puis l'établissement d'un consulat mi-parti par l'arrêt royal rendu à Saint-Germain le 21 mai 1652. On maintient la condamnation prononcée. A Montpellier, de même, où l'affaire était plus compliquée. L'article premier du cahier des Réformés[1] l'expose : comment, en 1623, le gouverneur Valençay partagea « de son autorité » le consulat entre les deux confessions et de Fossé en exclut les religionnaires en 1628. Leur fidélité pendant les troubles de la minorité royale leur restitue leur part dans l'administration de la cité. Ce fut une réponse à leurs doléances de 1652, confirmée par trois arrêts du Conseil d'en Haut rendus la même année. Le comte de Roure en suspendit pendant cinq ans l'exécution, appuyé sur sa forte garnison et les canons de la citadelle. A la fin de cette période que vise la requête, en un terme rapide et discret, parut le singulier arrêt de 1656. La considération invoquée y est surtout l'importance de « ladite ville de Montpellier, qui est la « seconde ville de la province de Languedoc, ornée d'un siège « épiscopal, église cathédrale et de plusieurs collégiales, « d'une Université, d'une Chambre des Comptes, Cour des

---

1. *Arch. municip. de Montpellier*, GG, Réformés. « Cahier des plaintes et demandes » présenté par les Réformés de Montpellier. Élie Benoît donne l'arrêt commun aux réclamations présentées au Conseil par les Religionnaires de Nîmes et de Montpellier, mais ne donne pas la requête des Réformés de Montpellier aux commissaires.

« Aides, bureau des Trésoriers généraux, siège de Présidial
« et de Sénéchal, et de justice ordinaire qui est exercée par
« les consuls. » Les effets de l'Edit de Grâce y sont interprétés, en une simple incidente, contre le partage des charges consulaires et urbaines. Au fond de tous ces débats reste l'équivoque enfermée dans l'article 17 de l'Edit de Grâce sur « l'ordre gardé d'*ancienneté* ès dites villes, tant
« pour le consulat que police, et assemblée desdits consuls
« et conseils de ville. » Dissipée quatre fois par des déclarations royales, elle reparaissait hostile en un cinquième arrêt. De Bezons, en sa qualité d'intendant, « sur des avis
« à lui donnés de diverses parts », avait interdit par ordonnance « les assemblées de ceux de la R. P. R. » Il laisse voir, d'ailleurs, dans la suite de l'acte, et l'objet de ces assemblées et son propre dessein; il mentionne des réunions préparatoires de synodes[1]. Mais l'usage de ces réunions consacrées à l'administration et à la discipline religieuses, permises par l'Édit, étroitement surveillées par des agents royaux, devait produire son effet. Le souvenir du fédéralisme huguenot prenait corps, semblait menacer. En 1684, les consuls de Montpellier l'évoqueront encore à propos d'une question locale de finances[2]. C'était du luxe : le consulat et le conseil de ville y étaient, de par le Conseil du roi, demeurés catholiques en leur totalité.

Au même moment, et comme on ne pouvait encore frapper les groupes importants d'hérétiques de Nimes et de Castres, que les griefs d'exception manquaient, d'ailleurs, contre ces deux villes, on songe à atteindre Uzès, la quatrième des capitales religionnaires de la province, de l'avis des intendants[3], le point d'appui des communautés protes-

---

1. *Arch. Nat.*, TT 247 (ol. TT 322), pièce 51. Impr. 21 septembre 1681.
2. *P. justif.*, n° 17.
3. Cf. Rapport de Daguesseau, *P. justif.*, n° 53.

tantes échelonnées sur le cours supérieur et moyen de l'Ardèche, de la Cèze et du Gard. Faute d'arguments légaux, des nécessités d'ordre public sont invoquées dans un rapport adressé en 1662 à La Vrillière par le prince de Conti et de Bezons[1]. Des troubles se sont produits à Uzès et un meurtre a été commis, car les mœurs sont rudes encore dans les Cévennes et les passions violentes, à l'occasion des élections municipales. Déjà les États provinciaux ont signalé les désordres. Il faut aviser, « le consistoire ayant toujours « persisté avec beaucoup d'opiniâtreté dans le dessein de se « rendre le maître du consulat. » Les coupables seront déférés aux tribunaux. Mais le vrai coupable est le consulat mi-parti. C'est lui que l'intendant et le gouverneur condamnent en proposant de supprimer le « second et qua-« trième rang dudit. » Quant au conseil politique, on en fera les trois quarts catholiques. « Pour les cabalistes (répar-« titeurs de l'impôt d'après les *cabaux* ou valeurs mobilières « rurales), auditeurs et impugnateurs (contrôleurs de comp-« tes) et prud'hommes » ..... on estime « qu'estant au nom-« bre de six, il est très à propos, si S. M. le trouve bon, « que l'on nomme à l'avenir quatre catholiques et deux de « la R. P. R., gardant la proportion du quart dans les sus-« dits conseils et du tiers pour les nominations des susdits « prud'hommes, cabalistes, auditeurs et impugnateurs. »

Sa Majesté ne trouva sans doute pas bon ce système compliqué, l'arbitraire se couvrant encore à ce moment de quelques prétextes. Car Uzès ne perdit qu'en 1670 son consulat et son conseil mi-partis. Mais, en dehors de l'action commune dévolue aux deux commissaires, l'intendant venait de définir par un exemple la méthode qui allait s'appli-

---

1. *Bibl. Nat.*, f. franc. 15832, fol. 202-204. Advis de Mgr le prince de Conty et de M. de Bezons concernant les désordres de la ville d'Uzès, 13 février 1662.

quer aux communautés où les religionnaires perdraient leur part de consulat.

Car, en fait et dans la pratique, sans une dérogation générale et formelle à la coutume, sans une violation du droit qui eût paru trop évidente à la date où s'accomplit l'œuvre des commissaires, on ne pouvait totalement et d'un coup fermer l'administration communale à des sujets du roi formant dans certaines communautés la majorité des contribuables. On chercha et trouva, selon les cas, un moyen terme, une restriction qui eût les avantages de l'exclusion, sans en présenter le scandale.

A Bédarieux, par exemple, deux habitants réformés seront choisis par le conseil catholique pour assister à l'*audition* et clôture des comptes, la répartition des charges ayant été faite au préalable par les consuls et le conseil ; à Florensac (diocèse d'Agde), les Réformés garderont les deux coéquateurs et les deux conseillers politiques que leur a accordés un arrêt de la Chambre de l'Édit[1] ; à Gignac (diocèse de Béziers), ils peuvent être admis à l'assemblée générale du conseil de ville, mais n'ont que deux conseillers politiques (municipaux) sur douze[2] ; à Sommières, exclus du consulat et du conseil, ils n'ont que deux des leurs pour assister à la répartition et « sans frais » (sans indemnité). A Montpellier, la solution était à la fois plus intéressante et plus difficile. Un groupe d'environ sept mille huguenots y avait conservé, même dans la liquidation des guerres religieuses, en 1629, une part d'action administrative, attestant encore l'importance ancienne du parti. Sept d'entre eux

---

1. *Bibl. Nat.*, f. franc. 15833, fol. 23 (1661). Cahier des Réformés de Florensac. *Ibid.*, cahier de Gignac. Ces deux villes ne comptent plus guère, d'ailleurs, qu'un petit nombre de Réformés. C'est justement pour ce motif que ce reste de leurs droits peut leur être maintenu.

2. Arrêt du Conseil d'État vidant les partages du Languedoc, 5 octobre 1663, dans El. Benoît, cf. *sup.*, p. 40.

siégeaient au conseil dit des *Quatorze de la Chapelle*, chargé de répartir les impositions sur la ville. C'est cette représentation que leur cahier de 1663, s'appuyant sur les précédents historiques et surtout sur l'importance des propriétés imposables gardées par eux, s'efforce de maintenir après la perte du consulat mi-parti. C'est un acte de justice qu'ils demandent aux commissaires, en assignant par-devant eux les consuls catholiques[1]. L'arrêt du Conseil trancha la question dont l'examen avait d'ailleurs été accepté par de Bezons et de Peyremales. Il supprimait le collège des quatorze répartiteurs, confiait la répartition des tailles aux consuls, assistés chacun d'un « coéquateur » catholique. Pourront y être admis quatre députés religionnaires avec le titre d'*inspecteurs*, c'est-à-dire de surveillants, à qui ce nouveau règlement ne confère pas de voix délibérative. Tout restreint qu'il était, l'exercice de ce droit de contrôle ne pouvait manquer d'exciter à la fois la méfiance des Catholiques et l'initiative des Protestants. Cette période est féconde en subterfuges légaux et en moyens de procédure. Dès l'année suivante, les consuls de Montpellier signalent[2] parmi leurs concitoyens hérétiques la tenue d'assemblées et la nomination de quatre « directeurs ou intendants » des affaires protestantes, où il est aisé de reconnaître des réunions préalables aux répartitions d'impôts et les quatre délégués permis par le Conseil du roi. Montpellier étant un centre important d'intérêts religionnaires, il semble que leur parti ait confié à ces personnages, outre le soin de surveiller l'administration financière de la ville, celui de coordonner les levées d'argent de la région environnante, du colloque entier. D'où l'accusation de fédéralisme contre des

---

1. *Arch. municip. de Montpellier*, GG, Réformés. Requête aux commissaires et assignation aux consuls catholiques jointes au cahier des Réformés de 1663.
2. *P. justif.*, n° 17.

menées qu'on voulut croire redoutables, le nom de « pertur-
« bateurs du repos public et ennemis de l'État » donné à
d'impuissants témoins d'un nouvel ordre de choses combiné
contre eux. Ce qui prouve l'inanité des griefs allégués, c'est
l'indifférence de l'intendant-commissaire qui ne donna à
l'affaire aucune suite.

Il n'avait d'ailleurs qu'à laisser agir le zèle des municipalités catholiques et l'universelle complicité. Le vain privilège accordé aux « inspecteurs » des répartitions financières
à Montpellier leur fut toujours contesté. On voit encore en
1678 des députés du consistoire et des habitants réformés
nommer leurs quatre inspecteurs[1], qui, à leur arrivée devant les consuls, se trouvent en présence de quatre bourgeois de même confession chargés arbitrairement par ceux-
ci du même mandat. Matière à conflit; appel à l'arrêt de
1663; sommation aux consuls de recevoir les délégués réguliers « à peine de nullité du despartement[2]. » Soins perdus
à ce moment. Mais l'exemple suffit à marquer le caractère
de ces luttes engagées un peu partout en terre religionnaire
de Languedoc : invention et subtilité de moyens procéduriers chez les administrateurs catholiques, effort patient de
résistance et ténacité procédurière encore chez les Réformés.
Du moins ceux-ci défendaient-ils des droits.

La suppression de l'élément protestant dans les consulats
n'avait atteint que la minorité des communautés de confession mixte. Mais les expédients employés là pour réduire
les Religionnaires à la moindre action et à la moindre surveillance avaient indiqué la méthode et fondé la pratique
qui furent mises en usage à l'égard des communautés où
subsista, pour quelques années encore, l'établissement des
consulats mi-partis. La situation administrative de celles-ci

---

1. *P. justif.*, n° 34.
2. *Arch. municip. de Montpellier*, GG, Réformés, liasse.

constitue la seconde espèce des cas soumis à l'appréciation des commissaires de l'Edit, la plus importante par le nombre des lieux intéressés et le chiffre de leur population. Le consulat mi-parti est, jusqu'en 1676, leur régime commun, ordinaire, légal. Seulement les exceptions ruinèrent la règle avant sa suppression, qu'on n'eut même pas besoin de consacrer par un acte explicite et général.

Elles se produisent en même temps, sous forme de vœux, dans les requêtes des consuls et conseils de villes catholiques et dans les délibérations des Etats. Elles se manifestent, dans la pratique, par les jugements que rend l'intendant-commissaire, le plus souvent en désaccord avec son collègue réformé, le plus souvent approuvé par la juridiction d'appel, le Conseil des Dépêches. Ce qui prolongea l'existence des consulats mi-partis, ce furent, avec un texte trop connu pour être violé sans prétexte, le règlement de 1631, les ménagements que commandaient quelques villes puissantes par leur industrie, telles que Nimes, le groupe des bourgs productifs des basses Cévennes et du Lauragais, la présence de magistrats huguenots conservés encore dans de grandes cours judiciaires, comme la Chambre de l'Edit de Castres ou la Cour des Aides de Montpellier. On ne les ruina que peu à peu, par des mesures de police, des procédés d'exception, et il y fallut une quinzaine d'années. La méthode d'attaque dut varier, se plier aux circonstances opportunes, qu'on n'eut garde, d'ailleurs, de laisser échapper et qu'on provoqua souvent.

Les Etats inspirent ou appuient les décisions de l'intendant-commissaire, approuvent les mesures appliquées au Vigan et à Marvejols où deux consuls sur trois sont catholiques, prennent parti, en 1662, contre les consuls réformés d'Uzès, demandent, en 1664, la suppression de ceux de Réalmont, s'empressent, en 1667, d'enregistrer l'arrêt du Conseil qui exige de ceux de Castres dix ans de résidence et de « taillabilité¹. » Soumise à ce régime de gêne et d'inquisition, l'institution des consulats mi-partis ne pouvait durer. L'obstination des Réformés à défendre leurs intérêts et leur dignité était impuissante à les soutenir, et leur requête de 1670, due au pasteur Pierre Du Bosc, présentée par leur député général Ruvigny, le constate en termes empreints d'une éloquente tristesse².

3. RÉFORMÉS ET CONSEILS DE VILLE.

A cette date apparaissait prochaine la ruine de ce système de transaction et la conséquence générale des mesures exceptionnelles dirigées contre lui. Déjà l'application en avait été faussée. Un élément étranger par sa nature aux délibérations municipales avait légalement pris place dans le Conseil de ville. Depuis 1663, l'évêque ou son représentant siégeaient, en leur qualité d'ecclésiastiques, dans le conseil des villes épiscopales, le curé ou le vicaire dans celui des autres communautés « au défaut d'autres catholiques qualifiés, sans préjudice des droits des prieurs³. » Là, ils sont conseillers politiques et premiers opinants. L'évêque de Nîmes aura même « voix supernuméraire », c'est-à-dire que les Réformés ne pourront faire entrer au conseil un gentilhomme ou autre délégué pour balancer ce vote supplémentaire, décidant de la majorité. La proposition qui émanait de l'intendant de Bezons finit par passer malgré l'opposition de Peyremales. Le bénéfice en fut étendu à Castres, sur le vœu des Etats provinciaux, puis à tous les chefs-lieux de diocèse⁴. Partout ailleurs, dans les communautés où le nom-

---

1. *Arch. départ. de l'Hérault*, C, Etats. Proc.-Verb., session de 1667-68, fol. 28.
2. *P. justif.*, n° 28.
3. Arrêt du 5 octobre 1663, art. 18.
4. *Arch. départ. de l'Hérault*, C, Etats. Proc.-verb., session de

bre des catholiques était insuffisant à parfaire la moitié des conseils municipaux, l'Eglise apporta dans ces assemblées, par la présence du prêtre, avec son autorité morale, le poids de son influence politique[1].

Et, d'ailleurs, l'intervention de la religion d'Etat y était-elle déterminée ou seulement limitée, aux termes mêmes du règlement instituant le partage des consulats et des conseils de ville? On s'avisa bientôt du contraire par l'usage d'une casuistique fréquente dans la procédure qui prépara la révocation de l'Edit de Nantes. L'arrêt de 1631 portait, *pour des villes expressément désignées dans cet acte,* que le consulat serait mi-parti, avec alternance favorable aux Catholiques. Dans la pratique, cette décision s'était étendue à toutes les communautés des deux confessions. Le roi disait en outre, dans ce texte, s'appliquant *aux mêmes villes :* « Voulons que toutes les autres charges politiques soient « distribuées également à nos sujets tant catholiques que « de ladite religion, en telle sorte qu'il y ait du moins pa- « reil nombre de catholiques que de ceux de ladite R. P. R. » Quoi de plus aisé que d'élargir l'application de l'arrêt jusqu'à l'ensemble des conseils de communautés, comme on l'avait fait pour l'ensemble des consulats? Ce n'était pas l'opposition du commissaire de Peyremales qui pouvait, en l'occasion, gêner son collègue l'intendant. Celui-ci ne daigna s'y arrêter, franchit le pas, soutint, dès 1663, que dans toutes les communautés le conseil municipal serait « du moins la moitié catholique », et l'article 30 de la déclaration royale de 1666 vint donner à son initiative la portée d'une loi générale, sanctionner un fait déjà accompli sur bien des points.

1667-68, fol. 28 (pour Castres). Cf. l'arrêt du Conseil du 23 octobre 1667, dans *Recueil des Edits, déclarations du Roy et arrests de son Conseil...* Paris, 1681, p. 266.
1. *P. justif.*, n° 16.

4.

Il devait, d'ailleurs, être dépassé dans cette interprétation hardie autant qu'ingénieuse des textes officiels. L'égalité dans le partage des charges municipales entre les deux confessions, stipulée par le règlement de 1631, n'y était, en effet, exprimée qu'avec ce commentaire inquiétant : « qu'il y ait *du moins* pareil nombre de catholiques. » *Du moins*, dans la langue du temps, peut signifier : *au moins*. La représentation des Catholiques dans les conseils mi-partis n'était donc pas limitée. La parité de nombre et de voix entre les délégués des deux confessions n'est donc que le minimum assuré aux Catholiques, une pure grâce que l'on fait aux Religionnaires et, de ceux-ci, dans les conseils de ville, pourrait légalement ne se trouver aucun représentant. Doctrine féconde en résultats de détails que n'apprécia pas d'abord l'intendant, que ne mentionne pas encore le juriste Bernard dans ses maximes, deux ans avant son explication de l'Edit, que formula cependant, en 1666, la Cour des Grands Jours de Nîmes, experte en l'invention de chicanes verbales [1]. Elle se retrouve en 1681 dans les commentaires des recueils d'Edits. L'expression en était superflue à cette date, bien qu'il n'y eût encore, qu'il n'y ait jamais eu de déclaration ou d'arrêt portant contre les Réformés exclusion générale des charges municipales. L'élimination s'était faite, dans les centres importants, par une série d'arrêts particuliers. Dès 1676, les intentions du roi à cet égard s'étaient manifestées à l'occasion d'une mesure spéciale à la ville d'Uzès qui perdait son consulat et son conseil mi-parti. Invoquant le besoin d'assurer l'ordre dans la ville, le roi y supprimait les dernières garanties de liberté municipale, désignait d'office les consuls pour l'année suivante. « Voulant d'ailleurs procurer l'avan-

---

1. *P. justif.*, n° 23. Arrêts des grands jours. Arrêts concernant Sauve, Saint-Jean de Gardonnenque, Saint-Hippolyte (diocèse de Nîmes).

tage de la religion catholique », il chassait à jamais les Réformés du conseil de la cité[1]. A propos d'un cas particulier, le souverain annonçait un dessein et faisait prévoir un règlement de portée générale. On s'y conforma partout avec suite et méthode dès que les circonstances le permirent. A Nimes, une lettre du roi, en date du 20 novembre 1676, est transmise au conseil municipal par l'intendant Daguesseau. « Pour le repos de la ville », il était sursis aux élections consulaires[2]. Les consuls protestants avaient fait opposition, dans le courant du mois de septembre précédent, à un emprunt de 10,000 livres demandé à la communauté pour réparation et achèvement du collège des Jésuites, et Daguesseau avait répondu à leur requête[3], non discutée par lui, que les bâtiments étaient trop avancés pour que le travail en pût être retardé. Par ordonnance de l'intendant, le corps consulaire en exercice continue l'expédition des affaires. Mais le 22 février 1677, le premier consul Novy annonce les choix du roi, portant exclusivement sur des sujets catholiques pour la nouvelle municipalité, signifiés par une lettre de cachet que transmet l'intendant avec nouvelle ordonnance. Les Réformés membres du Conseil de Nimes s'inclinent devant la volonté royale, « se réservant de poursuivre envers Sa Majesté la confirmation des privilèges de ladite ville et communauté. » C'étaient là de vaines formules, dont le seul effet était une protestation, encore permise,

1. *P. justif.*, n° 32.
2. *Arch. municip. de Nimes*, LL 26 (1674-1678), fol. 103 sqq.
3. *Ibid.*, fol. 91 sqq. Les consuls y établissent que le collège n'a nul besoin de réparations et qu'il est notoire à l'intendant, « comme « estant sur les lieux, que ce n'est que pour la construction d'une « esglise qu'ils font travailler incessamment, que, d'ailleurs, ladite « somme de 10,000 livres feust empruntée par les consulz catholi- « ques et deslivrée ausdits P. Jésuistes, quy, par conséquent, jouis- « sent du don à eux fait et quy n'ont plus rien à demander. » La somme doit, en raison du fait, être rejetée sur les habitants catholiques.

en faveur du droit méconnu. Un an après (12 décembre 1678), un arrêt du Conseil royal chasse les Réformés du conseil de ville et Daguesseau vient en personne installer les nouveaux consuls et les nouveaux conseillers (1ᵉʳ janvier 1679).

A cette date, il n'y a plus de Protestants admis aux charges municipales de Castres, et l'assemblée provinciale y poursuit même l'influence des Religionnaires jusque dans l'intention prêtée à quelques-uns d'entre eux, parmi les plus considérables, d'abjurer pour gagner, à leur conversion, l'accès des dignités urbaines et celui des Etats[1]. En ces tristes moments la méfiance était ingénieuse, éveillée au souci des intérêts menacés. Déjà des précautions semblables avaient été prises contre les Réformés de Lavaur[2]. Des arrêts particuliers rendus au fur et à mesure des incidents propices étendent sur la province entière la méthode appliquée d'abord aux capitales de diocèse. Peu de municipalités sont accessibles aux Protestants en 1680, et celles là sont de médiocre importance. Daguesseau peut, dès 1679, se féliciter « de la résolution que Sa Majesté a prise de rendre tous « les consulats catholiques. » Plus que le chrétien qu'il était, l'administrateur pour le compte d'un roi absolu avait lieu d'être satisfait. Ces consuls nommés par ordonnance ou arrêt, ces conseillers de ville choisis sur la désignation du juge local, du curé, du subdélégué ou de l'évêque, c'étaient autant de fonctionnaires d'occasion, habituant l'opinion aux fonctionnaires réguliers, tarifés, dont l'installation est proche et que la royauté elle-même tenait en réserve pour les villes, mal consciente encore de ses desseins. Lorsqu'en 1692 elle fit une *affaire* de la vente des charges municipales et

---

1. *Arch. départ. de l'Hérault*, C, Etats. Proc.-verb., session de nov.-déc. 1680, fol. 27-28.
2. *Ibid.* Session de 1675-1676, fol. 71.

qu'elle en mit l'exercice aux enchères, elle trouva en Languedoc un terrain préparé à l'avance pour l'opération. Ainsi jusque dans le régime des communautés l'intolérance religieuse de l'Etat se trouvait d'accord avec son intérêt administratif et fiscal. Les restrictions apportées au droit civique des Protestants servent, en ce point comme en d'autres, la centralisation monarchique.

On avait pu le pressentir en 1664, lorsqu'un arrêt très bref s'étendant à tout le royaume fixa la religion officielle des communautés, les déclara catholiques, enleva aux Chambres de l'Edit et attribua aux Parlements la connaissance de leurs affaires, « encore que dans lesdites communautés il « se trouve plus grand nombre de personnes de la R. P. R. « que de catholiques[1]. » Cette jurisprudence, qui pourrait surprendre en un temps où l'Etat a pour règle la neutralité religieuse en matière d'obligations et de droits civiques, n'est que l'application d'une maxime commune à toutes les nations du dix-septième siècle. Elle est conforme au principe appliqué en Allemagne et consacré par le traité de Westphalie qui n'a pas établi la liberté de conscience, au sens actuel du mot, mais déterminé des domaines géographiques de confession : « Cujus regio, illius religio »; le territoire fait la religion. Seulement, en Allemagne, ce régime était le résultat de transactions débattues et acceptées par les trois confessions en présence : catholicisme, luthéranisme, calvinisme. Il laissait d'ailleurs les intéressés libres de choisir leur résidence sur le sol même de l'empire, lorsqu'ils voulaient échapper aux obligations créées dans chaque territoire par la croyance de la dynastie régnante. Enfin, il n'annulait pas, sans les abroger, les dispositions d'un acte tel que l'Edit de Nantes. Ce dernier, en effet, s'il reconnaissait impli-

---

1. EL. BENOIT, *Hist. de l'Éd.*, t. III, P. justif., n° CVI[1], p. 184 (17 novembre 1664).

citement le catholicisme comme religion d'Etat, ne lui conférait, en tant que culte établi, aucun monopole général en matière d'administration communale.

Les conséquences de l'arrêt furent sans mesure : d'abord elles favorisèrent l'usurpation, par le parti le plus fort en nombre et le mieux appuyé, des offices attachés au service communal, consacrèrent un partage souvent inique des fonds et des revenus municipaux comme des contributions nationales, amenèrent enfin la ruine des institutions de charité et d'enseignement fondées par les Réformés et gérées par eux avec d'autant plus de droit que l'Etat, au dix-septième siècle, n'assume la charge ni de l'assistance, ni de l'instruction publique.

En Languedoc, la lutte pour ces intérêts est plus vive qu'ailleurs, tient davantage à la vie locale. Et souvent l'inspiration de tel arrêt rendu sur la matière et s'appliquant au royaume entier est partie de la rue marchande ou du sol rural, parvenue au Conseil du roi de telle ville ou bourgade languedocienne, de tel village ignoré des Cévennes. L'intendant l'a convertie en ordonnance, l'évêque du diocèse en a recommandé l'application au cabinet de La Vrillière ou de Châteauneuf, les Etats provinciaux l'ont appuyée par leur députation en cour. L'initiative première n'en appartient pas moins à la foule où se perpétuent d'obscures rivalités et des concurrences devenues enfin meurtrières. Plus d'une le fut, au sens propre du mot, après 1680. C'est une poussée de complicités parfois déclarées, le plus souvent anonymes, contre la condition civique et les droits civils des Huguenots. Les forces respectives des deux confessions dans un grand nombre de communautés languedociennes expliquent assez le fait[1]. Des souvenirs l'expliquent aussi par la rancune des luttes soutenues, mal apaisée encore, très te-

---

1. *P. justif.*, n° 19.

nace dans des villes et des villages où la population se renouvelait peu par des apports étrangers, où toutes les familles se connaissaient entre elles depuis plusieurs générations.

En un semblable milieu, quel ferment de discordes prolongées ne devait pas entretenir la possession des offices dépendant de l'administration municipale, charges humbles, mais de tout repos, donnant une influence locale, des rentrées assurées : celles de greffier consulaire, de syndics de communautés, d'auditeurs des comptes, de portiers ou gardiens des portes dans les villes fermées, d'horloger même ? Petites places sans doute, mais, en somme, bonnes places en un temps où l'argent monnayé valait cinq fois plus que de nos jours et qui donnent à leurs titulaires comme le rang et quelque peu l'importance de fonctionnaires. Et l'on sait le prix que la petite bourgeoisie attachait déjà en France à ces avantages et à ces distinctions. On sait avec quelle force Colbert a signalé ce mal. Resté la plaie de notre démocratie et le principe corrupteur de nos mœurs municipales ou parlementaires, on y peut, sans hésitation ni scrupules, les documents consultés, reconnaître le poison héréditaire du régime ancien.

Aussi les offices urbains sont-ils de bonne heure, dans la concurrence entre les deux confessions, un enjeu disputé. La place que tient cette question dans les délibérations des conseils de ville et des Etats provinciaux, dans les cahiers et requêtes des communautés, les décisions des commissaires de l'Edit ou de l'intendant, les arrêts de Parlement ou de Conseil royal semble au premier aspect hors de proportion avec l'objet des litiges. L'impression gardée serait trompeuse. Aux yeux de bien des gens, ces minuscules emplois étaient au dix-septième siècle, comme ils sont de notre temps, la principale affaire; autant de gouttes d'eau accroissant le flot qui devait pour plus d'un siècle effacer du sol français les dernières chances d'une entente dans la pratique de la liberté.

Peu importerait, en effet, que les gens de Vézenobres (diocèse de Nimes), en majorité protestants, eussent, en 1661, reçu avec quelque irrévérence le juge au marquisat dudit lieu leur signifiant l'arrêt du 5 octobre 1663 qui portait, entre autres choses, « règlements des officiers politiques des villes et lieux du royaume », et leur intimant l'ordre de choisir un greffier catholique, attendu que les charges uniques et municipales étaient désormais dévolues aux adhérents de la confession officielle. Il est encore d'un faible intérêt rétrospectif que les consuls dudit Vézenobres et l'avocat Paulet aient payé d'un emprisonnement à Nimes leur mauvais ton à l'égard du magistrat royal « qu'il « fallait, dirent-ils, laisser là pour aller boire, promettant « d'ailleurs logement, vivres et fourrage aux soldats du roi « quand ils viendraient[1]. » Ce qui est plus digne de remarque, c'est la méthode et la suite qu'apportèrent les Etats, les évêques et l'intendant à éliminer les Réformés dans les communautés des fonctions subalternes qui touchent au menu peuple et l'intéressent le plus. L'état d'opinion traduit par l'attitude de l'assemblée populaire à Vézenobres est commun aux centres mixtes de la province et proteste contre une innovation érigée en système. Le règlement de 1631 qui avait mi-parti les consulats n'avait pas institué pour les minorités catholiques le monopole des fonctions municipales uniques, telles que la charge de syndic, de procureur ou de greffier consulaire. C'est cependant l'interprétation abusive

---

1. *Arch. départ. de l'Hérault*, C, Intend. 161, liasse. Cf., *ibid.*, dénonciation par le curé du Pouzin (diocèse d'Uzès) et information sur une assemblée « politique » dudit lieu qui n'a pas voulu nommer un consul catholique de l'endroit et où les officiers municipaux en charge ont rendu leurs comptes sans l'assistance d'un magistrat royal (10 mars 1661).

qu'en donne l'intendant-commissaire de Bezons contre l'avis de son collègue réformé[1] et qui fut adoptée par le Conseil royal. Comme toujours, la pensée de l'administrateur fut dépassée. Dès que parut l'arrêt déclarant catholiques les communautés, on étendit la qualification *d'uniques* à des charges multiples. La procédure dénaturait la langue même et le sens des adjectifs numéraux. Arrêts et déclarations se succédant (18 septembre et 2 avril 1666) ont pour effet d'obscurcir encore une claire notion d'arithmétique. Un arrêt de la Cour des Grands Jours sur ce point est bien curieux. Les hauts magistrats, complaisamment et naïvement, démontrent que si à Nimes ils ont rangé la fonction de portier municipal parmi les charges uniques, c'est qu'à Nimes on compte six charges de portiers. Voilà pourquoi on en a ôté trois aux Réformés; car, ont-ils soin d'ajouter : « Ce mot de portier est dans l'article 31 de ladite déclaration », celle de 1666[2].

La logique de ce raisonnement se suffit. Elle fut perfectionnée pourtant dans la pratique. En 1674, on ne trouve plus en possession de ces offices un seul Réformé, et le premier consul de Nimes, Chazel, se borne à répondre aux réclamations « que par les déclarations et règlemens de
« Sa Majesté, les charges uniques estant adjugées aux
« Catholiques, celles de receveurs (il y en avait deux), pro-
« cureur et *horlogeur* estant uniques doivent être remplies
« par des personnes catholiques, suivant l'intention de Sa
« Majesté, et, pour celle des portiers, la dernière déclara-
« tion de Sa Majesté n'imposant pas une nécessité absolue
« de nommer des personnes de la R. P. R..., il est d'advis
« de continuer les portiers quy sont establis depuis quelques
« années, n'estant pas nécessaire de faire une nomination

---

1. *P. justif.*, n° 15. (*Règlements généraux*, p. xxii.)
2. *P. justif.*, n° 23, p. lvii.

« nouvelle[1]. » A cette date, d'ailleurs, il n'y avait plus à se mettre en quête de prétextes aux abus de pouvoir. Depuis longtemps, les Etats n'en cherchent pas et se contentent d'invoquer l'intérêt de la religion, qui en couvre d'autres. A peine la déclaration de 1666 leur donnait-elle prise sur les offices municipaux des villes protestantes que, tout en l'enregistrant, ils enchérissent encore sur son dispositif, réclament pour leurs coreligionnaires jusqu'aux emplois les plus menus, « les charges de commis aux bureaux des courriers « et messageries ordinaires, et toutes autres charges de « commis au maniement des deniers publics. » Leur zèle va jusqu'à inquiéter le Conseil qui consent bien à leur donner raison, mais craint pour le service des postes « et n'y « veut point d'abus[2]. » Il dépasse même la sollicitude orthodoxe du Parlement toulousain qui a laissé vendre, sans s'arrêter à la profession de foi des acquéreurs, des offices de greffiers consulaires. Les magistrats n'y avaient vu qu'une *affaire* de plus, l'offre d'une denrée usuelle par le trafic officiel. Ils y étaient accoutumés par le mode de transmission de leurs charges et ne soupçonnèrent même pas que c'était là le début d'une pratique de vente qui allait s'étendre à toutes les fonctions municipales. Cet expédient fiscal les eût, du reste, peu touchés. Plus clairvoyants sont ici les Etats provinciaux, avertis par leur bourgeoisie du troisième banc. Ils craignent l'emploi que feront de leurs capitaux les protestants dans l'achat de charges destinées à

---

1. *Arch. municip. de Nîmes*, LL 20, reg. des délibérat. de la maison consulaire 1674-1678, séance du mardi 3 janvier. Les réclamations d'André, second consul, religionnaire, portent sur les charges d'horlogers, portiers, receveurs des deniers municipaux et autres. L'affaire durait depuis 1663.

2. *P. justif.*, n° 21. Cf. *Arch. départ. de l'Hérault*, C, Etats. Proc.-verb., session de 1667-68, fol. 70. Les Etats ajoutent la mention de « commis aux recettes générales et particulières, fermes des gabelles, douane, foraine et autres emplois. »

être pour les acquéreurs un placement et un abri. Ils armeront contre cette invasion redoutée les agents du clergé de France, enjoignent, en attendant, à leur syndic général de faire « toutes les oppositions nécessaires partout où besoin sera¹. » Et leur surveillance se poursuit sagace, tenace et minutieuse, tenue en éveil par leur parti dans chaque ville, dans chaque bourgade, jusqu'à l'exclusion totale des Réformés de tous les emplois municipaux, administratifs et judiciaires².

Cette œuvre, dans les communautés mixtes, avait d'ailleurs été préparée par un de ces arrêts, si nombreux dans l'arsenal de cette longue procédure, qui avaient une portée générale, nationale, mais dont le point de départ est pris des affaires de Languedoc. Il complétait les dispositions ordonnées sur l'envahissement progressif des consulats et des offices municipaux par un personnel de confession officielle. Il leur est connexe, s'appuie sur le même principe d'une religion d'Etat, n'admettant que des partages provisoires et préparant une occupation totale.

A propos des contestations élevées dans le Vivarais et les Cévennes entre les habitants des deux confessions sur la possession et l'usage de biens communaux, le Conseil (20 juillet 1664) avait déclaré que les habitants catholiques jouiraient de ces biens « par moitié et égale portion, sans « que les habitants de la R. P. R. desdites villes et villages,

---

1. *P. justif.*, n° 27.
2. Cf. *Arch. départ. de l'Hérault*, C, Etats, Proc.-verb., session du 11 fév.-13 av. 1669, fol. 63 : « On fera toutes poursuites pour « que l'office de receveur ancien du diocèse d'Alby soit donné à un « catholique, le sieur Roux qui en est pourvu ayant toujours refusé « d'abjurer l'hérésie. » — En 1671, les Etats relèvent les noms des receveurs et commis protestants aux recettes des diocèses et chargent les évêques de l'assemblée de signaler « ceux qui sont employés par « les assiettes particulières pour le service des diocèses », afin de les expulser. (Proc.-verb., 1671-1672, fol. 79-80).

« quoique en plus grand nombre, puissent prétendre aucun
« avantage. » L'arrêt faisait même des principaux Religionnaires des otages répondant de son observation[1]. La réciproque n'était pas et ne fut jamais établie. Là où la majorité des habitants était catholique, on se garda bien d'accorder aux Protestants l'égalité de traitement. Peu importe; il suffit de relever le démenti que cette jurisprudence donnait d'avance à la présomption de catholicité proclamée pour toutes les communes. Celles-ci n'étaient donc pas nécessairement catholiques, comme le fait remarquer Elie Benoît (*Hist. de l'Edit*, III, p. 617), puisque dans certaines d'entre elles on partageait les revenus communaux entre les deux partis confessionnels. Il n'y avait déjà plus de place à l'équité dans le conflit des intérêts qui alimentent, parfois à son insu, le zèle même le plus sincère.

4. RÉFORMÉS ET FINANCES MUNICIPALES.

Reçue avec reconnaissance par les États de la province, la nouvelle doctrine allait permettre aux syndics catholiques une mainmise plus étendue sur l'emploi des ressources communales que ne l'avait déterminée, l'année précédente, de Bezons en ses avis approuvés par le Conseil. D'accord avec son collègue le commissaire protestant, il avait accordé aux réclamations des Religionnaires l'exemption de contribuer à certaines dépenses intéressant les seuls Catholiques : constructions d'églises et de maisons presbytérales, entretien des maîtres d'école et des missionnaires orthodoxes, frais de procès intentés aux Réformés par leurs adversaires et supportés en commun (singulière distribution de justice) par les deux partis. C'était là non seulement l'es-

---

[1]. El. BENOIT, *Hist. de l'Ed.*, t. III, P. justif. CVI[2], pp. 184-85.

prit, mais la lettre de l'Édit. Cette disposition équitable, attestée par les partages jugés en Conseil dans l'année 1663 sur les demandes formulées aux cahiers des Protestants, fit bientôt place à des mesures vexatoires. L'interprétation s'y reconnaît des deux déclarations visant et la religion officielle des communautés et la propriété de leurs biens. Déjà elle avait été préparée et dans les États provinciaux et dans les bureaux du clergé.

Les premiers, dans leur cahier de doléances de 1662, représentaient la minorité catholique de Privas comme opprimée par les Religionnaires, bien décimés pourtant depuis l'exécution qu'en avaient faite les troupes de Louis XIII, comme contrainte à une injuste solidarité dans les dépenses communales. Ils poursuivaient et finirent par obtenir, malgré la répugnance du Conseil à des mesures aussi violentes, l'expulsion de leurs adversaires, qui furent bannis du territoire de la ville pour une connivence présumée, nullement établie, avec de misérables rebelles du Vivarais en un soulèvement populaire contre des exactions fiscales. Quant au clergé, si son action n'apparaît pas encore très nette en ce point du débat, les mémoires de ses agents généraux, en date de 1661, n'en contiennent pas moins une indication qui ne sera pas perdue. Ils assimilent à la dîme ecclésiastique grevant le fonds communal, et payée à ce titre par les Religionnaires, les réparations et les dépenses des églises, maisons presbytérales et culte catholique. Ne pouvant contredire ouvertement l'article 2 des particuliers de l'Édit de Nantes, qui décharge les Réformés de ces frais, ils les leur imposent par un détour, « parce que la maison presbytérale
« fait portion de la dîme, et étant obligés de la payer, ils
« ne peuvent s'exempter des charges qui sont de même na-
« ture; c'est un droit réel attaché au fonds de chaque pa-
« roisse. » Ici reparaît donc la vieille confusion entre la qualité de l'Église considérée comme propriétaire féodal et son

ministère religieux. L'équivoque était utile ; elle fut soutenue, exploitée, reçut même d'ingénieux développements. Un factum anonyme et sans date, mais que son contenu permet de placer vers le milieu de 1663, avant la série d'arrêts qui tranchèrent les partages des commissaires de l'Édit, prétend que l'article 2 des particuliers exempte sans doute les Réformés « des contributions qui se font par impositions « sur les personnes, non de celles qui se font en corps de « communauté sur les biens de ceux qui la composent, ainsi « qu'il se pratique en Languedoc [1]. » Il suffit de relire l'article visé pour se convaincre qu'aucune réserve de ce genre n'y est exprimée. Mais la doctrine fait son chemin. Elle est appliquée par les États à la ville de Castres, formulée par Bernard dans son *Explication de l'Édit* (1666, commentaire de l'article 74 de l'Édit) et appuyée sur cette simple raison : que « la communauté ne peut être divisée ni parta-« gée. Elle est toute catholique. » C'est pourquoi, ajoute Bernard, soulignant inconsciemment la contradiction que devait plus tard relever Élie Benoît entre les deux arrêts du Conseil, l'un proclamant la catholicité de la commune dans tous les cas, l'autre admettant le partage dans quelques cas ; « c'est pourquoi l'arrêt du Conseil privé du « 21 juillet 1664, qui ordonne le partage, mérite d'être « réformé. »

Il le fut dans la pratique, et d'autant plus aisément que, chassés des assemblées d'assiette, puis des conseils de ville, les Réformés ne purent exercer d'action ni même de contrôle utile ni sur la répartition des impositions entre les

---

1. *Bibl. Nat.*, f. franç. 15832, fol. 268-273. Imprimé. Cf. *Proc.-verb. des assemblées générales du clergé*, t. IV, p. 590 A. La doctrine du clergé n'y a pas encore toute sa netteté. On se contente de dire que les Réformés ne peuvent jouir des dîmes sans être tenus aux charges des dîmes, et l'article ne concerne que les Réformés patrons de paroisses ou de bénéfices.

communes dans chaque diocèse, ni sur celle qui s'opérait sur les habitants dans chaque commune. Là où l'élément religionnaire conserva quelque force et tant qu'il la conserva, des oppositions se manifestèrent contre l'emploi de deniers communs à la dépense d'un culte ou d'une propagande particuliers. Dans l'assiette du diocèse de Nimes, par exemple, en 1661, les consuls réformés protestent contre les fonds imposés pour le collège des Jésuites de cette ville et le couvent des Ursulines, pension de Nouvelles Converties; ils obtiennent même de l'assemblée, nonobstant l'arrêt des commissaires royaux, un sursis à la levée d'un droit de consommation voté par les États provinciaux et destiné à la reconstruction d'églises, à l'édification de bâtiments religieux, à des subventions pour les œuvres de propagande catholique[1]. Mais la lutte, même inégale, cessa bientôt ou se réduisit à de vaines protestations; car dans tous les consulats et conseils de ville mi-partis, le vote « surnuméraire » d'un ecclésiastique, curé ou vicaire, fit la majorité aux occasions essentielles. C'est le cas du Vigan dès 1664. En même temps se poursuivait l'œuvre des commissaires de l'Édit, qui aboutit, dans l'espace d'une quinzaine d'années, à la suppression à peu près totale du partage entre les deux confessions dans les consulats et les conseils de ville. Et on peut constater l'impuissance des représentants réformés coéquateurs ou inspecteurs, là où un dernier scrupule du conseil royal en maintient encore une proportion infime à côté des corps répartiteurs. La grande assemblée de Nimes discute parfois les objections des religionnaires, n'en tient aucun compte. Le corps consulaire de Montpellier, tout catholique, nomme lui-même, on l'a vu (p. 46), les contrôleurs qu'un reste de légalité lui impose et refuse de recevoir ceux que la population protestante avait régu-

1. *Arch. départ. du Gard.* C, 664, fol. 34 sqq.; 56-60.

lièrement délégués à ces fonctions. Il en est à peu près de même partout. Pourquoi le parti le plus puissant aurait-il gêné son action par le respect de droits et d'intérêts groupés en quelques communautés d'une province où la tradition conservait encore aux contribuables une part de surveillance sur l'emploi de leurs fonds? Les pouvoirs publics donnèrent presque toujours raison en fait, sinon officiellement, à ses usurpations pendant une longue période. En 1682, elles n'étaient pas encore légalement et juridiquement établies. Après cette date, les établir en forme était tout-à-fait superflu. Néanmoins, il convient de marquer les hésitations du Conseil royal à violer ouvertement des règles de répartition et de contrôle financiers. Il supprime les garanties des Réformés par l'article 59 de la déclaration de 1666; mais celle de février 1669, qui était, comme la précédente, un règlement de portée générale, les rétablit et renouvelle les exemptions stipulées à l'article 2 des particuliers de l'Édit de Nantes. Bien plus, un arrêt du 23 décembre de la même année en fournit le commentaire et en règle l'application à plusieurs paroisses du Languedoc[1]. Ses dispositions libérales, inspirées par une requête de l'avocat-conseil des églises réformées, Loride Desgalenières[2], révoquent, avec

1. Arrest du Conseil... du 23 décembre 1669, par lequel S. M. ordonne l'exécution de l'article II des Particuliers de l'Édit de Nantes, qui décharge ceux de la R. P. R. de contribuer aux réparations des églises, chapelles et presbytères... et de l'article XXXVI de la déclaration du 1er février 1669 : casse l'arrest du Parlement de Thoulouze du 10 octobre audit an... Se vend à Charenton, par Jacques Le Gentil, imprimeur et marchand libraire, demeurant à Paris, rue des Noyers, proche la place Maubert. 1670. (*Recueil factice d'arrêts.* Faculté des lettres de Montpellier. Collection Germain). Cet arrêt vise Meyrueys, Uchaud, Blauzac et autres lieux de la province de Languedoc.

2. Cf. *Bibl. Nat.*, f. franc. 15832, fol. 115. Remontrances au roi contre certaines dispositions de la déclaration de 1666. Quelques détails de l'arrêt cité ci-dessus permettent d'attribuer cette pièce à Loride Desgalenières.

l'article 59 de la déclaration de 1666, les décisions prises en conséquence, notamment celle du Conseil, rendue à l'instance du syndic de Lavaur que soutenaient les États provinciaux, et celle du Parlement de Toulouse obligeant les Réformés à l'entretien des maisons presbytérales. La résolution protectrice de l'équité dans l'emploi des fonds communaux figure donc parmi les garanties données aux Réformés en 1669. La déclaration qui en a sanctionné l'ensemble ne fut peut-être qu'une précaution diplomatique. Le roi semble alors avoir voulu ménager les alliés protestants que les négociations de Lionne achevaient, à ce moment, de grouper autour de la France contre la Hollande. Avant cette guerre, où « les Protestants de France ne se crurent pas dispensés de servir » (Michelet), avait été souvent reprise à leur détriment la tradition d'hostilité que les Grands Jours de Nîmes marquaient récemment par leurs arrêts[1]. Néanmoins, sur le point spécial de leurs contributions aux dépenses du culte catholique, la doctrine officielle ne se fixe pas encore. En Languedoc, les décisions à ce sujet restent suspendues, ou plutôt les principales sont laissées à la volonté de l'intendant et à l'initiative des États que provoquent sur des cas spéciaux, mais réguliers et continus, des lettres patentes du roi.

C'est, en effet, d'abord au pouvoir de l'intendant que profitent les litiges en matière de finances communales entre les deux confessions. La juridiction, en principe, en appartient sans doute aux Cours des comptes, aides et finances. Celle de Montpellier l'a recouvrée dès 1661, après l'avoir perdue pendant plusieurs années. Mais, depuis cette date, la compétence extraordinaire de l'intendant s'est accrue. En sa qualité de commissaire-enquêteur pour l'exécution de l'Édit, il juge souvent par une délégation spéciale qui de

---

1. *P. justif.*, n° 23.

plus en plus devient la règle. A ce titre, Daguesseau intervient à Nimes, en 1675, dans la répartition du produit d'un impôt établi sur la boucherie. Catholiques et Religionnaires devront le partager par portions égales, malgré la supériorité numérique de ces derniers[1]. En 1679, il instruit à Montpellier une affaire de même nature[2]. Et, quel que soit son désir d'impartialité, l'intendant appartient à un parti, obéit à des instructions, est un agent politique, enfin; dans l'espèce, religieux, avant d'être un juge.

Ses fonctions lui confèrent en outre, sur les comptes des communautés, des pouvoirs d'ordre permanent et général. Il peut, depuis le règlement fiscal appliqué en Languedoc en 1632, contrôler les emprunts autorisés des paroisses, en vérifier les dettes, se prononcer souverainement sur l'emploi des ressources extraordinaires, en attribuer la charge ou la disposition aux contribuables de l'une ou de l'autre confession, selon qu'elles lui paraissent être particulières à chacune des deux catégories, ordonner ou refuser la levée des fonds affectés à désintéresser les créanciers. Ses deux collègues dans la Commission chargée de ce contrôle, d'ordinaire un lieutenant du roi et un trésorier de France, ne semblent guère être que ses assesseurs et lui laisser, pour la plus grande part, le soin et la responsabilité du travail. Son action ne pourrait, en ce domaine, être appréciée avec certitude et précision que par le relevé et la comparaison des décisions prises et contresignées par lui sur chacun des deux comptes annuels produits, à des intervalles d'ailleurs irréguliers, devant les commissaires royaux, dans chaque communauté mixte, par les consuls catholiques et les consuls protestants. Et ces comptes forment une notable partie des dépôts des Etats et de l'Intendance aux archives de l'Hé-

1. *Arch. départ. de l'Hérault*, C, Intend. 159, liasse. Cf. MÉNARD, *Hist. de Nimes*, à la date.
2. *Arch. municip. de Montpellier*, GG, Réformés, liasse.

rault, du Gard et généralement des villes qui, dans l'ancien Languedoc, avaient rang de capitales diocésaines. Les budgets distincts dont ils établissent la gestion s'appliquent aux villes où le consulat et le conseil politique sont restés mi-partis, et ils durent à peu près autant que le partage des pouvoirs municipaux [1]. Sa suppression progressive amène liquidation des dettes des Réformés par l'intendant seul, et à leurs frais. En l'absence de représentants autorisés de leur confession, c'est encore lui qui vérifie et règle en dernier ressort la part qui leur revient dans les obligations communes. Et cette condition deviendra de plus en plus, depuis 1676, le régime ordinaire et habituel, accroissant

1. Voir, par exemple, dans *Arch. départ. du Gard*, C 732, les comptes de Calvisson (diocèse de Nîmes), grande communauté protestante où habitent, vers 1665, trois mille Religionnaires et quatre cents Catholiques (*P. justif.*, n° 19), relevant du marquisat de Calvisson. — La distinction des comptes communaux entre les deux confessions dure jusqu'en 1682. — Des contrôles sont exercés en 1668 par de Bezons, assisté du marquis de Castries et du consul de Montpellier, Boirargues, au nom des États provinciaux; en 1669, par de Bezons, Fleury, Boudon, trésoriers de France; en 1670, par Daguesseau, le marquis de Calvisson, Cassaigneau, de Bonnet, trésoriers de France; en 1684, par les mêmes (pour les années antérieures à 1683 en ce qui concerne les Protestants). — Les dettes imputées aux Réformés portent le titre d' « Addition aux debtes de la communauté de Calvisson ». — De 1632 à 1668, il n'y avait pas eu de vérification. En 1668, la dette de la communauté se monte à 17,776 livres 3 sols 10 deniers, dont 8,080 sont imputables aux seuls Protestants. Le reste est commun aux deux groupes confessionnels. C'est l'intendant qui signe chaque autorisation de perception correspondant à chaque dépense justifiée. Il signe avec ses collègues de la commission de contrôle l'autorisation générale, globale de ses décisions comportant rejet ou approbation des levées de fonds nécessaires au crédit ouvert. Celles de ses décisions qui sont relatives aux Religionnaires portent sur des objets tels que : construction ou réparation du temple, gages de pasteurs, fonds d'assistance publique, arrérages de dettes contractées qui peuvent être couvertes par un emprunt. On y peut suivre les progrès de la procédure par la mention des arrêts qui laissent à la charge du consul réformé les crédits ouverts par lui et dont la destination n'est plus conforme à la nouvelle procédure. Le mot *rayé* marque le rejet des affectations budgétaires indiquées par le consul.

ainsi les pouvoirs exceptionnels de l'agent royal qui est pourvu d'une commission, qui dépend de la volonté souveraine, est donc irresponsable autre part que devant elle, mais n'a pas l'indépendance relative laissée aux magistrats de tout rang, dans l'ordre judiciaire, par l'achat de leurs charges et leur place dans une corporation. Ainsi, une fois de plus, l'usage d'une procédure extraordinaire à l'égard des Réformés servait la centralisation monarchique.

Leur compétence d'exception, de Bezons et son successeur Daguesseau l'ont employée, il faut le reconnaître pour leur rendre une justice due, dans les limites des règlements et des instructions reçues, ont voulu lui donner une action légale. Mais on a vu que, la légalité, ils ont contribué eux-mêmes à la fixer; qu'ils ont le plus souvent provoqué, inspiré les dispositions qu'ils étaient chargés d'appliquer. Leur mérite est d'avoir, en attendant la période de la violence, retardé quelques iniquités trop formelles et trop apparentes.

Ce qu'ils ne pouvaient d'ailleurs empêcher dans le régime financier de la province, l'eussent-ils voulu, c'est l'emploi destiné par le vote des trois ordres de l'assemblée provinciale aux fonds que les règlements royaux avaient laissés entre leurs mains. Sur les 75,000 livres qui leur étaient accordées au titre de frais d'Etats, sur les 300,000 livres de l'équivalent, ferme de la province, sur le chapitre des dépenses extraordinaires avancées par leur « trésorier de la « Bourse », légalisées par la signature de leur président, se trouvaient aisément les crédits pour la propagande religieuse et les subventions qu'elle réclamait. Le total était supporté par l'ensemble des contribuables, sans distinction confessionnelle.

Il y a plus. Un véritable budget des bâtiments religieux se crée à leurs frais communs, au profit des évêques, et prend chaque année un accroissement qui se mesure au succès de la campagne menée contre les hérétiques. Il est d'institution régulière et permanente, de destinations variables. Il s'établissait au moyen de lettres patentes du roi, sollicitées par les prélats. Ces lettres autorisaient les Etats à grever tel ou tel diocèse d'impositions supplémentaires dont l'assemblée, à son tour, permettait et organisait la perception. Les procès-verbaux de ses délibérations en font foi, ainsi que les comptes des assiettes diocésaines vérifiés par ses commissaires. C'est, pour ne prendre qu'une période restreinte et des exemples déterminés : en 1661, un impôt de consommation (2 deniers par livre sur la vente de la viande de boucherie) dans les diocèses de Nimes, Viviers, Uzès et Mende « pour « estre les sommes en provenant employées au rétablissement « de plus de cinq cents églises démolies ou entièrement rui- « nées par ceux de la R. P. R. lors des mouvements qu'ils « excitèrent dans la province. » L'Edit de Nantes et l'Edit de Grâce avaient pourtant réglé le cas, interdisant les levées de contributions sous ce prétexte. On avait voulu abolir jusqu'au souvenir de fureurs réciproques. C'est, en 1665, une imposition de 18,000 livres mise sur le diocèse de Lodève pour la reconstruction de la « maison épiscopale »; en 1666, 12,000 livres demandées au diocèse de Toulouse « pour être « employées sans divertissement à la réparation du château « de Balma, qui était la seule maison où Monseigneur l'Ar- « chevêque de Toulouse pouvait mettre ses grains et vins en « sûreté », et 24,000 livres au diocèse de Castres pour la construction d'un évêché; en 1669-1670, 12,000 livres que le diocèse de Castres fournira encore pour son palais épiscopal. Malgré tant de soins, des édifices sont encore à construire ou à réparer quelques années plus tard, tels la chapelle des Carmes déchaussés de Montpellier « qui se sont « établis en cette ville pour y fortifier la religion catholique », les collèges des Jésuites à Nimes, Montpellier, Castres, Albi. On y pourvoit de la même façon (1671-1679). En 1678, l'assiette du diocèse de Mende a imposé les sommes nécessaires pour la réédification de l'église collégiale de Marvejols qui, « ayant été démolie par ordre du roi pendant les derniers « troubles des gens de la R. P. R. et rebâtie depuis, est tom- « bée, il y a cinq ou six mois. » Les travaux reprennent alors de plus belle. L'évêque d'Uzès « continue de rebâtir son palais épiscopal » avec une subvention de 8,000 livres. Celui de Nîmes, pour en faire autant, obtient de nouveau 10,000 li- vres; celui de Lodève suit cet exemple et promet des devis « avec la permission du roi » : un rêve d'entrepreneurs! Les mémoires des maçons, menuisiers et peintres, soldés pour une forte part aux frais des contribuables huguenots par l'évêque de Nîmes, Séguier, subsistent encore aux archives du Gard. L'œuvre avait procuré du travail aux artisans orthodoxes qui en manquaient[1]. Le tout continue d'attester le mépris du roi pour les garanties accordées, sur sa pro- pre signature, à ses sujets religionnaires. Ceux-ci n'avaient, devant ses lettres patentes, aucun moyen de se défendre contre sa complicité avec leurs adversaires. Par ce détour plus ou moins imprévu était annulé le détail d'articles pro- tecteurs consignés en l'Edit de Nantes, l'Edit de Grâce et la Déclaration de 1669. De sorte qu'ils ne surent ce qu'ils avaient le plus à redouter, ou du zèle religieux de leur assemblée provinciale, favorisée par leur prince, ou de l'ar- bitraire de l'intendant royal, moins aveugle pourtant.

5. RÉFORMÉS ET ASSISTANCE PUBLIQUE.

Au cours d'un pareil régime, on devine ce qu'ils purent conserver d'action sur deux services publics, étroitement rattachés aux intérêts communaux en tout temps, plus encore en un temps où l'Etat n'en prenait pas la charge et la direction : ceux de l'assistance et de l'instruction publi-

---

1. *Arch. départ. du Gard*, C 880, liasse.

ques. Car il est incontestable que, tout budget national faisant défaut à ces deux institutions, c'est à l'initiative privée, à celle des corporations ou à celle des communes que revenait l'entretien des hôpitaux et des écoles. Il semble donc bien naturel que les deux confessions dans la communauté dussent, chacune pour sa part, en assurer le bénéfice à leurs adhérents. Liberté de l'hospice et liberté de l'école, où l'Etat s'abstient d'y pourvoir, paraissent un droit civil issu d'un devoir civique. Cette liberté, fondée sur une obligation morale, n'est pourtant point de toute évidence au dix-septième siècle. Hôpitaux et écoles sont alors des corporations eux-mêmes, des « universités. » L'Etat les autorise. Il en peut régler l'administration comme il règle les statuts des corps de métier et des associations qui continuent les confréries ouvrières du Moyen-Age. Aussi les pouvoirs conférés aux commissaires enquêteurs pour l'exécution de l'Edit de Nantes contiennent-ils une mention spéciale des hôpitaux et des écoles, la mission d'en juger ou d'en organiser le régime, comme celui des consulats et des conseils politiques.

Leur action fut d'abord, en ce qui concerne les hôpitaux, libérale, malgré les suggestions du clergé. Dans l'assemblée générale de 1660-61[1], l'évêque de Lavaur avait, en effet, formulé la théorie destinée plus tard à faire loi : les hôpitaux répondent aux besoins des pauvres ; or les pauvres de la R. P. R. « ne peuvent faire un corps légitime de commu« nauté, ceux de ladite religion ne faisant corps que dans « les actes de leur religion. » D'où il suivait que les hôpitaux de fondation protestante, alimentés par les contributions des religionnaires, n'avaient pas le droit d'exister. Un autre évêque languedocien, celui de Nimes, Cohon, dans ses remontrances au roi, a réclamé pour lui le contrôle des comptes hospitaliers de son diocèse et l'administration par

---

1. *Proc.-verb. des assembl. gén. du clergé*, t. IV, p. 501 A et B.

un conseil catholique des hôpitaux d'ancienne fondation. Les mémoires des agents généraux du clergé en 1661 serrent de plus près la question, discutant la portée de l'article 42 des particuliers de l'Edit de Nantes qui légitime et autorise les donations et legs faits aux pauvres de la religion réformée par leurs coreligionnaires. Ils s'appuient sur la commune hospitalité accordée par l'article 2 de l'Edit aux fidèles des deux confessions. Rien de plus juste que cette pratique dans une société où l'Etat et les pouvoirs municipaux ne font aucune distinction entre les nécessiteux de croyances différentes pas plus qu'entre leurs droits civiques. Il n'en subsistait pas moins deux corps dans les communautés mixtes, puisque l'Edit les distinguait, reconnaissait, à côté d'établissements de charité ouverts à tous, des œuvres pies dont le bénéfice pouvait être restreint à un des deux partis confessionnels. L'interprétation du clergé n'est qu'un commentaire ajouté à la loi, une addition sans valeur légale. Les commissaires ne l'adoptèrent pas d'abord. Ils respectèrent les fondations d'hospices réformés, notamment à Nîmes et dans quelques villes encore pourvues d'un consulat mixte. Là où le partage du consulat est supprimé, ils sont d'accord pour exiger l'observation de l'article 2 de l'Edit de Nantes (articles particuliers) et l'admission des malades et des pauvres sans distinction confessionnelle aux hospices et aux distributions charitables dépendant, soit des pouvoirs ecclésiastiques, soit des pouvoirs municipaux. C'est le cas de Montpellier, par exemple, de Florensac, Saint-André, Gignac. Naturellement les deux confessions rivales se gênent dans ces asiles de la douleur et de la misère. La propagande s'agitait autour des maladies, de la vieillesse et des agonies. Les Catholiques accusent les pasteurs autorisés à « consoler » leurs coreligionnaires de faire auprès des lits de véritables prêches, et les décisions des commissaires, puis de nombreux arrêts les interdisent. De leur côté, les Protestants allèguent des faits tels qu'on les voit rapportés dans le cahier des Réformés de Montpellier [1]. Là sont deux hôpitaux, Saint-Eloi et La Charité, alimentés l'un et l'autre par un impôt municipal sur la boucherie, « auxquelles impositions les habitants de la religion quy « sont en esgal nombre et plus chargés en compoix que les « catholiques contribuent pour la moytié... » Les malades y ont été reçus sans distinction de religion « pendant que « Montpellier estoit ville d'otage. » Or, les Protestants ne sont reçus que depuis deux ans à Saint-Eloi, et « sous la « condition que les ministres n'y aillent. » Leurs visites ne sont acceptées qu'au moment de la mort. A l'hôpital de La Charité, on ne reçoit pas les Religionnaires. Dans les archives du Consistoire de Nimes [2] subsistent, avec la requête présentée au roi en 1668 par Loride Desgalenières, les plaintes et les preuves des mauvais traitements subis par les pauvres de leur confession à l'hôpital commun, et leurs protestations contre l'arrêt du 13 décembre 1666 portant que les aumônes et les rentes des hôpitaux seront administrées par les seuls Catholiques.

C'est, en effet, à ce régime que le progrès de la procédure administrative acheminait l'ensemble des hôpitaux. Les abus de propagande religieuse, la pression exercée sur les malades et les mourants, les épouvantes organisées autour de la dernière heure pour procurer la confession de foi orthodoxe pouvaient disparaître avec une police de surveillance neutre, impartiale, surtout une direction inspirée de tolérance religieuse et de respect pour la souffrance humaine. Ces vertus négatives, qui nous semblent aujourd'hui aussi naturelles qu'elles sont impérieuses, n'étaient pas du temps. Le combat pour la foi se prolongeait à côté des vieillards et

---

1. Arch. municip. de Montpellier, GG, Réformés.
2. B. Consist., Rapports avec l'auto civile, 2.

des mourants. En attendant le moment où ces ardeurs intempérantes recevraient des sanctions légales le pouvoir central, l'État abandonnait d'année en année la réserve que lui commandaient les édits de pacification. Ses agents y furent aidés par la ruine des libertés municipales laissées encore aux Réformés. La suppression progressive des consulats mi-partis entraîne celle des administrations protestantes ou mixtes tolérées pour les hospices communaux. Le soin de la consommer est, en Languedoc, réservé aux commissaires de l'Édit, c'est-à-dire au seul dont les décisions comptent, à l'intendant. Afin qu'aucun doute ne subsiste à cet égard et ne laisse prise aux prétentions rivales, le Conseil confirme l'ensemble de leurs pouvoirs par un arrêt du 24 avril 1665. Sur cet acte s'appuient les consuls catholiques de Montpellier contre les Réformés qui, à propos d'un legs fait à l'hospice, se sont adressés indûment, affirme la requête, à la Chambre de l'Édit de Castres[1]. Dès lors se poursuit sans obstacle l'expropriation des Réformés dans l'administration hospitalière. Il est remarquable que les États de Languedoc ne s'en soient pas occupés, ou fort peu; ils s'en remettent de cette campagne aux municipalités et au clergé qui sollicitent les évictions, à l'intendant qui les réalise. Ils savent qu'elle dépend de l'épuration qui élimine leurs adversaires des consulats et conseils mi-partis. Elle commença, d'ailleurs, de bonne heure.

En 1661, elle s'annonce, à Nimes, par la distribution en parties égales, entre les deux hôpitaux, des fonds levés pour leur entretien commun, malgré la disproportion numérique des groupes confessionnels, par l'attribution exclusive des enfants naturels à l'hospice catholique[2]; à Uzès, par le transfert du « rectorat » de l'hôpital Saint-Sauveur au pre-

---

1. *Arch. municip. de Montpellier*, GG, Réformés, liasse.
2. El. Benoit, *Hist. de l'Éd.*, t. V; P. justif., n° XLVIII, p. 89.

mier consul catholique, Conti et de Bezons l'ayant expressément demandé[1]. Au Vigan, en 1664, se voient et la mainmise au profit du parti catholique sur l'administration des fonds d'assistance publique protestante, l'action du clergé local sur les délibérations communales et l'opposition courageuse, mais inutile qu'y font encore les Réformés du conseil de ville[2]. C'est l'histoire uniforme des communautés mixtes. Quand leur consulat se modifie dans le sens des intérêts catholiques, la gestion de leurs fondations charitables suit la fortune de leurs institutions municipales.

Pourtant, la doctrine et la pratique tardèrent à se fixer. La déclaration générale de 1666, en son article 49, se borne à reproduire les garanties assurées par l'Édit de Nantes aux Réformés. Mais en 1667, les magistrats des Grands Jours de Nimes en donnent une interprétation hostile par des précautions administratives, la mention d'une liste « des « véritables pauvres, sans distinction de religion », et une polémique sans preuves; par un arrêt de provision, au fond, un vœu en faveur de la réunion des deux hôpitaux confessionnels de Nimes. Le premier président de Toulouse fait appel à la « volonté de Sa Majesté » manifestée dans une réponse de M. de La Vrillière. « La requête est juste », aurait dit le roi, d'où « il faut inférer, par une conséquence « nécessaire, que l'intention de nos Roys n'a jamais esté « que les P. R. eussent des hospitaux séparés[3]. » Il est, en effet, probable que telle fut l'intention de nos rois; mais ils ne l'avaient jamais dit en termes officiels. Cette indécision déplut à l'intendant qui essaya, par ses relations avec le Conseil des Dépêches, de greffer, sur une espèce, un arrêt

---

1. *Bibl. Nat.*, f. franc. 15832, fol. 202-204. Advis de M⁵ le prince de Conti et de M. de Bezons. Cf. l'arrêt du Conseil du 20 décembre 1661, El. Benoit, V, P. justif., LI, p. 91.
2. *P. justif.*, n° 10.
3. *Ibid.*, n° 23, pp. LX-LXI.

faisant précédent. S'appuyant sur une décision de 1664 qui refusait au consistoire de Béziers le bénéfice d'une donation testamentaire[1], il essaya de fonder la jurisprudence de la matière à propos des legs faits en argent et en immeubles au consistoire de Revel (diocèse de Lavaur). De Bezons, en son avis, contraire à celui de son collègue de Peyremales, reprenait la théorie de l'incapacité des consistoires à posséder, « n'ayant point de lettres patentes et ne faisant point de corps. » Le Conseil lui donna raison, attribuant aux pauvres des deux confessions et à l'hôpital mixte les biens meubles ou immeubles légués au consistoire de Revel[2]. Néanmoins, telle est l'incohérence coutumière de la législation à cette époque et la tradition de respect gardée pour une véritable propriété, que cette violation de l'article 42 des particuliers de l'Édit ne passa point encore en loi générale. La déclaration du 1er février 1669 donne aux consuls l'administration des hospices de fondation communale, ôte aux consistoires la qualité de légataires universels, mais maintient, pour les donations et legs particuliers aux œuvres réformées et « autres causes pies », la validité des donations que leur accordait l'Édit de Nantes. On doit descendre jusqu'en 1682 pour trouver une règle nette en la question. Le rapport de Daguesseau que reçoit Châteauneuf à cette date commence par reconnaître que les legs faits en Languedoc « par les habitans de la R. P. R. aux pauvres de la « même religion sont valables sans difficultés et permis par « l'Édit de Nantes[3]. » Il fallut donc l'arbitraire pour amener la solution désirée, et son emploi ouvre sur un point, dans la procédure dirigée contre les Réformés, la période des violences.

1. El. Benoit, *Hist. de l'Éd.*, III; P. justif., cix, p. 188.
2. *Arch. départ. de l'Hérault*, C, États (A¹.). *Ordonnances et arrêts*, t. XIV. Arrêt du Conseil du 25 juin 1668.
3. *P. justif.*, n° 47.

6. LES RÉFORMÉS ET L'ENSEIGNEMENT.

Le sort de l'hôpital protestant fut celui de l'école protestante. Assistance et instruction publiques dépendaient des mêmes influences et subsistaient des mêmes ressources. Aux Réformés, le soin de leurs malades, l'entretien de leurs pauvres, l'éducation de leurs enfants et de leurs adolescents furent enlevés par les mêmes procédés.

L'histoire interne des académies et des collèges protestants, autrement intéressante que le récit de leur ruine, car c'est le tableau d'institutions vivantes et non une série de procès-verbaux de mort, a été faite avec science et talent. Les travaux de MM. Gaufrès et Bourchenin[1] ont montré leurs origines, leur discipline, leur destinée et quel esprit les animait. Sans rechercher avec ces auteurs ce qu'il y avait d'original et de fécond dans ces instituts où enseignèrent Casaubon et Samuel Petit, il suffit à l'objet du présent travail de signaler le droit qu'ils avaient à subsister et les moyens employés à les détruire en Languedoc. Fondés, pour la plupart, avant la proclamation de l'Édit de Nantes, ils furent respectés dans cet acte, se trouvant en des lieux où l'exercice de la religion protestante était permis (art. 13). En Languedoc, ils succombent rapidement, sauf l'Académie de Montauban, transférée dès 1660 à Puylaurens, qui subsista jusqu'en mars 1685. Elle était dans la province, depuis 1664, le seul établissement d'enseignement supérieur qui restât aux Réformés. Sa réputation inspira quelques scrupules et retarda sa ruine.

---

1. GAUFRÈS, *Claude Baduel et la réforme des études au seizième siècle*. Paris, 1880. — Art. dans *Bullet. du protestant. franç.*, en partic, T. XXVII. — BOURCHENIN, *Étude sur les Académies protestantes en France au seizième et au dix-septième siècles*. Paris, Grassart, 1882.

On s'y prit beaucoup plus tôt pour interdire à l'enseignement protestant celles de Nimes et de Montpellier, ainsi que les collèges compris dans ces corporations ou indépendants et chargés de donner l'instruction secondaire. L'argument invoqué contre les académies et collèges protestants est partout uniforme : ces établissements ne sont pas spécifiés dans les édits. Les lettres patentes qui les autorisent, accordées à des Protestants, ne visent pas, toutefois, leur qualité confessionnelle. Il est donc loisible de les partager entre les deux confessions, comme on a fait pour les consulats. C'est ainsi que s'ouvrit la brèche dans ces fondations, régulièrement soutenues par les contributions des synodes et des colloques, sans que, d'ailleurs, le point de droit fût d'abord explicitement posé. Un arrêt du Conseil avait seulement, en 1633, assimilé le partage des collèges à celui des consulats[1]. Mais la doctrine avait eu son application avant cette date. Elle se traduit de bonne heure par des mesures d'exception. En 1604, le collège de Montpellier est mi-parti; les Jésuites l'occupent totalement en 1629, ainsi que la Faculté des arts. A Castres, Nimes et Montauban le mi-partiment des collèges s'effectue de 1632 à 1633; il donne aux catholiques la place du principal et les chaires les plus importantes des régents. On voit donc que des deux Académies protestantes qui restaient à la province, celle de Nimes était déjà démembrée bien avant l'arrêt de 1664 qui la supprima. Elle avait néanmoins inquiété l'évêque de cette ville, Cohon, qui dans ses remontrances au roi (vers 1661) y signale comme des usurpations dangereuses l'institution d'une classe de théologie et une « séparation d'avec le collège des « Jésuites. » Les États, attentifs aux indications, dociles aux suggestions épiscopales, se chargent d'expliquer ce dernier point. Leur cahier de doléances pour 1662 signale au

---

1. El. BENOIT, *Hist. de l'Éd.*, p. 411.

roi une construction de collège « tout séparé » faite par les
Réformés qui « auraient extorqué une transaction des Catholiques pour les empêcher d'en réclamer[1]. »

Extorqué veut dire : consenti. C'est façon de parler dans
la polémique du temps. C'était aussi occasion de décision
générale sur un incident. L'intendant de Bezons n'eut garde
de l'omettre, contre l'avis de son insignifiant collègue,
l'autre commissaire de l'Édit. Il eut de plus le mérite d'inventer le moyen de procédure que ni l'assemblée du clergé
de 1660, ni les rédacteurs des instructions à ses agents n'ont
encore découvert ou mis en œuvre : « Puisque les collèges
« des P. R. n'ont point de lettres patentes vérifiées en cour
« souveraine, ils ne peuvent avoir dans Nimes que des
« petites escoles[2]. » Les collèges, comme les académies
protestantes, se trouvent désormais en marge des édits et
de la tolérance, si le Conseil du roi lui donne raison. C'est
ce qui arriva, comme il était naturel. La monarchie exploitait jusqu'au silence de l'Édit de Nantes, conservateur de
fondations viables, et marchait, comme un usurier, sur les
Religionnaires, escomptant des lacunes de titres, méprisant
des transactions de bonne foi. Élie Benoît a raconté en
détail l'éviction d'abord partielle, puis totale des Réformés
aux collèges de Castelnaudary, Castres et Nimes (1663-64)[3].
L'avis formulé par de Bezons allait plus loin, supprimait,
avec celui d'Anduze, centre d'études pour la bourgeoisie
protestante des Cévennes et du Gévaudan, les établissements
similaires de tout le pays de Languedoc. Approuvé par le
Conseil, il ne laissait plus aux Réformés dans la province
que les *petites écoles,* où l'on apprenait à « lire, écrire et
« l'arithmétique seulement », d'où l'on bannissait les « lettres
« humaines. » Celles-ci étaient réservées aux ordres ensei-

1. *P. justif.*, n° 8.
2. *P. justif.*, n° 15. (*Affaires particulières*, p. xxiii.)
3. El. Benoit, *Hist. de l'Éd.*, III, 617-18; P. justif., cvii et cviii.

gnants du clergé et furent surtout l'héritage des Jésuites. En vain de Peyremales avait-il, sur l'article 5 du cahier des Réformés de Montpellier, en 1663, plaidé, pour une ville pourvue d'une grande université, le droit qu'avaient tous ses habitants d'assurer à leurs enfants une culture indépendante d'obligations confessionnelles et appuyé son sentiment sur le trente-septième article particulier de l'Édit de Nantes. La jurisprudence se faisait sans lui, suivait la doctrine du Jésuite Meynier[1] et surtout la décision de l'intendant qu'escomptent déjà et l'évêque de Nimes et le syndic de son clergé[2]. Après le règlement des partages qui la confirmait, elle passa dans la déclaration de 1666. L'article 46 y interdit aux Réformés tout autre établissement d'instruction que les petites écoles, même dans les villes où l'exercice de leur culte restait permis, et dans leurs faubourgs. Les restrictions sont encore précisées en 1670 et en 1671 : nulle part les Religionnaires ne pourront avoir plus d'une école et plus d'un maître dans celle-ci.

Il ne leur restait donc que l'enseignement primaire, gêné d'ailleurs et mutilé. Du moins, sans se décourager, en réclament-ils le maintien dans tous leurs cahiers. Mais l'Edit contenait lui-même de quoi le frapper aussi. L'existence de l'école y est subordonnée à la permission de l'exercice religieux. En se montrant libéral dans le maintien de la petite école, de Bezons savait qu'elle s'éteindrait avec le culte, en vertu même de l'Edit. S'il n'a pas formulé l'idée, d'autres l'ont fait pour lui, exigé l'application littérale des textes, et, le cas échéant, trouvé, dans leurs omissions, des motifs de condamner l'école protestante.

Dès 1665 les assemblées du clergé s'en sont avisées, après l'intendant de Languedoc. Consuls catholiques de villes, syn-

---

[1]. *De l'Exécution de l'Édit de Nantes.* Pézenas, par Jean Martel, 1662, p. 315 sqq.
[2]. *P. justif.*, n° 15, et *Bibl. Nat.*, f franc. 15832, fol. 268 sqq.

dics de corps ecclésiastiques, simples curés et juristes-conseils, comme était Bernard, entrent dans cette voie. C'est ainsi que sont poursuivies les deux affaires : suppression de l'exercice religieux, suppression de l'enseignement, démolition du temple et de l'école qu'il abrite. Peu de ces asiles de petits Huguenots subsistent encore en 1680; on les surveille, du reste, de près. En 1679, il y en a un à Pignan (diocèse de Montpellier). La Propagation de la Foi de Montpellier attend avec impatience les pièces recherchées contre le prêche de Pignan pour le faire disparaître avec le prêche. A Montpellier, à Ganges, villes plus peuplées, on en dénonce plusieurs tenus contre les termes de l'Edit de 1671 qui réduit à un, dans tous les lieux, le nombre des maîtres huguenots autorisés. Il y a même, comble d'audace, des prête-noms catholiques pour cet enseignement. L'intendant Daguesseau a pourtant avisé par une ordonnance du 5 août 1679, renouvelant les prohibitions du dernier Edit. L'inquisition se continue, minutieuse et implacable, jusqu'à la destruction des écoles ennemies, par des visites domiciliaires, des perquisitions. Elle s'alimente et s'exaspère aux dénonciations de missionnaires, de curés, de chanoines[1]. Elle finit même, semble-t-il, par fatiguer le ministre Châteauneuf à la veille des arrêts proscrivant à jamais tout enseignement protestant[2].

On avait fait mieux entre temps. Comme dans un ensemble cohérent de mesures vexatoires le succès accroît les exigences et l'émulation de zèle stimule l'ingéniosité, les mêmes corps et les mêmes personnages qui travaillent à ruiner l'enseignement des Religionnaires exigent de ceux-ci leur contribution à l'école catholique. L'Edit de Nantes n'ouvrait-il pas, en effet, celle-ci aux Protestants? Pouvant en user comme d'un service public, ils étaient tenus de l'ali-

---

1. *Bullet. du Protestant. français*, T. XXVII (1878). Proc.-verb. de la Propagation de la Foi de Montpellier.
2. *P. justif.*, n° 44.

menter. On sait de reste les conditions de gouvernement et d'ordre social où ce raisonnement devient juste. L'honneur de l'avoir appliqué en une époque où il n'était que dérisoire revient peut-être, si c'est un honneur, au subtil Bernard[1] qui appuyait la légitimité de sa déduction sur un arrêt de 1665 rendu à la requête de Bezons et mettant à la charge des contribuables du Vivarais, sans distinction de culte, le paiement des maîtres d'école présentés aux évêques de cette région et agréés par eux. Bernard oublie seulement (il est sujet à ces omissions) que l'arrêt visé par lui exempte de cette contribution les Protestants des communautés où subsiste l'exercice du culte réformé. Sans cette réserve, la décision eût été trop manifestement contraire à de nombreux jugements rendus en Languedoc par le même intendant sur le même objet. Les agents de l'Etat avaient encore quelque pudeur à se donner de pareils démentis.

L'idée de Bernard n'en devait pas moins faire fortune dès l'année suivante dans la déclaration royale de 1666 (article 59). Son argument, valable dans un Etat neutre en matière confessionnelle, dispensateur et gardien de l'école neutre, ne vaut rien là où un *Credo* fait le fond de l'enseignement et de l'éducation. Et peut-on nier qu'il en fût autrement alors, dans les écoles catholiques comme dans les écoles protestantes, d'ailleurs? Depuis la prière récitée en commun lors de l'entrée en classe jusqu'aux textes de lecture et aux exercices scolaires, tout n'était-il pas en ce temps sous l'inspiration, la domination, la tyrannie d'une foi?

Mais un second argument s'ajoute au premier, plus décisif, étant despotique. Par l'arrêt de 1664, toutes les communautés sont devenues catholiques, officiellement. En droit,

---

1. BERNARD-SOULIER, *Explicat. de l'Edit*, pp. 129-130. La rédaction est de Bernard (édit. de 1666).

on peut donc soutenir que seule l'école catholique est l'école nationale et communale. La religion du prince entraînait la religion de la commune. C'est toujours le principe du temps, celui qui régla la pacification religieuse de l'Allemagne au traité de Westphalie, mais au prix d'un morcellement territorial ; qui ne put assurer celle de la France et devait emporter, avec l'Édit de Nantes, ce qu'on avait pu entrevoir d'une liberté de conscience étroitement mesurée. C'est le principe du clergé, depuis 1665, comme celui de Bernard. Il est à noter que les États de Languedoc, si ardents pourtant quand il s'agissait de leur foi, ne suivirent d'abord sur ce terrain ni le clergé, ni le juriste Bernard. Ils subventionnent les écoles catholiques, les œuvres et les maisons de conversion, mais ne forment dans leurs cahiers de doléances aucuns vœux ni pour la destruction des écoles protestantes, ni pour la contribution des Religionnaires aux écoles catholiques, se contentant d'imposer les dépenses extraordinaires pour l'enseignement orthodoxe contenues aux lettres patentes du roi.

Ils semblent avoir cru que la question de principe devait être réservée à l'Eglise et à l'Etat. A la résoudre par l'arbitraire, l'intérêt de l'Eglise était évident. Ce que l'Etat y gagnait se constate aussi aisément : ses mandataires réglaient, en dernier ressort, les conflits. Ils étendent leur autorité jusque sur les universités catholiques elles-mêmes. Après en avoir, en Languedoc, confié la réorganisation aux évêques, les Etats finissent par les voir passer, en 1673, sous la surveillance et la tutelle de l'intendant[1]. Les avantages que remportait l'Eglise finissaient par profiter au pouvoir royal.

---

1. *Arch. départ. de l'Hérault*, C, Etats. Cah. de dol. 1667 (répondu le 6 septembre), art. 5, et réponse du roi qui maintient les universités sous la main des évêques. — Cf. *ibid.*, Cah. de 1673 (répondu le 20 octobre), art. 4. La réorganisation du collège de l'Université de Montpellier est renvoyée à Daguesseau.

CHAPITRE II.

CONDITION RELIGIEUSE DES RÉFORMÉS. LA PROPAGANDE CATHOLIQUE PAR LES ÉTATS DE LANGUEDOC.

1. L'EXERCICE RELIGIEUX.

Restreindre, puis anéantir la liberté limitée que l'Edit de Nantes laissait à l'exercice de la religion réformée, à son culte public ou privé, fut une affaire à peu près exclusivement réservée aux commissaires de l'Edit et au Conseil royal sous l'inspiration du clergé. En Languedoc, les Etats de la province ne s'en mêlent qu'à propos de cas spéciaux, tels que la pratique du culte ennemi dans les villes qui sont sièges d'évêchés. Ils affirment nettement leur foi orthodoxe, contribuent avec abondance et régularité à la propagande catholique, mais abandonnent aux pouvoirs royaux le détail de mesures qu'ils s'abstiennent même de consigner dans l'expression de leurs vœux annuels. Leur action s'est surtout exercée sur la répartition et l'emploi des impôts provinciaux, l'attribution des charges municipales et royales, la composition des corps de métier, par où se montre leur hostilité contre les hérétiques. Ils enregistrent avec des témoignages de reconnaissance, chaque année, les arrêts favorables à leurs préférences confessionnelles; nomment, depuis 1662, une Commission chargée de soutenir ces intérêts à la cour, y ont même un représentant officiel, le baron de Lanta, qui doit y combattre l'influence du député général des Eglises réformées. Mais sur deux points, l'exercice du

culte et le sort des temples, ils respectent chez l'intendant-commissaire, non seulement la pratique, mais l'initiative des décisions. C'est à l'intendant de Bezons, puis à Daguesseau que s'adressent aussi, directement, les consuls de ville lorsqu'ils réclament la suppression d'un exercice ou la démolition d'un temple, comme l'ont fait les consuls de Montpellier en 1670[1]. La juridiction souveraine de la province, le Parlement de Toulouse, malgré le parti pris dont il a fait preuve et continuera plus tard de témoigner, s'interdit aussi, sauf occasions particulières et sur indications de la chancellerie (cf. *infrà*, p. 189), toute intervention en la matière. De bonne heure, la Chambre de l'Edit, séant à Castres, en est écartée. La Cour des Grands Jours elle-même, juridiction exceptionnelle, ne peut en connaître, et son président a soin de le spécifier au début du rapport qu'il adresse à La Vrillière, « Sa Majesté ayant faict entendre qu'elle
« vouloit que la connoissance de ces deux choses (droit
« d'exercice public de la R. P. R. et démolition des temples),
« qui sont les plus importantes et de plus grande consé-
« quence, fust laissée aux commissaires exécuteurs de l'Edit
« de Nantes dans le gouvernement de Languedoc[2]. » La compétence exclusive des commissaires était en effet établie par leur commission et les déclarations royales qui l'étendirent encore en 1665 et en 1666. L'attribution qui leur en est faite se comprend si, d'une part, on se souvient que leur mandat est un gage apparent d'impartialité donné par la royauté aux Réformés, si l'on estime, d'autre part, l'importance des questions qui leur étaient soumises et que le pouvoir central se réservait de résoudre. Comme l'a très bien vu le Jésuite Meynier, c'est « le grand différend » qui est engagé là. « Tous les autres droits, de temple, par exemple, de clo-

---

1. *Arch. municip. de Montpellier*, GG, Réformés, liasse.
2. *P. justif.*, n° 23.

« che ou d'escole, pour lesquels on est en procez, ne sont
« que des suites et des branches¹. » A la logique de Meynier pouvaient se joindre d'autres raisons. L'exercice public de leur religion et l'existence d'un consistoire donnaient aux Réformés, dans chaque église, l'importance et la valeur légale d'une corporation reconnue. Le temple, avec ses prêches, ses chants, les cérémonies qui se rattachent au culte était comme un symbole vivant et actif, et la foule se prend surtout aux symboles concrets dans ses attachements et ses haines. Que de luttes urbaines ou rurales n'ont pas longtemps entretenu les croix plantées sur les places, aux carrefours des chemins, où les uns voyaient le signe de la foi orthodoxe, d'autres une marque d'idolâtrie !

Le « droit d'exercice et le droit de temple » qui en dépendait immédiatement étaient donc questions capitales aux yeux du clergé et du Conseil. Rien d'étonnant à ce que celui-ci, selon ses principes, en confiât la solution exclusive à ses agents directs et en fît une affaire d'administration générale intéressant le royaume entier.

C'est pourtant en Languedoc qu'elles furent d'abord étudiées et que la jurisprudence des litiges fut déterminée. Sur ce point, les témoignages sont unanimes et clairs. Elie Benoît en est d'accord avec Meynier et avec Bernard. « On
« commença, dit ce dernier², d'y travailler sérieusement
« dans la province de Languedoc, où l'affaire ayant été pé-
« nétrée, et ceux de la R. P. R. s'étant aperçus que par les
« maximes établies par les sieurs commissaires leurs usur-
« pations se découvroient et qu'on y traitoit les affaires avec
« plus d'exactitude que par le passé, ils demandèrent d'être
« reçus à prouver par témoins que l'exercice de leur religion

---

1. *De l'Exécution de l'Edit*, préface, p. III.
2. Maximes à observer au jugement des partages, 1664, dans Elie BENOIT, *Hist. de l'Ed.*, III, pièce justif. LXXXIV, p. 145.

« avoit été fait durant les années de l'Edit : sur quoi il y eut
« partage. »

C'est, en effet, le partage relatif à l'exercice du culte protestant dans le village de Saint-Drezery, au diocèse d'Uzès, qui donna occasion d'inventer un mode général d'action non prévu par l'Edit de Nantes ; c'est à propos de La Vérune, au diocèse de Montpellier, que se fixèrent les principales restrictions apportées au culte dans les maisons des seigneurs réformés ; à propos de Saint-Bauzile, au même diocèse, que commencèrent, avec méthode et suite, les démolitions de temples (1661). Plus nombreux et plus compacte qu'aucun autre dans le royaume, le groupe des Religionnaires languedociens reçut le premier coup dans la campagne dirigée contre les Protestants des vieilles provinces. On avait agi avec le pays de Gex comme avec une conquête du roi postérieure à l'Edit, lui refusant le droit d'en invoquer les dispositions. On traitait le Béarn comme un domaine royal récemment annexé à la couronne, où la volonté royale tenait lieu de lois, interprétant arbitrairement les articles du traité. Avec le pays de Languedoc, province ancienne, de traditions affaiblies, mais notoires encore, il fallait plus de formes. On les trouva, et ce fut le fond d'une procédure compliquée, prolongée, indécise sur certains détails jusqu'en 1682, mais réglée dans l'ensemble dès 1663, et qui servit de précédent et de règle au reste du royaume.

Ce qui en est le plus connu, c'est précisément la méthode employée contre le culte et les temples réformés. Les applications les plus caractéristiques en sont données dans les Recueils d'actes relatifs à la condition des Réformés, après l'Edit de Nantes, celui de Lefèvre, notamment ; les *Décisions catholiques* de Filleau, l'*Histoire de l'Edit de Nantes* et les *Pièces justificatives* d'Elie Benoît, la continuation de l'*Histoire générale de Languedoc* (t. XIII et XIV). Les plus célèbres sont rapportées ou analysées dans des monographies d'églises ou de régions protestantes, telles que l'histoire des Églises réformées de Nimes, par Borrel; d'Anduze, par Hugues; de Montpellier, par Corbière; l'exacte et attachante *Histoire du Protestantisme dans l'Albigeois et le Lauragais*, par M. C. Rabaud. Des documents nombreux ont mis en lumière les faits particuliers de cette catégorie, qu'a insérés le *Bulletin de l'Histoire du Protestantisme français*. Enfin, des travaux récents, les belles *Études sur la Révocation*, de MM. Puaux et Sabatier; le bref, mais vif et lucide exposé de M. P. de Félice, publié à l'occasion du troisième centenaire de l'Edit de Nantes[1], ont commencé d'éclaircir le fourré d'espèces et de cas où se complaît, avec une certaine coquetterie juridique, la science des intendants, des casuistes *donneurs d'avis* et des syndics du clergé. Pas un coup d'aile de large et humaine tolérance qui soit venu, au dix-septième siècle, en rafraîchir l'air. On n'en connaîtra bien les dessous obscurs qu'après avoir dépouillé, entre autres documents, la complète série TT des Archives Nationales, et analysé, même dans les archives locales, le dossier de chaque communauté, où se retrouvaient mal, erraient incertains, avec le Conseil du roi et les chanceliers successifs, les secrétaires d'Etat, La Vrillière, puis Châteauneuf.

Néanmoins, le cadre des études sur cette matière complexe est fixé désormais et permet de ne relever que certains points de la question, posés d'abord et résolus en Languedoc. Il n'a pas même semblé utile d'insérer aux pièces justificatives du présent travail aucun des nombreux documents que fournissent sur les partages ou les décisions communes des commissaires de l'Edit, relativement à l'exercice religieux des Réformés, les fonds cités plus haut. Elie Benoît et les ouvrages qui viennent d'être indiqués contien-

---

1. V. Avant-propos, p. 15.

nent une foule de types capables d'instruire sur les conditions du culte religionnaire.

L'Édit de Nantes les avait réglées (art. vii à xi) en distinguant les exercices *personnels* accordés aux seigneurs de haute justice ou de simple fief; — les exercices de *possession* que retiennent les villes et lieux où il était établi et fait « publiquement par plusieurs et diverses fois en l'an-« née 1596 et en l'année 1597, jusqu'à la fin du mois « d'août », et ceux où l'avaient autorisé l'Édit de pacification de 1577 et conférences de Nérac et de Flei..; — enfin, les exercices de *bailliage*, toute circonscription placée sous la juridiction d'un bailli royal ayant droit à un nouveau lieu de culte, quel que fût le nombre d'églises existant dans ce bailliage en vertu des autres articles.

La première catégorie, celle qui comprend les cultes seigneuriaux, est d'importance secondaire en Languedoc. Les dernières guerres religieuses avaient fort diminué le nombre des possesseurs de fiefs huguenots. Bien qu'on ne voie aucune de ces tenures disparaître de 1660 à 1685, la liste qui en est dressée à cette dernière date par l'intendant[1] contient peu de noms, et encore comptent-ils peu pour la plupart. C'est la bourgeoisie des villes; ce sont les groupes de paysans, petits propriétaires ou travailleurs à gages, qui fournissent en cette province le contingent huguenot le plus notable. Et pourtant, le Languedoc éprouva, à peu d'exceptions près, les premières atteintes portées au droit d'exercice religieux chez le seigneur. On sut raffiner sur les restrictions dont l'Édit l'avait déjà entouré. Dès 1661, le seigneur de La Vérune se voit interdire la porte qu'il a pratiquée dans un des murs de son château pour donner accès au culte installé chez lui. L'Édit, en effet, permet aux seigneurs le culte « dans leurs maisons. » Or, dans une mai-

---

1. *P. justif.*, n° 59.

son, on ne peut entrer légalement que par la porte ordinaire donnant sur une voie publique. Il est à noter, comme l'a fait remarquer avec esprit M. P. de Félice, que lorsque les syndics du clergé interprètent, dans leur propre cause, les termes de l'Édit, ils donnent au mot *maisons* et habitations ecclésiastiques le sens le plus large, celui de *seigneurie*. L'arrêt qui réglait cette affaire et qui a été recueilli par El. Benoît[1], fit jurisprudence. En nul autre temps, peut-être, on n'a greffé autant de doctrines juridiques sur des cas particuliers. L'arrêt soumettait, en dehors des termes de l'Édit, l'exercice du culte dans les fiefs de haute justice à la présence effective du seigneur (le propriétaire du château de La Vérune était conseiller à la Cour des comptes de Montpellier); à l'absence de chaire et de bancs adhérents aux murs, la salle du château ne devant point être un temple. L'exercice étant *personnel*, il ne pouvait y avoir dans le local « aucune marque d'exercice public. » La décision n'était, du reste, que la conséquence d'une requête de l'évêque de Montpellier, F. Bosquet, signalant les faits, et d'une ordonnance de Bezons, à qui le roi avait renvoyé l'affaire[2]. A quelques années de là, en 1670, M. de Vignoles, président à la Chambre de l'Édit de Castres, fut l'objet, à Cournonterral, d'une procédure du même genre sur la dénonciation du curé du lieu, et, comme il y avait eu, depuis l'affaire de La Vérune, une progression marquée dans les mesures répressives, ce fut, cette fois, le culte public de Cournonterral qui fut interdit. La communauté paya pour le seigneur[3]. Les tracasseries se multiplient autour

---

1. *Hist. de l'Éd.*, t. III, P. justif. xxxix, 69-70.
2. *Arch. départ. de l'Hérault*, C, Intend., 161. Arrêt du Conseil du 17 août 1660 et ordonnance de Bezons du 5 novembre 1660.
3. *Ibid.*, 163. Lettre du curé Esclapon qui dénonce l'exercice dans « une chambre qui est jointe avec le chasteau de M. de Vignoles », 12 septembre 1667.

des exercices religieux réservés aux gentilhommes. La déclaration de 1669 exige que le fief soit resté, depuis le temps de l'Édit, aux mains de la même famille pour qu'il puisse conserver le privilège du culte autorisé. Il le perdrait, d'ailleurs, par la conversion du possesseur à la foi catholique. On avait, ou . , dépouillé le seigneur du droit de choisir ses officiers de justice parmi ses coreligionnaires. On finit, en 1680, par lui enlever sa justice même, sous prétexte de protéger, contre ses convictions, les nouveaux convertis de son fief[1]. À partir de cette date, d'autres restrictions limiteront chez le seigneur le nombre des fidèles, que l'Édit ne limite pas, et y gêneront le ministère du pasteur.

Quant aux simples fiefs, de propagande moins étendue, car l'Édit y bornait l'auditoire à la famille du seigneur et à trente personnes au plus, leur droit religieux ne fut définitivement fixé, c'est-à-dire aboli, que dans la dernière période (1680-85), celle où la procédure prit nettement le caractère de l'arbitraire.

Ce qui importait surtout à l'unité orthodoxe, c'était moins les seigneuries de Réformés dont on finirait par avoir raison, que la réduction à la foi des villes et des centres ruraux demeurés encore réfractaires. Voilà la principale préoccupation de l'assemblée du clergé en 1660, le fond des mémoires répandus en 1661 dans les provinces par ses agents généraux et la matière la plus apparente des instructions données aux commissaires de l'Édit. Il est remarquable qu'avant la codification de cette longue procédure, qui supprima tant d'exercices religieux et démolit tant de temples pendant vingt-cinq ans, le premier exemple d'exécution qui soit plus tard invoqué dans les traités et les manuels à l'usage des syndics du clergé et des procureurs militants de l'orthodoxie ait été fourni par le Languedoc. Là, l'évêque

1. *P. justif.*, n° 39.

de Montpellier, François Bosquet, ancien intendant de Guyenne et de Languedoc[1], réclama la démolition du temple de Saint-Bauzile, bâti sur des terres dépendant du temporel de son évêché, mais engagées à un tiers jusqu'au moment où son prédécesseur les avait récupérées. Dans l'intervalle, les Religionnaires avaient obtenu de Montmorency la reconnaissance d'un exercice régulier établi depuis 1612, approuvé par le Conseil royal et desservi par un ministre de Ganges. L'intendant de Bezons, se fondant sur le fait que l'exercice n'était prouvé ni en 1577, ni en 1598, qu'il n'avait pas été davantage désigné comme second lieu de bailliage, fut d'avis de supprimer l'exercice et le temple, et obtint raison au Conseil[2]. Incident insignifiant en apparence, il n'en résolvait pas moins des questions essentielles. Un exercice reconnu par l'État pouvait-il être supprimé par une décision du Conseil? L'exercice dans une communauté entraînait-il par son existence le droit de temple? Une jurisprudence large et tolérante eût confirmé l'approbation déjà donnée par l'État. Aux termes d'une interprétation littérale de l'Édit, le cas n'était pas douteux : l'exercice du culte était illégal et le temple devait disparaître. Il en eût été autrement si l'exercice avait pu être prouvé pour une des années 1577 ou 1598. Sa célébration légale eût protégé le temple. Soulier, l'adversaire le plus acharné des Religionnaires, affirme ce droit[3]. C'est, du reste, une concession qu'il fait à la vérité en un moment où elle n'était plus dangereuse pour ses convictions et son intérêt.

Mais bien avant lui on était allé beaucoup plus loin que

---

1. Sur Bosquet, v. M. l'abbé HENRY, *François Bosquet... Étude sur une administration civile et ecclésiastique*. Paris, Thorin, 1889.
2. *Arch. départ. de l'Hérault*, C, Intend. 161, liasse. — E. BENOIT, *Hist. de l'Éd.*, III, P. justif. XXXVIII, pp. 68-69.
3. BERNARD-SOULIER, *Explication de l'Édit de Nantes*. Paris, 1683, p. 107.

ce principe relativement simple. Dès 1661, la casuistique s'était aiguisée à cette interprétation littérale des Édits : on en comblait les lacunes, on en utilisait les omissions, on en corrompait le sens. L'expression la plus subtile et la plus violente à la fois de cette logique substituant l'argutie à la constatation des faits et des principes a été donnée par le Jésuite Meynier et par son commentateur Bernard. Leurs ouvrages analysés avec conscience, réfutés avec force par Élie Benoît, ont été, de notre temps, l'objet d'études très précises et trop pénétrantes pour qu'il soit utile d'y revenir[1]. La substance en est d'ailleurs passée, non tout entière, dès le début, dans les arrêts du Conseil royal. Mais leurs auteurs restèrent l'un et l'autre des « donneurs d'avis » écoutés, Meynier surtout, dont on retrouve des mémoires aux Archives nationales, écrits à la veille même de la Révocation. En ce qui concerne la question des exercices et des temples, un travail résume Meynier, devance Bernard et contient, dans leur ensemble, les maximes que devait développer la pratique administrative des intendants. C'est le mémoire opposé aux réclamations protestantes par le syndic du clergé au diocèse de Nîmes, le plus peuplé d'hérétiques et qui fut le plus frappé[2]. Il suit de près une décision royale qui eut sur la procédure employée à l'égard des exercices et des temples dans le royaume entier une influence décisive. Un arrêt du Conseil sur procès-verbal de partage entre Bezons et Peyremales au sujet de Saint-Drezery, dans le diocèse d'Uzès, avait enlevé aux Réformés de toutes les églises le droit de prouver par témoins que l'exercice de leur religion s'était fait aux dates requises par l'Édit. La preuve par acte était seule admise. L'embarras de plusieurs

---

1. Pour Meynier et Bernard, v. Avant-propos, pp. 13, 14. Sur leurs ouvrages, v. F. Puaux et Sabatier, *Études sur la Révocation de l'Édit de Nantes.* Paris, Grassart, 1886.

2. *Bibl. Nat.*, f. franc. 15832, fol. 268-273. Impr.

églises fut extrême, surtout dans des groupes ruraux sur lesquels avaient passé près de trente ans de guerre. Si l'acte d'établissement primordial faisait défaut, ne pouvait-on produire même des témoins catholiques s'offrant de bonne foi? Il s'en trouva; on les écarta. On resserrait le débat autour des preuves manuscrites dont le choix et l'interprétation allaient offrir des modèles de subtilité juridique. Là où des pièces existaient, fallait-il les livrer? Les consistoires hésitèrent, finirent par céder aux exigences des commissaires. Ces documents, qui, le plus souvent, ne furent pas rendus à leurs possesseurs, leur manquèrent désormais au cours d'interminables poursuites et les laissèrent désarmés. Ils forment aujourd'hui la part la plus considérable de la série TT aux Archives nationales. Qu'allait-on en faire?

Le syndic du clergé nous le dit en son mémoire. Après avoir écarté pour l'exercice religieux des Réformés l'argument de la prescription, la possession de fait, même continuée pendant soixante ans, il veut bien admettre, à défaut d'un acte d'établissement, une série de preuves écrites constatant la régularité de l'exercice aux dates stipulées par l'Édit. Mais ici les exigences se multiplient : « Lorsqu'on
« apporte des actes qui prouvent seulement que l'exercice a
« été fait avant ou après les années de l'Édit, on n'y satis-
« fait pas. Il faut faire voir que cet exercice a été *établi*
« et qu'il y a eu église *dressée* et *approuvée* en cette qua-
« lité par le synode qui seul en a le pouvoir; qu'il y avait
« un lieu et un ministre certain pour faire l'exercice; que
« cet exercice a été fait publiquement le 17 septembre 1577
« ou par plusieurs et diverses fois durant les années 1596
« et 1597 jusques à la fin du mois d'août, c'est-à-dire qu'il
« faut que l'exercice ait été fait dans un lieu public et des-
« tiné à cela, et que ç'ait été ordinairement et la plus grande
« partie de ces années. Cette sorte de preuve ainsi marquée
« et désignée est de droit étroit. Les juges ne peuvent pas

« l'étendre à aucuns autres cas pour si semblables qu'ils
« soient; car cet Édit, qui est une loi, suivant le sentiment
« des adversaires, est une loi seulement pour eux, qu'ils
« doivent observer à la rigueur, quoiqu'à l'égard du roi
« ce soit une concession et une grâce révocable *ad nu-*
« *tum.* » La dernière affirmation est à retenir sur cet Édit
que son texte même affirme *perpétuel* et *irrévocable.* Tout
commentaire affaiblirait la portée de la citation.

Le syndic continue : « C'est aussi sans fondement qu'on
« a prétendu qu'il suffisait pour établir cet exercice de
« prouver qu'il a été fait dans un lieu des baptêmes et des
« mariages; car, suivant leur discipline, ils peuvent être
« faits et célébrés aux lieux où il n'y a pas d'église *dres-*
« *sée.* Les livres mêmes du consistoire ne suffisent pas s'ils
« ne sont bien suivis avant et après, et durant les années
« de l'Édit, dans lesquels doivent être les censures faites
« par le consistoire, auquel ait présidé ordinairement un
« même ministre; qu'il soit fait mention des quatre cènes
« et que le livre soit signé en plusieurs endroits. Il faut que
« les preuves pour bien établir ce droit soient claires, cer-
« taines, et qu'elles contiennent une multiplicité d'actes
« d'exercice, ce qui doit valoir pour tous les lieux sans
« qu'on ait jamais eu pensée d'en exclure les annexes, pour
« cette seule raison qu'elles ont été jointes à d'autres, si,
« d'ailleurs, elles ont des preuves requises par l'Édit. »

Croirait-on qu'on ait pu encore raffiner sur cette casuistique? C'est pourtant arrivé. Ce syndic, plus tard, parut libéral, vraiment trop indulgent. Après lui, on refusa le droit
d'exister aux églises annexes desservies par le pasteur de
l'église principale. Et ce fut justement là le motif d'une foule
d'exécutions sommaires. On ne compta, non plus, pour rien
les actes réguliers et continus des synodes qui mention-
naient leur qualité.

Quant aux deux lieux d'exercice par bailliage, les Réfor-

més les réclamant, le syndic leur donne tort : « 1° d'autant
« que l'Édit ayant été exécuté en 1600, ceux de la R. P. R.
« jouissent de l'exercice en des lieux à cause de ce droit.
« S'ils avaient remis les procès-verbaux des commissaires,
« on reconnaîtrait cette vérité. Ils les tiennent cachés à
« dessein parce qu'on y verrait leurs entreprises; 2° quand
« bien même cet article n'aurait pas été exécuté et qu'ils
« n'auraient point ces lieux de bailliage, ils ne seraient pas
« bien venus présentement de les demander, de même que
« la faculté de tenir des colloques abolis depuis longtemps...
« Le syndic a l'avantage de pouvoir prescrire contre ceux
« de la dite religion et ils ne peuvent pas prescrire contre
« lui »; car on ne prescrit pas contre le roi.

Ce raisonnement *a fortiori* avait l'avantage d'épargner à son auteur une discussion sincère de droits réels. Il n'atteint pourtant pas à l'ingénieux procédé qui se découvre déjà dans les mémoires du clergé datés de 1661. Là, on fait d'un droit reconnu et suffisant la condition nécessaire pour établir la validité d'un autre droit que l'on exige en confondant deux titres distincts de l'Édit de Nantes. Élie Benoît l'explique[1]. Aux églises qui prouvent leur existence en 1577 (art. x de l'Édit), on demande de la prouver encore pour les années 1596 et 1597 (art. ix); à celles qui la prouvent pour ces deux dernières dates, on en demande des témoignages pour 1577. L'Édit avait pourtant spécifié en deux articles séparés, indépendants l'un de l'autre, la validité des titres présentés par chacune des deux catégories d'églises. Si la méthode ne fut pas tout d'abord appliquée par l'intendant-commissaire, on ne craignit pas d'y avoir recours lorsque finirent par s'user les premiers scrupules de légalité. C'est la double preuve demandée en 1682 aux grandes communautés protestantes qu'on ne pouvait atteindre au-

---

1. *Hist. de l'Éd.*, III, p. 377.

trement : Montpellier, Nimes, Castres, Uzès, Montauban [1].

Peu d'églises pouvaient échapper aux mailles serrées des enquêtes que la science de Meynier et de Bernard sut rendre plus étroites encore. Les commissaires catholiques de l'Edit n'adoptent pas, dès le début de leurs opérations, leur procédure dans son artificieuse complexité. Ils commencent par s'en tenir à l'observation stricte et littérale de l'Edit. Sur quelques points, de Bozons et son collègue protestant s'entendent, et un certain nombre d'ordonnances prises en commun maintiennent des exercices de culte réformé contre les requêtes des syndics du clergé qui l'ont attaqué partout, reçus comme parties civiles au mépris de la règle qui conférait cette qualité aux procureurs royaux. Un certain nombre de ces documents soumis à l'approbation du chancelier montrent la minutie de l'information et la rigueur des preuves admises ; tel celui qui concerne Marsillargues, au diocèse de Nimes, où l'exercice établi dans le temple se continue sans interruption depuis 1574 jusqu'en 1602, où des listes de pasteurs délégués aux synodes, une suite de délibérations consistoriales, de quittances, une série ininterrompue de mariages et de baptêmes établissent la validité des titres (1662) ; telle la décision appliquée à Saint-Jean-de-Gardonnenque (diocèse de Nimes), à Saint-André (diocèse de Lodève [2]), à Viane (diocèse de Castres [3]). D'autres, en plus grand nombre, sont passées du cabinet de La Vrillière dans la série TT des Archives Nationales. Le rapport de l'évêque de Nimes [4] compte cinquante-trois exercices ainsi maintenus en 1663 dans le diocèse de Nimes, dix-sept dans celui

---

1. *P. justif.*, n° 46.
2. *Bibl. Nat.*, f. franç. 15832.
3. C. Rabaud, *Hist. du protestantisme dans l'Albigeois et le Lauragais, des origines à la révocation*. Paris, Sandoz et Fischbacher, 1873, pp. 318-321 (1667).
4. *P. justif.*, n° 15.

d'Uzès, quatorze dans celui de Mende. Là figurent les vieilles communautés protestantes chefs de colloques : Nimes, Uzès, Anduze, Sauve, Saint-Germain-de-Calberte et quelques centres industriels et agricoles, tels que le Vigan, Saint-Hippolyte, Sommières, Alais, Saint-Ambroix, dominant les vallées de l'Arre, du Vidourle, du Gard, de la Cèze. On ne pouvait toucher encore à leurs titres que défendait d'ailleurs l'importance de leur population huguenote. Mais l'évêque énumère cent quatre-vingt-dix-huit exercices sur lesquels a été prononcée suppression ou s'est établi partage entre les commissaires. Le protestant, de Peyremales, en abandonnait quatre-vingt-huit, situés pour la plupart dans les districts montagneux des trois diocèses et qu'une tolérance plus large eût conservés. C'étaient, en général, ou des églises dispersées par les guerres civiles et groupées à nouveau autour d'une famille de gentilshommes qu'on avait pendant des années laissée en possession de son culte, ou d'anciennes paroisses qui, au cours des troubles, avaient, à des époques diverses, interrompu un culte autrefois organisé et l'avaient repris, la paix revenue. Mais le texte de l'Edit était là, qui n'en prévoyait l'existence qu'avec certaines conditions de continuité.

D'autres, dans les hautes Cévennes ou sur leurs avenues, autour de Lanuéjols, du Vigan, d'Alais et de Saint-Ambroix, semblent s'être élevées par un effort spontané des habitants, pendant et après les guerres religieuses, malgré les passages de soldats et de missionnaires. Or, la tolérance géographique de l'Edit, à n'en consulter que le texte, ne les admettait évidemment pas[1].

Le reste des églises condamnées contient, en partie notable, des annexes pourvues de titres réguliers, mais que de Bezons, habile à interpréter les lacunes mêmes de l'Edit, se

---

1. *Hist. gén. de Languedoc*, t. XIII, pp. 424-25.

refusait à accepter comme des centres indépendants. Autour
de Bernis, par exemple, dans le diocèse de Nimes, plusieurs
églises régulières avaient un exercice religieux assuré par
le ministre de ce lieu. Elles en sont privées en 1661, consi-
dérées comme indûment inscrites sur la liste du colloque.
C'était la doctrine du clergé et de Meynier; ce fut aussi celle
de l'intendant-commissaire.

Plus influent et mieux écouté que son collègue, il la fit
prévaloir au Conseil, et, comme l'avait espéré l'évêque de
Nimes, y fit adopter la plupart de ses décisions. Ce fut l'affaire de six arrêts rendus en un seul jour, le 5 octobre 1663,
qui prononcèrent en Languedoc cent trente-cinq interdictions. Le chiffre est relevé dans une délibération des Etats
de la province qui, en 1664, offrirent à Bernard, pour la part
qu'il avait prise à cette œuvre, l'expression de leur reconnaissance et une gratification extraordinaire. En vain de
Peyremales avait-il défendu les églises annexes, soutenu un
jugement antérieur à la Chambre de l'Edit de Castres en
faveur d'églises voisines de Sommières. Il n'obtint que quelques arrêts interlocutoires, avec un complément d'instruction dont l'issue n'était pas douteuse, mais dont l'effet était
de suspendre le culte en attendant la solution définitive[1].
Quelques mois après, on lui accordait le maintien du culte
en deux paroisses insignifiantes, Sostelle, au diocèse de
Nimes, et Fraissinet de Lozère, perdue dans les montagnes
du Gévaudan. Ces détails marquent la première période
de l'œuvre entreprise. Ils ont leur importance, car,
de leur ensemble, une jurisprudence s'est fondée qui
s'est successivement appliquée à la province entière et au
royaume.

Elle n'aurait pas suffi à ruiner ce qui restait encore
d'églises en Languedoc. Celles qui ont survécu quelques

1. *Hist. gén. de Languedoc*, t. XIII, pp. 426-27.

années avaient évidemment des droits incontestables, puisqu'elles avaient résisté à d'aussi sévères enquêtes, et une vitalité qu'elles prouvèrent longtemps. Mais les manuels procéduriers de Meynier et de Bernard s'enrichissent à partir de 1664. Au delà se voit même une progression de mesures vexatoires que Daguesseau et de Bornier durent suivre comme leurs prédécesseurs.

Les faits principaux ont été relevés par Elie Benoît et la liste s'en est accrue par les documents insérés dans le *Bulletin de la Société du protestantisme français*. Ils présentent un caractère commun : les interdictions du culte public, là où son institution a été marquée par des preuves inattaquables d'authenticité, sont obtenues au moyen de contraventions qui, en bonne et régulière justice, n'auraient engagé, fussent-elles établies, que des responsabilités personnelles : la présence d'un *relaps* ou d'un mineur catholique dans un temple, une parole imprudente ou mal interprétée de ministre, l'attitude jugée irrespectueuse d'un paysan devant une cérémonie publique de l'Eglise. Le culte religionnaire est alors aboli par simple mesure de police. On la justifie à l'aide d'une interprétation de l'Edit. Malgré les précautions prises par les Réformés, de tels incidents étaient souvent malaisés à éviter. Ils se produisaient évidemment des deux côtés, en l'état de surexcitation des esprits, sur certains points. Dans la turbulente paroisse de Vézenobres (diocèse de Nîmes), en 1673, un rapport des consuls constate que le curé du lieu, Guillaume Ricome, est entré dans le temple, un gourdin à la main, a traversé l'assemblée des fidèles, est allé insulter le pasteur dans sa chaire. « Prêche, prêche, tu le paieras ! » a été l'exorde d'invectives énergiques, en patois languedocien. De Bezons commet l'instruction de l'affaire au conseiller de présidial Novy qui est assez embarrassé, veut étouffer le procès. « Je prends la liberté, « écrit-il à l'intendant, de vous envoyer la procédure... Je

« l'ay faite, Monseigneur, avec toute l'exactitude imagina-
« ble, et je l'aurois crue inutile sy je les (les Huguenots)
« eusse laissés les mestres de l'information après l'avoir finie
« et si j'avois, par ce moyen, donné des armes à ces Mes-
« sieurs pour inquiéter ce malheureux. » De Bezons n'en
décréta pas moins le curé d'ajournement personnel et mit fin
à l'algarade qui n'eut pas de suites. Il y avait encore quelques formes de justice[1].

D'autre part, on voit, quelques années après, en 1678, un
pauvre paysan de Valleraugue, paroisse montagnarde au
pied de l'Aigoual, ne pas saluer assez bas le passage du
Saint-Sacrement qu'un missionnaire aventurier, Sainte-
Marie, devenu vicaire de Saint-Hippolyte, portait en cette
dernière ville, à travers la foule protestante, au sortir du
prêche. Souffleté par le vicaire, le paysan disparaît. Mais,
sur plaintes réciproques des hérétiques et des orthodoxes,
après une instruction où Sainte-Marie fut entendu comme
témoin, avec une famille de bateleurs qui étaient passés par
là au moment de la rixe, l'affaire aboutit, trois ans après,
en 1681, à un arrêt du Conseil qui supprimait l'exercice du
culte réformé à Saint-Hippolyte et y ordonnait la démolition
du temple dont l'emplacement devint une place publique. La
ville comptait quatre mille protestants contre quatre-vingts
catholiques[2]. L'incident fut une des causes qui amenèrent,
en 1683, le groupement des Cévennes religionnaires et un
essai de résistance passive, préface et annonce lointaine
encore du mouvement camisard. Daguesseau y avait eu la
main forcée. Dans la séance du Conseil où fut rendu l'arrêt,
la première que présidât le dauphin en personne, on avait
réuni autour de la contravention reprochée aux Religionnaires de Saint-Hippolyte l'ensemble des griefs relevés contre

1. Arch. départ. de l'Hérault, C, Intend., 163, liasse.
2. P. justif., n° 10.

eux dans les Cévennes[1]. C'est désormais la règle, et la suppression de l'exercice protestant est présentée comme une mesure de police.

2. LE TEMPLE.

La ruine du temple la suivait toujours et, après la tournée des intendants, sur des lieues de pays, les cloches protestantes cessèrent de sonner. L'édifice nu et triste, avec, sur son toit, le simple ou double pilier uni qui « ne doit point être en forme de clocher », sa porte basse et sans ornements n'en était pas moins, jusqu'au fond des vallées les plus écartées des montagnes, un lieu saint. Et si la véhémence des appels et des protestations ordinaires aux minorités persécutées y troublait parfois la sérénité des enseignements évangéliques, il n'en ouvrait pas moins aux habitants des villes un prétoire où se plaidait la cause de Dieu ; aux yeux du paysan cévenol, une perspective sur l'infini et le divin. La liste chronologique de ces destructions, dressée pour la période comprise entre 1660 et 1685 par les frères Haag dans la *France protestante*, d'après le recueil de Le Fèvre, n'est pas complète. Les auteurs en avertissent eux-mêmes. Il y manque les temples qui furent rasés par ordonnance des intendants. Pour le Languedoc, Daguesseau a fait établir un état de ceux qui subsistent encore avant le 2 avril 1685 (V. *inf.*, p. 189), dans le document qui signale les exercices encore autorisés, sauf en ce qui concerne le diocèse de Nimes. Le nombre en est fort restreint. Entre les premières opérations de l'intendant-commissaire et cette date, beaucoup avaient disparu devant les procédés d'une savante méthode dont le détail est donné

---

1. El. Benoit, *Hist. de l'Ed.*, IV, pp. 366-68 ; V. P. justif. xci. Cf. P. *justif.*, n° 54.

par Elie Benoît comme par Meynier et Bernard, dont les preuves, insérées en diverses publications et surtout le *Bulletin de la Société du Protestantisme français*, ne sauraient trouver place en un cadre restreint. Cent trente-cinq exécutions qui sont attestées en 1664 par les Etats avaient, dans l'intervalle, reçu un accroissement étonnant, dont l'*Histoire générale de Languedoc* a signalé des éléments numériques. Il est à remarquer que, de 1666 à 1681, les destructions de temples sont rares en Languedoc. La besogne avait été très bien faite par la Commission de l'Edit de 1661, et c'est la période de 1681 à 1685 qui, derechef, accumula les ruines. Pendant quinze ans, les moyens ordinaires de procédure étant épuisés, c'est par des moyens d'exception qu'il est opéré. On en connaît les principales applications : comment, par exemple, le Petit Temple de Nimes tomba en 1664, sous le prétexte qu'il occupait un fonds ayant autrefois appartenu à un collège rendu depuis aux Jésuites; celui de Montpellier, en 1670, comme bâti sans autorisation royale, alors que le texte même d'édits royaux en avait légitimé la construction. Mais, dans ce dernier diocèse, la ruine des temples de Mauguio, Poussan et Pignan n'est encore, à la même date, qu'une suite des partages survenus entre commissaires et jugés en Conseil. C'est dix ans après que se produiront, en vue du même résultat, les ordonnances de police les plus variées, enrichissant le répertoire des griefs déjà connus, comme la proximité, jugée gênante pour le culte officiel, d'un temple et d'une église. Alors, tel ou tel incident qui n'eût, en droit, appelé qu'une instruction particulière et une répression individuelle, amènera la démolition de l'édifice protestant, et le plus souvent fondera une espèce juridique.

La suppression du temple n'impliquait pas, d'ailleurs, à moins d'une disposition spéciale de l'arrêt, l'interdiction de l'exercice religieux. Aussi s'était-on de bonne heure appliqué à gêner le culte dans ses manifestations extérieures. L'administration des églises, là où elles subsistaient encore, l'organisation générale du parti étaient visées en même temps; mais les mesures qui finirent par les atteindre n'eurent que plus tard leur entière sanction. Comme il était naturel, de ces mesures vexatoires, ce sont les premières, le trouble apporté aux cérémonies extérieures de la foi protestante, qui ont le plus attiré et gardé l'attention, car elles ont le plus fortement excité, le plus longtemps entretenu l'émotion populaire, marqué la tradition.

3. MANIFESTATIONS EXTÉRIEURES DU CULTE.

Les dépossessions de cimetières que les Réformés subissent dès 1661, en Languedoc, forment une part importante des réclamations consignées dans leurs cahiers. L'acquisition de cimetières nouveaux, éloignés des lieux du culte catholique, sont un des objets qui préoccupent le plus les commissaires de l'Edit, jusqu'au moment, peu éloigné de sa révocation, où la paix des morts fut elle-même troublée par des évictions violentes; où désormais les propriétés laissées à quelques familles de Réformés devinrent, pour plus d'un siècle, le champ de repos de beaucoup de leurs coreligionnaires. L'habitude de ces inhumations en terre privée est restée longtemps générale dans les Cévennes et n'a pas encore pris fin.

Du même ordre est la police des enterrements, qui, aux yeux des orthodoxes zélés, fournissaient aux Protestants le prétexte de démonstrations hostiles contre le culte national. La méfiance du pouvoir était par là éveillée. Elle explique le mépris où le cabinet de La Vrillière tient les garanties accordées encore sur ce point aux villes pourvues d'un exercice public de la religion réformée, quand il fait passer en loi générale l'obligation pour les Protestants d'inhumer leurs morts à la pointe du jour ou à l'entrée de la nuit[1]. On connaît le raisonnement par lequel le P. Meynier légitimait ces heures clandestines : l'Edit de Nantes ne spécifiant pas que les P. R. pourront enterrer leurs morts de jour, on doit donc les enterrer de nuit. Ce que l'on sait moins, c'est que cette solution imposée à La Vrillière et au chancelier avait été l'objet d'un mémoire adressé en double aux deux ministres, à la date de mars 1662, contre les Réformés de Languedoc, par l'un des agents généraux du clergé, l'abbé Huguette. L'abbé y réclame le retour aux prescriptions d'ordonnances rendues pendant les guerres civiles et limitant à dix le nombre de personnes qui pourraient accompagner le convoi nocturne. Des propositions de ce genre avaient toujours chance d'être accueillies en haut lieu, allant au-devant des appréhensions. Celle-là le fut, à peu de chose près[2]. Inutile de signaler les procès-verbaux de contravention qui en résultèrent. Les archives municipales des principales villes de Languedoc, notamment celles de Montpellier, en contiennent assez pour attester la résistance opposée par les Réformés à des vexations de ce caractère, qui finirent par atteindre également les cérémonies du mariage et du baptême.

Elles attestent aussi la part prise par les consuls urbains à une mesure du même ordre : la défense de chanter les psaumes réformés ailleurs que dans les temples ou autrement qu'à voix basse dans les maisons closes[3]. Ce scandale

---

1. *P. justif.*, n° 13.
2. *Bibl. Nat.*, f. franc. 15832, fol. 110-120 et 314-316. Cf. *P. justif.*, n° 14.
3. *Arch. municip. de Montpellier*, GG. Réformés, liasse. Copie de lettre écrite par les consuls de Montpellier à M. de Mascarens, secrétaire de S. A. R. (le prince de Conti), du 9 janvier 1657.

de chants religieux entendus autour des ateliers de Religionnaires ou accompagnant hors des villes le pas des laboureurs huguenots était une offense. On sait qu'elle fut, après avoir été signalée dans les mémoires du clergé en 1661, vivement relevée par un prêtre de Castres et que plusieurs édits intervinrent pour la réprimer.

4. L'ACTION DES PASTEURS.

Plus dangereuses pour la vitalité des églises huguenotes, aussi connues, du reste, étaient les précautions prises depuis la même date contre leurs pasteurs. Les Etats provinciaux les ont provoquées ou s'y sont associés de bonne heure. De quelle importance était l'influence des « ministres » pour assurer la cohésion des groupes de Réformés en un moment où l'on cherchait avant tout à la dissoudre, ils en étaient avertis par les évêques et par les actes de l'intendant. Dès 1663, le déplacement imposé par celui-ci à cinq ministres de Castres accusés de contravention aux Edits sur les enterrements religionnaires et de relations avec la Chambre mi-partie avait donné la mesure de son autorité exceptionnelle comme la portée de ses intentions. Depuis, on avait vu, sans trop de surprise, les arrêts qui les privaient du droit de tenir chez eux plus de deux pensionnaires et de porter hors du temple la robe longue, privilège des membres de corps officiels. Mais des poursuites individuelles qui commencent à la même date en Languedoc montrent le parti pris de restreindre le champ de leur action. Il s'agissait de priver de culte les églises *annexes* que l'on ne voulait pas reconnaître. L'attention du Conseil privé fut attirée sur ce point par une requête du syndic du clergé dans le diocèse de Viviers et deux arrêts pris en conséquence, en 1664, le second visant les églises du nord de la France. Déjà une instruction avait été ouverte, au début de la même année, contre le ministre d'Uzès, Chastagne, qui avait prêché à Gatigue, au précédent mois d'octobre; contre Jean Saurin, ministre d'Aubais, un vieillard de soixante-douze ans, qui avait célébré le culte à Junas, annexe d'Aubais (diocèse de Nimes) et dont le fils dut répondre auprès de l'intendant; contre Gadaigne, ministre de Milhau (diocèse de Nimes) pour le même délit [1]. L'intendant se contente encore de rappeler les ministres, après un ajournement personnel, à la teneur des arrêts. Mais en 1667 l'assemblée provinciale réclame plus de rigueur. Son cahier de doléances (article 2) signale le mépris où semblent tombés les arrêts royaux; la Chambre de l'Edit de Castres favorise les ministres délinquants; le roi est prié de donner au Parlement de Toulouse la connaissance de ces abus. Sans se rendre encore à ce dernier vœu, le Conseil est heureux d'appuyer de nouvelles sévérités sur le sentiment d'une grande province. Il en commente l'expression par son arrêt du 24 octobre 1667, appliqué d'abord au Languedoc [2], et dont les dispositions passèrent dans la déclaration générale de 1669. Les pasteurs seront tenus à résidence fixe et ne pourront prêcher qu'au lieu désigné par les synodes dont les décisions sont contrôlées par l'autorité royale. Ainsi allaient être privées de leur ministère des régions étendues, frappées d'interdit. La défense alla jusqu'à inquiéter, à la veille de la Révocation, des consciences catholiques. Des actes importants de la vie religieuse, tels que le baptême, en étaient compromis, et Daguesseau dut plus tard s'en préoccuper. Mais il s'était

---

1. *Arch. départ. de l'Hérault*, C, Intendance, 161, liasse. Actes de la prévôté du roi, des 22 février, 1er janvier, 7 janvier 1664, et ordonnances de l'intendant.
2. *Ibid.* C, Etats (A 1. *Recueil d'édits, ordonnances et arrêts*, t. XIII, rub. 43).

vu obligé, en 1676, de sévir contre une assemblée de ministres et d'anciens des églises du Vivarais tenue pour des questions de discipline à Uzès; au mois de janvier, d'interdire Jean Poudrel, sieur de Corbières, ministre de cette ville, et plusieurs autres qui depuis avaient prêché sans autorisation[1]. Mêmes faits en 1677, à Fons-outre-Gardon (diocèse d'Uzès), reprochés au ministre Roland Rey, et même répression[2].

Cette résistance à des ordres que n'avait pas prévus l'Edit de Nantes était inévitable. Elle prend de bonne heure un caractère qui semble d'abord insolite, qui deviendra ordinaire au lendemain de la Révocation. Chassés de leurs temples, éloignés des centres urbains où leur culte était encore permis, les paysans religionnaires retrouveront leurs pasteurs et se réuniront d'abord sur les places des villages, comme à Blauzac, en 1663, dans cet ardent foyer du diocèse d'Uzès; sous les arbres où se tient de temps immémorial l'assemblée de la communauté, comme il est arrivé en quelques lieux du Vivarais. Puis, inquiétés et traqués, ils se donneront un mot d'ordre, se chercheront dans les bois, au *désert*.

5. RESTRICTIONS AU DROIT REPRÉSENTATIF.

L'ensemble de ces faits est connu. Ce qui se distingue moins, ayant moins frappé l'imagination, c'est l'effort dirigé contre l'organisation générale des églises protestantes et la disposition qu'elles avaient gardée de leurs ressources pécuniaires. Il est contemporain des mesures prises contre le culte et suit une progression analogue. Il n'aboutit pas

1. *Ibid.*, C, Intend., 159, liasse.
2. *Ibid.*, Arrêt contre Rey, ministre... Au camp devant Cambray, 20 mars 1677.

aussitôt, les garanties données par l'Edit de Nantes étant sur ces deux points évidentes, et, d'autre part, l'intérêt ne l'étant pas moins de garder encore, en certaines villes telles que Nimes, Montpellier, Castres et autres centres industriels, en attendant qu'on les gagnât ou qu'on les forçât en bloc à l'orthodoxie, des groupes actifs et producteurs de richesses. De là une certaine tolérance ou plutôt un retard, un délai dans l'application des édits, qui eussent dissous d'emblée le corps des Religionnaires. Ils n'en ont pas moins été rendus dès la première heure. Si l'appareil n'en est pas complet avant 1680-1685, s'il n'est mis en activité que pour une part, contre les consistoires, il n'en est pas moins combiné avec soin et capable de fonctionner en temps voulu. Ces précautions se comprennent, si elles ne se justifient pas. C'était matière d'Etat. Synodes provinciaux[1], colloques et même consistoires dans les grandes villes et dans les bourgs de quelque importance formaient des groupes cohérents de Réformés; les premiers, périodiques, les seconds, permanents. Il a été assez prouvé qu'ils ne constituaient plus, au milieu du dix-septième siècle, un danger pour la monarchie. Leur loyalisme et leur soumission étaient hors de doute. Mais il restait sur eux les souvenirs des guerres civiles qui furent habilement exploités. Sans caractère politique, on les voulut croire dangereux. C'est le sentiment inspirant la défense qui leur est faite, en 1660, de tenir des colloques ou des séances synodales autrement que pendant la durée des synodes, et en présence d'un commissaire royal chargé de les surveiller[2]. Les dispositions que le synode des Cévennes tenu

1. Les synodes nationaux sont supprimés en fait depuis 1659. Un arrêt de 1657, qui ne fut pas exécuté, avait même supprimé les colloques.
2. 15 septembre 1660. El. BENOIT, *Hist. de l'Ed.*, t. III, p. 332-33, et P. justif. XXXI, pp. 63-64.

au Vigan avait prises à l'égard de deux pasteurs, à l'insu, disait-on, du commissaire royal, avaient servi de prétexte à la mesure. Cet agent du roi, protestant, selon la garantie légale encore respectée, était, en l'occasion, de Peyremales. On a vu le fonds que ses coreligionnaires pouvaient faire sur lui.

Le même esprit de défiance anime l'ordonnance rendue par de Bezons en 1661 contre « ceux de la R. P. R. de
« Languedoc qui prennent la liberté de faire des assem-
« blées publiques et particulières dans cette province, sans
« permission de S. M. ou de M{{gr}} le Prince de Conty, gou-
« verneur et lieutenant général en icelle,... ce qui est
« d'une dangereuse et pernicieuse conséquence et directe-
« ment contraire à l'intention du Roy, et aux deffences quy
« leur ont esté souvent faites... Et, d'autant que telles
« entreprises méritent une punition exemplaire, attendu
« que par cette voie les malintentionnés au service du
« Roy pourroient former des desseins à troubler le repos
« et la tranquillité publique »,... l'intendant « fait toutes
« inhibitions et défenses à ceux de la R. P. R. de convo-
« quer aucunes assemblées publiques ou particulières sans
« la permission expresse et par escrit de S. M. ou de
« MM{{grs}} les gouverneurs et lieutenants généraux, ny en-
« voyer des députés de ville en ville, ny aux provinces
« voisines, et d'en recevoir de leur part, à peine de déso-
« béissance et d'estre déclarés perturbateurs du repos pu-
« blic, leur deffendant pareillement de nommer dans les
« synodes aucuns deputez pour s'assembler dans le cours
« de l'année soubz prétexte d'aucunes affaires, et mesmes
« aux deputez qui pourroient avoir esté nommez par
« lesdits synodes de s'assembler soubz prétexte de ladite
« nomination, à peine de punition, et, que, des attentats
« commis et entreprises cy devant faites, ensemble des con-
« traventions à l'avenir, il en sera exactement et secrète-

« ment informé par le premier magistrat royal sur ce
« requis[1]... » On était déjà loin, avec ces ordonnances de
police, de l'article 34 des *particuliers* de l'Edit de Nantes
qui permet aux Réformés, dans les lieux où se fait publiquement l'exercice de leur culte, de s'assembler au son de
la cloche et « faire tous actes et fonctions appartenans
« tant à l'exercice de ladite religion qu'au règlement de
« la discipline, comme tenir consistoires, colloques et sy-
« nodes provinciaux et nationaux par la permission de
« S. M. » C'est déjà l'intendant qui crée les formules
légales, les dicte au Conseil, s'en sert pour frapper d'interdit trois colloques du Bas-Languedoc, à Uzès, Nimes et
Anduze en 1661, et chasser de la province les ministres
Claude et Rossel. Il pénètre dans les affaires des églises, y
tranche les questions de discipline qui ne concernaient point
le pouvoir civil, intéressé seulement au maintien de l'ordre
et au respect de la légalité. « J'avais obmis », écrit-il au
chancelier en juin 1662, « de vous envoyer une ordon-
« nance des plus considérables qui maintient un ministre
« que l'on avoit voulu changer de province par ordonnance
« du dernier synode provincial...; cela leur a paru extraor-
« dinaire de les accoustumer à la justice royale[2]. » C'était
extraordinaire, en effet, le synode ayant été régulier.

Sévérités et alarmes officielles redoublèrent quand,
voyant leurs temples tomber de tous côtés, les religionnaires cévenols, au synode de Saint-André-de-Valborgne,
en mai 1663, s'unirent par une sorte de serment mystique
dans l'obéissance à leurs ministres et la pratique du culte
attaqué. L'imprudence qui, d'ailleurs, n'était pas une illégalité, venait à point, évoquait l'image de l'insurrection,

---

1. *Arch. Nat.*, TT 247 (ol. TT 322), pièce 151. Impr.; mal datée
dans la note mise en tête. Le texte imprimé porte la date du 21 septembre 1661.
2. *Bibl. Nat.*, f. franç. 15832, fol. 265.

servit, après les poursuites contre les ministres délinquants, les rédacteurs des déclarations de 1666 et 1669. Là il est d'abord, en 1666, interdit aux Réformés, dans chacune de leurs provinces ecclésiastiques, d'entretenir « aucunes cor-
« respondances avec les autres provinces, ni de leur écrire
« sous prétexte de charité ou autres quelconques, et ne
« recevront les appellations (appels) des autres synodes,
« sauf à les relever au synode national. » Contradiction singulière avec le refus opposé depuis dix ans d'autoriser les synodes nationaux! Les colloques et assemblées de toute nature restent interdits dans l'intervalle des convocations de synodes provinciaux, et ne doivent être tenus que sous la surveillance d'un commissaire départi. Le recrutement des pasteurs, les actes de discipline intérieure devenaient difficiles, les synodes provinciaux qui désignaient les premiers et procédaient aux seconds ne se réunissant que d'année en année, quelquefois tous les deux ans. Pendant ce délai, non seulement l'administration d'une circonscription protestante, mais le service de diverses paroisses pourvues de culte pouvaient être arrêtés. Sur les observations présentées, semble-t-il, par Loride Desgalenières[1], la déclaration de 1669 qui maintient encore la mention illusoire de synodes nationaux admit une disposition plus favorable. On n'allait point encore aux dernières rigueurs. On ne pouvait, paraît-il, encore détruire par voie d'extinction le corps des pasteurs et priver les églises de tous leurs droits légitimes spécifiés en l'Edit de Nantes. L'article 16 de la déclaration de 1669 contient la concession suivante :
« Si, dans l'intervalle de la tenue des synodes, un ministre
« de quelque lieu d'exercice vient à mourir, ou s'il arrive
« que quelques vicieux ou scandaleux ne puissent être ran-
« gés à leur devoir par les consistoires, en ces deux cas

---

1. *Bibl. Nat.*, f. fr. 15832, fol. 115.

« seulement, pourront lesdits de la R. P. R. assembler
« et tenir le colloque. »

Luxe de précautions bien superflu. Resserrés autour de
leur culte qui leur échappe, les Protestants ne songent
nullement à une politique d'opposition ou d'intrigues. Jusqu'au moment où, devant l'excès de misère et de chicane,
les Cévennes calvinistes ébauchèrent, dans ce qu'on appelle
le projet de 1683, une résistance passive pour maintenir
les droits de consciences opprimées, jamais ils n'ont tenté
aucun mouvement. En Languedoc, ni ce qui reste de la
correspondance de Bezons, ni les rapports qui, depuis
1673, ont survécu à la perte des papiers de Daguesseau ne
signalent aucun effort d'ensemble. Mais on y peut suivre
le progrès des mesures restrictives qui se forment autour
des assemblées régionales des Protestants.

En Languedoc, ceux-ci avaient conservé la vieille division territoriale qui remontait au seizième siècle : la province de Bas-Languedoc, comprenant les trois colloques de
Nimes, Uzès, Montpellier; celle des Cévennes et Gévaudan,
fondée depuis 1612, avec les colloques d'Anduze, Sauve
et Saint-Germain-de-Calberte; celle de Haut-Languedoc,
avec les colloques d'Albigeois et de Lauragais, plus cinq
autres appartenant à la province royale de Guyenne. Le
Vivarais et le Velai formaient enfin, avec partie du Forez,
une quatrième province dont les colloques n'offrent pas une
régularité suivie, mais dont les églises envoyaient le plus
souvent leurs représentants, ministres et anciens, à Aubenas et à Privas[1].

1. *Hist. générale de Languedoc*, t. XIII, p. 270. M. Roschach y
fait avec raison remarquer que « cette division ecclésiastique des
provinces protestantes avait passé en partie dans l'organisation politique et militaire de la monarchie, en lui fournissant des cadres
qui, avec certaines modifications, servirent de modèle au département des lieutenances générales. »

Le nombre de leurs églises autorisées était loin, en 1669, d'atteindre les chiffres que donne le P. Meynier en 1662, d'après les archives des consistoires, dans lesquels il faut, sans doute, comprendre quelques-uns de ces exercices *imaginaires* non réclamés par les Huguenots, signalés par Elie Benoit, et figurant comme preuves d'usurpation aux tableaux dressés par le Jésuite : 170 églises pour le Bas-Languedoc; 125 pour les Cévennes; un total de 350 pour le Languedoc entier. Les commissaires départis avaient fait leur œuvre, et en six ans (1663-1669) avaient réduit de plus des deux tiers ce chiffre qui allait s'abaisser encore jusqu'au moment de l'entière destruction.

En attendant, les rigueurs de procédure assiègent plus étroitement d'année en année les traditions représentatives des Huguenots. Après un moment de répit, dû sans doute à l'influence d'Arnaud de Pomponne, successeur de Lionne, en 1671, au ministère des Affaires étrangères, elles reprennent, dès 1673, en Languedoc. L'arrêt cassant quelques actes disciplinaires du synode tenu à Nimes en 1671 n'avait pas porté d'atteintes insolites aux droits reconnus de ces assemblées. Mais elles sont entourées d'une méfiance qui s'arme à nouveau deux ans après. Le synode provincial autorisé pour 1673 à Castres faillit ne pas se tenir. La Chambre de l'Edit siégeant en cette ville venait d'être transférée à Castelnaudary, satisfaction incomplète donnée aux instances des Etats provinciaux. Redoutait-on le mécontentement de la cité, dont l'évêque s'était déjà empressé de rassurer sur ce point l'assemblée[1]? Craignait-on l'influence de ces hommes en habits gris, en qui se reconnaissaient les ministres, et de ces « assemblées qui font fort peu « d'esclat, estant comme confondues dans la multitude, peu

---

1. *Arch. départ. de l'Hérault*, C, Etats. Proc.-verb. de la session de décembre 1670-février 1671, fol. 133-134.

« nombreuses et composées presque toujours de gens de
« peu d'apparence et qui ne sont guère remarqués? » La
permission de se réunir, enfin donnée sur une touchante
requête des intéressés, fut entourée de précautions[1]. Le
synode se tint à Castres, sans sortir des limites fixées à ses
attributions[2]. La surveillance, inutile, devait, en vertu
même de l'impulsion que subissaient les agents royaux,
devenir plus étroite. Ce progrès vers la suppression des
synodes et des colloques fut réservé à Daguesseau, successeur de Bezons dans l'intendance de la province, et à de
Bornier, qui paraît avoir remplacé vers 1673 le vieux de
Peyremales en qualité de commissaire protestant de l'Edit.

Daguesseau, qui prit possession de sa charge en Languedoc vers la fin de 1673, avait à suivre une tradition administrative envers les Réformés, à la restreindre encore. Il était
surveillé par les évêques languedociens, par leur chef, le
puissant cardinal de Bonzi, président des Etats, archevêque
de Toulouse, en attendant le siège de Narbonne, dont l'influence avait hâté la retraite de Bezons, récemment rappelé
au Conseil du Roi. Sur l'avis du nouvel intendant, le Conseil annule les actes du synode du Bas-Languedoc tenu à
Uzès en mai 1675, qui avaient eu pour objet une députation
auprès du roi et une disposition de sommes levées sur le
colloque en faveur d'églises pauvres[3]. Cette collecte est dé-
finie plus tard, en 1677, dans un rapport adressé par de Bornier à Daguesseau et annoté par celui-ci : divers lieux du
Bas-Languedoc et des Cévennes où le culte réformé était
maintenu avaient besoin du secours pécuniaire d'autres
églises du colloque. « On vouloit, l'année prochaine, esta-

---

1. *P. justific.*, n° 29.
2. C. RABAUD, *Hist. du Protestantisme dans l'Albigeois et le Lauragais*, p. 340.
3. *Arch. départ. de l'Hérault*, C 159, liasse. Arrêt du 20 novembre 1675.

« blir l'exercice dans ces lieux suivant le droit qu'ils en
« ont[1]. » On ne peut mieux justifier cette solidarité que ni
l'Edit de Nantes, ni les articles qui le complètent n'interdisaient. De Bornier et Daguesseau s'en tiennent aux termes
de l'Edit, mais, comme leurs prédécesseurs, ils suppléent
à son silence. Les synodes ainsi que les colloques ne s'occuperont que de *discipline*. Autant que Meynier et Bernard,
de Bezons était dépassé. Son successeur avait trouvé le moyen
de briser un fédéralisme qui n'était plus que religieux et
charitable aussi, puisque l'institution du culte pouvait ouvrir
régulièrement à la population calviniste de paroisses pauvres des maisons de secours et des écoles de sa confession.

Le recrutement des synodes, comme leurs moyens d'action, était en même temps attaqué. Les ministres de fief et
leurs églises en ont été chassés en 1674, malgré les protestations des Réformés[2]. Les ministres de fief formaient,
en certaines provinces, plus des deux tiers du corps des pasteurs. Sans eux certains synodes ne pouvaient se constituer,
et des églises de quatre à cinq mille personnes, groupées autour des fiefs de haute justice, depuis la destruction des temples, se trouvaient sans représentants. Daguesseau, à l'occasion du synode d'Uzès, trouva un complément à la mesure
prise, et qui fut jugé heureux. Sur une irrégularité discutable
et qui n'entraînait, en tous cas, qu'une sanction locale et particulière, il fit décider, en règlement général, que les synodes ne désigneraient plus de pasteurs aux exercices de fief.
C'était couper la dernière communication entre ces assemblées régionales de Réformés et les cultes seigneuriaux qui
en dépendaient[3]. Le tout crée aux synodes un statut nouveau, une dérogation aux Edits.

1. *P. justif.*, n° 33.
2. *Arch. Nat.*, TT, 431 (ol. TT 268), pièce 105.
3. Arrêt du 27 décembre 1675 dans El. Benoit, *Hist. de l'Ed.*, t. V,
P. justif. LXXV.

Qui donc songeait à les faire respecter parmi ceux qui en avaient la charge? L'illégalité était invention méritoire, titre à la faveur. Ce n'est pas que Daguesseau paraisse avoir recherché ce moyen de fortune. Les arguties juridiques sont chez lui le résultat d'une conviction. Encouragé par le succès de ses idées, il les pousse jusqu'à la surveillance policière des institutions qu'il a déjà mutilées. Le roi ne devra plus déléguer de commissaires huguenots pour tenir les synodes. Il paraît que de Peyremales et de Bornier n'avaient pas donné assez de gages de leur fidélité à la cour. Mais si le roi ne veut pas démentir des déclarations antérieures, qu'on adjoigne à l'agent réformé un commissaire catholique qui aura la présidence et la préséance. D'ailleurs, il faut le choisir avec discernement. Quelles seront, en effet, ses principales fonctions? « Choisis par le roi lui-même », il y faudrait « des gens de créance et de confiance qui s'ap-
« pliquassent, pendant la tenue des synodes, à gagner sous
« main les ministres, à semer des divisions et des jalousies
« parmi eux, et à profiter de toutes les occasions qui se pré-
« senteroient pour détruire insensiblement cette religion [1]. »
De prétexte à la mesure, il n'y en a pas; on peut toujours invoquer celui que formule Bernard : « L'officier qui doit
« être nommé pour assister aux synodes peut être de la
« R. P. R., comme dit la déclaration du 17 avril 1623;
« mais il peut aussi en être nommé un catholique. *La dé-
« claration ne le défend pas*[2]. »

C'est de ces magistrats espions et corrupteurs, d'après la définition même qu'en donne l'intendant, que les assemblées calvinistes ne voulurent point. Lorsque fut adoptée, sous forme d'arrêt, la mesure provoquée par lui[3], ils suspendi-

1. *P. justif.*, nº 35.
2. BERNARD-SOULIER. *Explic. de l'Edit;* édit. de 1683, p. 252. La phrase citée est de la rédaction de Bernard (édit. de 1666).
3. Arrêt du 10 octobre 1679, dans El. BENOIT, *Hist. de l'Edit.* V. *P. justif.* XCIV.

rent la tenue de leur synode à Uzès, le 9 décembre 1679. Ils ont donné en ferme et respectueux langage, recueilli d'ailleurs avec impartialité par le commissaire royal Larnac, les raisons de leur refus de se réunir. Ils se fondent sur le secret garanti par l'article 35 des particuliers de l'Édit de Nantes à leurs décisions de discipline intérieure. Ces raisons, contestées par l'évêque d'Uzès en une lettre d'envoi accompagnant le procès-verbal et traitées par lui d'*imaginaires*, avaient une valeur légale, de quoi ni l'évêque ni les pouvoirs administratifs ne se souciaient plus guère[1]. Les synodes ne se réunirent plus jusqu'en 1681, moment où l'imminence des périls courus força les Réformés de revenir à une institution déjà frappée d'impuissance, incapable désormais de donner quelque unité aux colloques dont elle était longtemps demeurée le lien et le régulateur légitime.

L'œuvre n'eût pas été complète si elle n'eût compris les pouvoirs financiers des diverses assemblées protestantes. Pour les consistoires, on a vu les restrictions apportées à leur droit de recueillir les legs faits par les fidèles de leur confession en faveur de leurs hôpitaux et de leurs écoles. Le principe est pourtant discuté encore par Daguesseau, en 1682, et résolu dans le sens le plus favorable aux fondations réformées, ainsi qu'on le verra plus bas; aussi l'intendant cherchera-t-il un biais pour tourner la légalité. Mais les legs directs aux consistoires sont condamnés, dès 1664, sur une espèce languedocienne[2]. Le testament du sieur de Portes, léguant toute sa fortune au consistoire de Béziers, avait été cassé; car les consistoires étaient *incertae personae*, n'avaient pas reçu du roi la qualité nécessaire pour hériter[3]. A ce compte, nul corps en France, pas même l'Église, n'eût

1. *P. justif.*, n° 38, et note 2.
2. Arrêt du Conseil du 17 juin 1664.
3. Cf. P. DE FÉLICE, *loc. cit.*

pu avoir qualité d'héritier, sauf désignation expresse et nominative du roi. Mais là se reconnaît, sous l'inspiration du syndic du clergé de Béziers et celle de Bezons, la doctrine opposée déjà aux « pauvres des Prétendus Réformés » qui ne forment pas non plus un corps reconnu, à leurs hôpitaux, à leurs écoles. Elle paraît avoir, depuis 1661, gardé force de loi usuelle et permanente.

Il n'en était pas de même, semble-t-il, des nombreux arrêts qui avaient modifié la disposition libérale contenue en l'article 43 des *particuliers* de l'Édit de Nantes, permettant aux Réformés de s'assembler par-devant un juge royal pour assurer la répartition sur les fidèles des « frais de leurs « synodes et entretenement de ceux qui ont charges pour « l'exercice de leur religion. » D'abord, on gêne, puis on interdit les réunions préparatoires de « notables ou députés » qui précèdent les assemblées régulières. C'est l'objet de l'ordonnance de Bezons, en 1661, citée plus haut. La pratique, jugée sans doute peu dangereuse, n'en cessa pas, puisque Daguesseau intervient deux fois, en 1675 et l'année suivante, à propos d'affaires semblables, à Uzès et dans le Vivarais.

Ici l'intendant a pour lui le texte, la lettre des articles supplémentaires de l'Édit, qui ne prévoit de réunions qu'en présence d'un commissaire royal. Il l'a encore de son côté lorsqu'il demande, dans son mémoire de 1679[1], l'envoi au roi ou au chancelier de France, tous les six mois, des sommes réparties dans ces assemblées protestantes, sous la surveillance de ce commissaire qui, de bonne heure (1661), dut être catholique puisque l'Édit ne spécifiait pas sa religion. Pourquoi ces deux dispositions de l'Édit ne sont-elles pas appliquées jusqu'en 1679 ? Pour cette raison que les Réformés ne donnaient plus de craintes sérieuses depuis long-

---

1. *P. justif.*, n° 35.

temps, qu'on leur laissait l'administration des églises qui leur restaient. On ne voulait pas détruire, par une gêne trop étroite, l'initiative qui alimentait des fondations charitables. De Bezons, dès le 3 novembre 1664, s'est, par un arrêt du Conseil applicable au royaume entier, réservé le dépôt et l'examen de ces comptes pour les dix dernières années, avec la mission de les adresser au chancelier. Pareille mesure est encore édictée en 1670, et Daguesseau se plaint que cet ensemble de précautions n'ait pas été observé. Il ne l'était qu'aux moments où une recrudescence de zèle à la cour, dans les rangs des États provinciaux ou de quelque notable municipalité, forçait la main à l'intendant. C'était, en somme, matière délicate, une propriété privée que ces fonds et ces cotisations levées par les Huguenots sur eux-mêmes pour leur culte en un temps où il n'y avait pas de budget des cultes. Daguesseau n'en obtint pas moins gain de cause au Conseil le 18 novembre 1680, et, dès lors, le contrôle, mieux, l'inquisition la plus intolérante, fut appliquée. Ce qui d'ailleurs gâte le raisonnement du vertueux Daguesseau, c'est qu'il propose la rigueur des mesures comme un prétexte, un expédient de basoche. Et il le dit dans son mémoire. On y peut voir son désir de « trouver dans la discus-
« sion particulière qu'on feroit de ces impositions avant de
« les permettre une infinité d'incidents à former qui contri-
« bueroient encore à la fin qu'on se propose. »

Inspirées de la même ruse sont les remarques qui suivent et témoignent en outre de la connaissance très exacte prise par lui des affaires de sa province. Elles attestent moins de respect pour les libertés garanties aux Réformés par les actes royaux qui les protégeaient. Ce sont encore des moyens de procureur qu'y cherche l'intendant. Il ne craint pas de l'avouer. On changera contre les Huguenots, mais contre eux seulement, les vieux usages de la province en matière de finances. Les tailles royales étant *réelles* en Languedoc, c'est-à-dire levées sur les biens-fonds, les Huguenots y ont adopté ce mode d'imposition pour leurs frais de culte. Pouvaient-ils, d'ailleurs, faire autrement? Il n'y a, pour les gêner, qu'à les contraindre à « la voie des impositions per- « sonnelles qui sera une semence de procès », surchargera, selon les cantons, les pauvres ou les riches, amènera des conversions. Et Daguesseau, pour se donner un prétexte juridique, attribue à l'article 43 des *particuliers* de l'Édit un dispositif qui ne s'y trouve pas. Quelques années auparavant, l'auteur d'un factum contre les Réformés avait tiré avantage de cette forme d'imposition languedocienne pour les soumettre au droit de confrérie. La défense des intérêts orthodoxes ne s'est pas toujours montrée cohérente. Le droit et la morale y ont changé plusieurs fois, avec les incidents de la procédure.

Daguesseau a déjà proposé d'enlever aux Huguenots le privilège que leur donnait la présence d'un commissaire royal à leurs assemblées de répartition financière : « la levée « de leurs cotisations par les consuls ou collecteurs qui font « la levée de la taille..., les consuls et collecteurs se ser- « vant, pour les exiger, des mêmes voies et privilèges qui « sont destinés pour les levées des deniers du Roy. » C'est ce que marquait l'Édit de Nantes en déclarant ces levées exécutoires. On s'était avisé déjà, soit dans les bureaux de l'intendance, soit chez les Réformés, des caractères que pouvait présenter cette pratique, très différents selon qu'ils étaient diversement interprétés. Un arrêt du Conseil l'interdit dès 1663. D'autre part déjà, plusieurs églises calvinistes avaient renoncé à cette facilité administrative qu'elles considéraient comme une faveur dangereuse. Il ne semble pas que satisfaction explicite ait été donnée sur ce point à Daguesseau, lequel restait d'ailleurs toujours libre d'appliquer l'arrêt déjà formulé. La mainmise par le parti catholique sur presque tous les consulats urbains, les gênes policières dont les assemblées de Réformés étaient de plus en plus entourées le rendaient désormais à peu près inutile.

Ces exemples suffisent à montrer quels obstacles étaient opposés à l'entretien d'un service religieux qu'on n'osait encore supprimer, par quels procédés on essayait d'affamer le culte protestant en 1679.

6. LA PROPAGANDE CATHOLIQUE.

D'autres atteintes qu'il recevait depuis longtemps de la propagande catholique, sincèrement exercée par quelques-uns, poussée par d'autres aux excès d'un zèle aveugle, il ne sera parlé ici que fort peu. Il y faudrait une volumineuse étude dont les éléments sont épars dans des archives souvent remuées, inédites encore sur bien des points, et dans les livres et monographies cités déjà. C'est en cette action, favorisée par le pouvoir administratif, sensible surtout dans la violation qu'elle entraîna des droits civils des Réformés, que se marque la puissante organisation de l'Église orthodoxe, gardienne du dogme et responsable, selon sa doctrine, de la vérité, mais qui trop souvent, docile à l'esprit du temps, méconnut sa mission et son caractère en oubliant la tolérance et la charité. Pour l'apprécier en Languedoc, il serait nécessaire d'examiner, avec le rôle de chaque évêque, à la cour et dans son diocèse, celui des curés dans les principales paroisses et surtout l'influence exercée par les missionnaires des ordres religieux qui, dès 1628, s'étaient, sur les instructions de Richelieu et du P. Joseph, installés dans la province ou la traversaient incessamment. Il serait aussi utile de rechercher quelle part l'Église languedocienne, les missions adventices et les États provinciaux ont eue dans l'inspiration et la rédaction des édits qui, d'année en année, multiplient les rigueurs contre les Catholiques convertis à la foi protestante, les auteurs des *subornations* et aussi contre les *relaps*, en attendant la persécution avouée. Il y a là des arrêts, languedociens d'origine, qui ne devront pas plus nous retenir que le détail des procès-verbaux de conversions contenus soit aux fonds des Évêchés, soit aux Archives municipales, en particulier dans celles de Montpellier.

De nombreux exemples de ces dernières ont été donnés, et on connaît l'organisation de la campagne qui, après tout, n'est que la pratique d'une propagande. Si Baville lui-même dut plus tard en contester les résultats moraux, si les moyens en furent condamnables, la faiblesse de ceux qui succombèrent devant leur emploi est, pour le moins, aussi déshonorante. Il faut noter toutefois ce fait qu'une disproportion énorme existe entre le chiffre des conversions obtenues avant 1685, alors qu'agissaient, en certains cas, la persuasion ou, plus souvent, la corruption, et, d'autre part, les abjurations en masse que la terreur précipita d'avril à octobre de cette année. Il convient de rappeler aussi, en passant, que les cinq années antérieures à la Révocation en fournirent une moyenne annuelle beaucoup plus forte que les vingt années précédentes. Par exemple, les mêmes liasses du fonds de l'évêché de Montpellier[1] qui, pour une période de vingt ans (1661-1680), contiennent de soixante-dix à quatre-vingts abjurations, en mentionnent près de soixante de 1681 à 1684, montrent, en 1685, les paroisses entières faisant leur soumission, à côté de professions exigées d'un personnel d'hospices et de prisons.

Une impression identique est donnée par la comparaison entre le registre célèbre conservé aux Archives départementales du Gard spécifiant les résultats obtenus par le système

---

1. *Arch. départ. de l'Hérault*, fonds de l'évêché de Montpellier, G IV⁷, 42, 43. *Nouveaux convertis.* (Répertoire ms. de Thomas.)

de Pélisson¹ et les documents divers qui, dans le même diocèse de Nimes, caractérisent les approches de la Révocation. On sait qu'il en fut à peu près de même partout, dans la France protestante, et pour les mêmes causes. Ces actes d'abjuration fournissent aussi à peu près partout les mêmes renseignements sur les précautions prises pour assurer leur légalité officielle : permission au convertisseur donnée par l'évêque du diocèse ou son mandataire et dûment spécifiée²; présence, vers 1680, parmi les témoins des abjurations notables, de l'intendant, d'autorités ecclésiastiques, administratives ou judiciaires. Beaucoup sont sur papier timbré. Ils instruisent aussi sur l'action respective des divers ordres religieux qui ont travaillé à la propagande, Jésuites, Capucins, Récollets, Pères de la doctrine chrétienne et bien d'autres en mission ou en résidence dans les couvents multipliés en Languedoc depuis le P. Joseph. On ne peut que rappeler ici en bloc ces détails dont beaucoup sont connus et qui, d'ailleurs, sont communs au Languedoc et à d'autres provinces.

Ce qui, dans ce pays, donna à la propagande catholique une part d'originalité, plus d'ensemble peut-être qu'ailleurs, ce fut l'effort des États pour « l'extinction de l'hérésie », le chiffre et la régularité de leurs contributions pécuniaires à cette œuvre.

Leurs sentiments s'étaient marqués par l'épuration de leur personnel, l'appoint financier fourni par eux à la construction d'édifices religieux³. Ils sont encore plus apparents dans l'affirmation de leur foi, les rigueurs sollicitées contre ceux qui la menacent ou refusent de s'y soumettre, les sub-

---

1. *Arch. départ. du Gard*, C, 908.
2. *P. justif.*, nos 5 et 41.
3. Cf. le rapport fait aux États par le syndic Joubert sur le rétablissement du culte catholique dans les Cévennes, en 1661, dans l'*Hist. gén. de Languedoc*, t. XIV, col. 783-785, et *sup.*, p. 68 sqq.

ventions accordées à ceux qui la défendent ou la propagent, les fonds affectés à l'achat des âmes.

Il suffit, pour s'en convaincre, de parcourir les séries parallèles de trois collections laissées par eux : leurs Procès-Verbaux de délibérations, leurs Cahiers de doléances au roi, les Comptes de leur trésorier, « le Trésorier de la Bourse des Etats. »

On a vu qu'ils s'étaient gardés de s'ingérer dans la suppression des exercices du culte réformé et dans la démolition des temples, cas de procédure ecclésiastique, d'exécution administrative. Mais au moment où ces affaires s'engagent, en 1662, ils relient et nouent fortement, sous l'inspiration des prélats qui siègent au milieu d'eux, la double affaire de l'apostasie interdite aux Catholiques sous des sanctions pénales et du retour à la foi calviniste chez les nouveaux convertis, anciens protestants. M. Roschach a marqué avec netteté, en plusieurs passages du tome XIII de l'*Histoire générale de Languedoc*, la dépendance où les évêques tenaient la majorité de l'assemblée provinciale, le *Tiers*, la bourgeoisie et aussi une part des *barons* par les « montres », indemnités de séance, et les gratifications. La *Correspondance administrative sous Louis XIV* et les *Papiers de Colbert* lui donnent raison. Il n'en est pas moins vrai que les consuls du Tiers délégués aux États avaient, pour suivre plus docilement les directions épiscopales, non seulement l'intérêt individuel et passager attaché à leurs émoluments d'une ou deux sessions, mais aussi l'intérêt collectif de corps électoraux, très jaloux de privilèges anciens. Les gens des corporations urbaines et des communautés rurales qui appuient la déclaration de catholicité des États ne touchent pas d'indemnité à l'assemblée provinciale[1]. Ce qui est sûr, c'est que, par intérêt ou par l'effet de cette convic-

1. *P. justif.*, n° 20.

tion irréfléchie que donnent souvent la lutte elle-même et son emportement, les États préparèrent cette étrange atteinte à la liberté de conscience que sanctionneront les arrêts contre les convertis au protestantisme et contre les *relaps*, Protestants retournant à leur foi après l'avoir abjurée. On sait qu'ils n'obtinrent le premier qu'en 1680; le Conseil hésita longtemps à faire de scrupules et de décisions de conscience l'objet d'une loi d'État. Mais le second, qui, selon la remarque d'Élie Benoît, empruntait du haut Moyen-Âge et des conciles de Tolède les rigueurs édictées contre les Juifs, frappa les relaps dès 1663 (avril), fut renouvelé en 1665 en un acte où la peine pécuniaire s'aggrave de bannissement; puis en 1669, et alors s'y ajoutent l'amende honorable et la confiscation du patrimoine.

Ces actes du pouvoir royal portent tous la marque, le plus souvent la mention expresse de l'inspiration venue de Languedoc et aboutissant au triomphe de la trop fameuse doctrine de la *liberté du bien*. Le danger n'y était pas seulement dans l'expression d'un principe qui viole la liberté de conscience; il se révéla tout de suite en procédures suivies d'effet contre les auteurs de *subornations* prouvées ou soupçonnées, en dénonciations, informations. La propagande officielle suppose l'autre, a besoin d'adversaires, d'autant mieux servie, d'ailleurs, que sa campagne mêle aux intérêts de la foi les intérêts, les jalousies ou les rancunes privées.

Quand des édits, en 1664, puis en 1665, paraissent qui lui donnent satisfaction, les États veulent davantage, demandent qu'on défende à tout catholique de changer de religion « sous peine corporelle. » On touchait au *san benito*. Devant les hésitations du Conseil, ses rappels à l'exécution stricte de l'Édit de Nantes, ils reviennent à la charge, ne lâchent pas le morceau, et cela dure jusqu'en 1680[1].

---

1. *P. justif.*, n° 8. Cf. *Arch. départ. de l'Hérault*, C, États,

Dans cette période se placent une foule de procès, celui d'une pauvre femme du lieu de Coux, en Vivarais, Suzanne Garenc. accusée par un P. Récollet de la mission de Privas, d'être relapse, sur une clause de son testament qu'il a surprise ; celui de Vial, ministre de Ganges, et du bourgeois Rieusset, incriminés par le curé de l'endroit, Esprit Marie, d'avoir *suborné* une servante au service de Rieusset depuis vingt ans ; celui d'une femme de Montagnac, dont les frais de prison seront payés par les États pourvu qu'on veuille bien la tenir dedans[1]. Ce fut partout une occasion de zèle, une prime à la délation.

Entre temps, les États ne se privaient pas des procédés qu'ils interdisaient à leurs adversaires, et avaient, depuis longues années, fondé une caisse de conversions. On en retrouve déjà les traces en 1627 et en 1628, au moment où le P. Joseph dirigeait vers le Languedoc ses colonies de missionnaires. Les comptes du trésorier de la Bourse des États pour ces deux années le prouvent, notamment des exemples de libéralités à des ministres, à des étudiants qui abjurent, des fonds alloués aux évêques pour provoquer les conversions. Mais l'institution ne prit tout son développement que vers 1660. Lorsque cette immorale pratique fut suivie plus tard à Paris, elle reçut d'abord d'un des Pénautier les caractères qu'on lui connaît. Il les avait empruntés à l'usage de sa province et de ses parents, qui fournirent aux

---

Proc.-verb., sessions de 1662 à 1665. *Ibid.*, Cah. de dol., même période, spécialement cahier de 1665, art. 3, et tous les cahiers, depuis 1662 jusqu'en 1680. Le cahier de 1662 (art. 2) contient un véritable réquisitoire, non seulement contre les P. R., mais aussi contre les libertins, indication précieuse pour le Conseil. Cf. *ibid.*, Ordonnances et arrêts, t. XII. Arrêt du 17 novembre 1664 contre les subornations de domestiques, particulier au Languedoc, et reproduisant les termes du cahier de doléances des États.

1. *Arch. départ. de l'Hérault*, C, Intend., 162, liasse (1673) ; 163, liasse (1673). — C, États, proc.-verb. de la session 1674-75, fol. 75.

États plusieurs agents financiers. Celui-ci, le Penautier mêlé à l'affaire des *Poisons*, est, à l'occasion de ce procès, énergiquement défendu auprès du roi, du premier président et du procureur général du Parlement de Paris, par l'assemblée provinciale qui atteste « sa probité... droiture et intégrité », parle du désintéressement héréditaire dans sa famille [1]. Ses comptes de trésorier des États, celui des avances qu'il leur fait sous le titre de *comptereau*, comparés avec les registres des délibérations de l'assemblée, éclairent de façon assez nette l'emploi des fonds destinés par elle à la propagande religieuse.

On y voit d'abord que l'organisation de l'œuvre est fort antérieure à celle de Pélisson. La célébrité fâcheuse dont cette dernière est entourée tient à la sanction officielle qu'elle reçut des assemblées du clergé de France et du roi ; elle tient aussi à l'insertion de documents qui s'y rapportent dans les ouvrages d'Élie Benoît, de Jurieu et à l'appréciation qu'en ont donnée divers auteurs du dix-huitième siècle, notamment Rulhière. De nos jours, l'impression laissée par ce trafic des âmes s'est complétée par la publication qu'a faite dans son *Histoire de l'Église de Nimes* le savant historien A. Germain, qui reproduit, d'après les archives du Gard [2], la circulaire de Pélisson aux évêques, destinée à les renseigner sur les conditions de l'œuvre et les précautions à observer. Un mélange de zèle religieux et de méfiance mercantile rend cette pièce curieuse. Elle ne paraît pas avoir choqué la délicatesse de contemporains qui passaient pour de fort honnêtes gens, puisque Daguesseau lui-même

---

1. *Arch. départ. de l'Hérault*, session de nov. 1676-fév. 1677, fol. 2.
2. *Arch. départ. du Gard*, C, 908. A la même cote appartient un modèle de l'état à dresser, par les soins des évêques, des gratifications accordées. C'est à la fois une pièce de statistique et de comptabilité. On y doit spécifier les enfants « qui n'ont pas l'âge voulu » pour l'abjuration personnelle et légale, et dont les parents répondent. Suit le célèbre répertoire des conversions pour le diocèse de Nimes.

propose à Châteauneuf d'en perfectionner les dispositions en les appliquant spécialement aux ministres[1].

Il y a quelques différences entre l'entreprise des États et celle de Pélisson. D'abord les fonds disponibles y sont moins considérables à l'ordinaire. Les États peuvent fournir plus que les administrateurs de la caisse parisienne aux constructions de bâtiments religieux; ce sont les contribuables qui paient sous forme d'impôts indirects. Mais la propagande exercée par les dons et subventions monnayées est limitée. Les fonds en sont faits par l'imposition appelée les frais d'États, qui ne peut annuellement dépasser 75,000 livres et qui doit suffire aussi à beaucoup d'autres crédits. D'ailleurs, les États opèrent sur place, disposent de renseignements sûrs, n'égarent pas leurs allocations. Leur clientèle n'est pas la même que celle de Pélisson : les revenus empruntés à Cluny, à Saint-Germain-des-Prés, à d'autres économats encore et les subventions du roi s'en allaient au paysan, le plus souvent à l'artisan. On en trouvait dont la conscience n'était pas chère (de 6 à 20 livres parfois) et se vendait deux fois plutôt qu'une. C'est même cette fraude que redoute le courtier Pélisson. Les États, eux, subventionnent souvent des gens de qualité, des familles entières, accordent, pendant plusieurs années, de véritables pensions[2]. C'était plus coûteux. On ne s'en tirait guère à moins de 100 livres; parfois, on va à 400, à 600. Ces libéralités tirent d'embarras des gens utiles par leurs relations, de vieilles dames, des gentilshommes ou des magistrats peu fortunés. Aussi sont-elles assez peu nombreuses; mais elles sont régulières,

---

1. *P. justif.*, n° 35.
2. Par exemple, dès 1664, à une damoiselle de Dieu, veuve du sieur de Dieu, nouvelle convertie; depuis 1673, à une famille Rieutor, de Béziers, etc. — Voir la série des liasses et cartons des comptes des trésoriers de la Bourse des États, de 1660 à 1685, aux *Archives départementales de l'Hérault*, C, États.

suivant un progrès constant de 1660 à 1685. Les fonds sont confiés, parfois sans affectation nominative, aux évêques ou aux lieutenants généraux, au secrétaire des États, à un consul, député du Tiers. Jamais il n'y eut tant de pauvres *honteux* (c'est l'expression des documents) à la charge des États. C'est le président, le cardinal de Bonzi, qui est le principal dispensateur de ces grâces. Et par cette action d'un mécanisme étouffé et discret, la propagande exercée par les États se distinguait encore de celle que dirigeait Pélisson. Elle en diffère aussi par un autre caractère. Les sommes affectées à l'entreprise de l'académicien-convertisseur provenant de propriétés ecclésiastiques sont tirées de redevances et de produits attachés à la fortune propre de l'Église. C'est elle, en somme, qui paie les frais de son apostolat. En Languedoc, il en était autrement : ce sont tous les sujets du roi soumis à l'impôt qui soldent la dépense. Et dans les grandes communautés protestantes, comme Nimes, où les hérétiques en fournissent la quote-part la plus forte, il est assez original de les voir payer pour acheter l'abjuration de leurs coreligionnaires. Du moins, leurs troubles de conscience apaisés, les nouveaux convertis avaient-ils la satisfaction de toucher, en qualité de néophytes, plus d'argent qu'ils n'en avaient donné comme contribuables huguenots.

A part ces libéralités, dont les unes sont mentionnées dans les délibérations des États, dont les autres figurent seulement sur le compte des avances faites à l'assemblée par le trésorier de la Bourse, se constate l'emploi régulier, annuel, d'un fonds de 2,000 livres, consacrées, selon une tradition justifiable d'ailleurs par ses sentiments orthodoxes, à des *charités* envers les hospices et les établissements de mission ou d'éducation religieuse. La liste en est déjà constituée en 1660, ne s'enrichit qu'au fur et à mesure des fondations nouvelles. Les allocations d'ancienne date sont insi-

gniflantes[1]. Mais quand des besoins sont signalés, elle
s'augmente bientôt de crédits alloués sur les revenus de
l'*équivalent*, ferme de la province, et transmis, avec la
signature du président des États, à l'adjudicataire de cette
ferme. Par là, les disponibilités ordinaires de l'assemblée
acquièrent une étonnante élasticité. Le détail des reçus an-
nexés aux états des comptables peut instruire sur l'organisation et l'accroissement des institutions de propagande,
montre, par exemple, dès 1662, un *intendant des nouveaux
et nouvelles converties* à Pézenas. En 1661, déjà, l'évêque
d'Agde « ou son grand vicaire », dans le diocèse duquel se
trouvait Pézenas, ont reçu 800 livres pour être distribuées
« comme ils voudront, après que 1,200 livres auront été
« payées comptant aux maisons religieuses de la ville et
« 400 livres aux Cordeliers[2]. » Les totaux s'enflent quand
on approche de 1680. A ce moment, la Propagation de la
Foi de Montpellier coûtait assez cher.

Très cher aussi reviennent les services rémunérés des
gens en place et qui peuvent aider au triomphe de la doctrine, les légistes et les « donneurs d'avis. » A Bernard, le
conseiller au présidial de Béziers, auteur de l'*Explication
de l'Édit*, 1,000 livres en 1664; 500 en 1665, 1666, 1667;
1,000 en 1668; 1,000 encore en 1671. Le personnage était
déjà subventionné par le clergé de France; aussi le voit-on,
en 1675, créancier de la province. Il touche, à la banque du

---

1. Aux Jacobins de l'Inquisition de Toulouse, 20 livres; aux nouvelles converties des Filles de l'Enfance, 30 livres; aux nouvelles
converties des Filles de l'Enfance de Pézenas, 15 livres; aux Pères
Jésuites de la mission d'Uzès, 15 livres; aux missionnaires de Barjac,
10 livres; aux Capucins de Sauve, 10 livres, etc. Mais les Capucins
de Barjac, en une occasion, reçoivent d'un coup 500 livres; les Frères
Prêcheurs de Béziers, 1,800 livres, etc.

2. *Arch. départ. de l'Hérault*, C, États. Comptes du trésorier de la
Bourse, 1661, carton : quittance de Perriquet, grand vicaire d'Agde. —
Cf. *P. justif.*, n° 9.

trésorier de la Bourse, 500 livres pour l'intérêt de 8,000 livres qu'il a placées dans les emprunts de Languedoc, depuis 1672. Tournier, le secrétaire de Bezons, reçoit de 600 à 800 livres chaque année « parce qu'il travaille avec beau-
« coup d'application aux affaires de la religion. » La corruption tenta même de monter jusqu'à l'intendant, jusqu'au représentant direct de Sa Majesté, Daguesseau, qui, du moins, resta les mains pures, refusa un supplément de 3,000 livres ajouté par les États à leur allocation ordinaire :
« Il ne souffrirait jamais que les États ajoutassent quelque
« chose, à son occasion, aux impositions dont cette pro-
« vince est chargée. » L'acte très simple de cet honnête homme étonna les États qui le disent en termes très décents et très nobles d'ailleurs [1]. Ce qu'il n'avait pas souffert pour lui, il dut l'accepter pour d'autres et surtout pour le succès des pieux desseins que le clergé inspirait, que les États exécutaient. Tel est l'effet de la passion dogmatique. Et c'est ainsi que l'assemblée provinciale put unir contre l'hérésie à la fois les forces administratives et les séductions de l'argent.

1. *Arch. départ. de l'Hérault*, C, États. Proc.-verb., session de novembre 1675-février 1676, fol. 81-82. Le fait est rappelé par le chancelier Daguesseau dans son Discours sur la vie de son père.

CHAPITRE III.

CONDITION ADMINISTRATIVE ET ÉCONOMIQUE DES RÉFORMÉS.

Devant l'hostilité qui se marque par une progression de mesures étroitement combinées, les Réformés de Languedoc ne pouvaient espérer de garanties pour leur condition administrative, judiciaire, économique. Même sous l'ancienne monarchie, les libertés, fondées alors sur des traditions plus que sur des principes, sont dans une dépendance mutuelle. Si un ministre sans passion eût pu concevoir pour des Français qui avaient le tort d'être calvinistes un statut particulier, restrictif de leurs droits civiques et religieux, respectueux des personnes et des intérêts, il eût été bientôt, lui ou son successeur, entraîné par la logique des faits à moins de tolérance encore.

La possession des offices, des charges d'État ne se séparait point, au siècle qui suivit l'Édit de Nantes, de l'adhésion à la confession d'État. Le jugement des conflits d'ordre matériel et concret, l'exercice de métiers, aux yeux des contemporains, impliquaient une foi, et l'Édit, avec ses dispositions libérales, n'y change rien. En fait, ce sont des grâces, et le roi, de qui elles dépendent, est maître de les accorder à des serviteurs qui lui conviennent. Catholique, il ne saurait les conférer à des hérétiques. Cette doctrine, on le verra, est encore celle d'esprits éclairés et qui passent pour équitables, comme Daguesseau.

Moins que son prédécesseur il croyait au danger créé à

l'autorité de son maître par « ce petit troupeau, qui, selon « le mot prêté à Mazarin, paissait, à l'écart, de mauvaises « herbes, mais paisiblement. » Seulement, il y avait déjà une maxime admise. De Bezons l'a dit un jour aux Etats : « Messieurs, c'est une alliance juste et nécessaire que celle « de la religion et de la politique; ce sont les deux prin- « cipes qui établissent la grandeur du souverain, la félicité « des peuples et le bonheur des hommes particuliers[1]. » On ne pensait et on ne pensera pas autrement autour de lui, après lui. Les intendants, représentants de l'État, n'eurent pas pour excuse à leurs maximes et à leur pratique la seule raison d'État, mais aussi leur orthodoxie. On en peut dire autant de l'assemblée provinciale, du corps des évêques, des corps judiciaires de la province, des municipalités de villes, avec cette réserve que leur action admit, à côté de leur foi, des intérêts plus immédiats et des inspirations moins hautes.

1. LES OFFICES.

On les reconnaît aisément, même dans l'exposé des motifs que les doléances des États, les arrêts du Parlement toulousain, les suppliques des corporations mettent à l'appui de leurs demandes ou de leurs décisions. On veut que le pouvoir souverain dépouille les Réformés des offices dont ils sont pourvus ou leur interdise l'acquisition de charges nouvelles. Ces formules sont, en général, d'une naïve franchise, leurs auteurs comptant sur de puissantes complicités[2]. Le détail n'en est pas plus original en Languedoc qu'ailleurs. Il suffit de mentionner les vœux réguliers, consignés dans

---

1. *Arch. départ. de l'Hérault.* C, Etats. Proc.-verb., session de 1671-72, fol. 2.
2. *P. justif.*, n° 2. Cf. *Arch. départ. de l'Hérault*, les Proc.-verb. des Etats, et, dans le dépôt de l'Intendance, les arrêts que contient en particulier la liasse C 159.

les registres de l'assemblée provinciale, les arrêts qui en sont la suite, subsistant encore au dépôt de l'intendance. D'année en année ils enlèvent aux Réformés quelque office royal de judicature ou de finances, quelque greffe, quelque situation de commis de fermes ou recettes provinciales ou domaniales, depuis la décision qui, en 1662, frappe d'interdit un notaire protestant de Montpellier pour cause d'hérésie jusqu'à celles qui atteignent des procureurs à Castres, à Nimes, à Villeneuve-de-Berc; des conseillers de la Cour languedocienne des Aides et Comptes ou de simples greffiers d'arbitrage, en 1676. Trois ans après, malgré sa résolution de bien servir le roi, Daguesseau se trouve embarrassé. On lui demande de provoquer la révocation de cinq procureurs protestants de la sénéchaussée de Montpellier. « Si l'on ne considérait que la justice en cette occasion, sans
« aucune vue de religion, écrit-il au Conseil, il y aurait
« lieu de les maintenir... Si, au contraire, on ne regardait
« que le bien de la religion, il semble qu'il serait nécessaire
« de les supprimer tous... Mais comme le zèle de la religion
« ne doit pas aller jusqu'à l'injustice... tout ce qui peut se
« faire en cette occasion est de presser tous ces procureurs,
« et de leur faire craindre la perte de leurs offices... Nous
« espérons qu'on pourra parvenir à cette fin en ordonnant
« qu'il sera fait un nouvel état de réduction des procureurs
« du sénéchal et autres juridictions ordinaires de la ville de
« Montpellier [1]. » Daguesseau devait avoir moins de scrupules en 1682, les instances se faisant plus pressantes et les ordres plus précis [2].

Le Conseil avait hésité pourtant, détaillant les prébendes réclamées, cédant les charges une à une, pendant vingt ans. Longtemps il lui arrive de répondre évasivement aux

---

1. El. Benoit, *Hist. de l'Éd.*, T. V, P. justif. xcviii, pp. 114-115.
2. *P. justif.*, n° 45.

Cahiers des Etats trop exigeants, aux appétits des « donneurs d'avis » : non par respect de la propriété privée qu'étaient alors ces offices transmis ou achetés, mais par crainte d'avilir ce qui avait été une denrée d'Etat, pouvait le redevenir, et dont la valeur, en tous cas, fixait le prix de nouvelles créations. Les capitaux huguenots faisaient monter les enchères. Il était imprudent de les décourager.

2. LA CHAMBRE DE L'ÉDIT.

Peu soucieux, à la fin, de ces droits personnels, le Conseil, de bonne heure, avait supprimé les garanties générales de justice qui les protégeaient comme le reste des intérêts protestants. En Languedoc, ce serait une histoire bien curieuse que le détail des attaques sous lesquelles succomba la juridiction mi-partie de juges catholiques et protestants, établie pour l'instruction et le jugement des causes plaidées entre Réformés ou gens des deux confessions, la Chambre de l'Edit de Castres, puis de Castelnaudary [1].

C'était, de sa nature, une juridiction d'exception. Elles sont toujours dangereuses. Mais un Etat capable d'assurer l'impartialité juridique à divers partis politiques ou confessionnels peut seul se les interdire. C'est ce modèle de gouvernement qu'Henri IV entrevoyait lorsqu'il admit, dans les articles de l'Edit de Nantes réglant l'organisation et la compétence des Chambres mi-parties, la clause si bien exploitée plus tard : « Que lesdites Chambres de Castres et « Bordeaux soient réunies et incorporées en iceux Parle-

---

1. Voir, pour la composition, la compétence et l'histoire interne de ce tribunal, outre les sources principales de l'histoire du pays de Languedoc aux seizième et dix-septième siècles, CAMBON DE LAVALETTE, *La Chambre de l'Edit de Languedoc*. Paris, Sandoz et Fischbacher, 1872.

« mens, en la mesme forme que les autres, quand besoin
« sera, et que les causes qui nous ont meu d'en faire l'esta-
« blissement cesseront et n'auront plus lieu entre nos su-
« jets » (art. 36). Cette concession à l'espoir d'une réunion
entre les deux confessions et d'une « justice rendue et ad-
« ministrée sans aucune suspicion, haine ou faveur » était
loin de devenir légitime au moment où fut supprimée,
après avoir été mutilée dans ses attributions et transférée, la
Chambre de l'Édit de Languedoc (1679).

Jamais ce tribunal ne parut plus nécessaire qu'en ce
temps où tombaient une à une les dernières protections des
Réformés. Il l'était toujours demeuré, fort antérieur, par sa
date de création, à l'Edit de Nantes et destiné, même dans
l'esprit de rois ennemis de la Réforme, à prévenir les effets
d'une alliance conclue de bonne heure entre les Parlements
et les Ligueurs; à garantir la minorité protestante contre les
préventions des Parlementaires, exclusives d'une impartiale
administration de justice[1].

Il était naturel que le Parlement de Toulouse combattît
âprement en Languedoc cette institution où il voyait une
atteinte permanente à ses attributions et prérogatives. Il
l'était moins pour les Etats provinciaux de s'entendre avec
la vieille compagnie qui les avait constamment poursuivis
de sa jalouse hostilité. La conspiration des intérêts privés et
du zèle orthodoxe qui se marque en tous leurs actes opéra
cette alliance. C'est au nom des droits du Parlement que
l'assemblée provinciale poursuit la Chambre de l'Edit depuis 1652 jusqu'en 1679, avec une suite et un acharnement
qui ne se démentiront pas. Il n'est pas, dans cette longue
période, une seule des sessions tenues par les gens des trois
Etats, un seul des cahiers de doléances présentés par eux
qui ne contienne l'expression de cette haine éclairée et obs-

---

1. *P. justif.*, n° 18.

tinée. Et on n'y trouve pas que le désir de ramener tous les sujets du roi à une confession commune; leur effort en aurait gardé une certaine noblesse de caractère. Derrière les articles des cahiers apparaissent, dans les délibérations qu'ils résument, les minces conflits, les petites convoitises, le souci d'une juridiction à coup sûr favorable en de mesquins procès, la figure avide du praticien pressé d'étouffer d'abord la concurrence. Le Conseil royal, sous la signature du roi, répond d'abord avec froideur. Il devine ou il est instruit, renvoie, pendant dix ans, à l'exécution de l'Edit, sans tout à fait décourager les instances. « Sa Majesté y pour« voira quand elle jugera à propos », dit la réponse au cahier de 1663. Puis il communique la demande à la Chambre incriminée, consulte là-dessus les officiers qui la composent (1664-66), reprend la même politique d'atermoiements jusqu'en 1670. A ce moment, la Chambre est transportée à Castelnaudary, ville petite, toute catholique, où les magistrats seront soustraits à l'influence du milieu protestant de Castres, et, l'année suivante, le roi fait remarquer l'importance de la mesure. Pour le reste, la suppression, on verra. Les Etats avaient auparavant appuyé leur demande d'un de ces mémoires qu'ils employaient souvent dans la poursuite des affaires importantes. Celui de 1668 reprend contre la Chambre de Castres les vieux arguments capables, pensaient les rédacteurs, de toucher le plus vivement Sa Majesté : c'est moins contre les Protestants que contre les *libertins* et les *factieux* affiliés à leur secte qu'on implore l'exécution de la promesse faite dans l'Edit de Nantes lui-même, la suppression des juridictions mi-parties. Et quel moment plus favorable à un si grand roi qu'un « temps où tous ses voisins n'ont ny
« le pouvoir ny la hardiesse de faire espérer aucune assis« tance aux Huguenots qui d'eux mesmes sont dans la der« nière foiblesse, et les plus sensez d'entre eux ne deman« dent qu'un prétexte de quitter cette secte qui ne leur pro-

« duit plus les avantages qu'elle faisoit autrefois[1]. » La dernière raison est à noter. C'est peut-être celle que le roi prit pour une réalité dix-sept ans plus tard. On la lui avait présentée sous tant de formes !

Malgré la perfidie des arguments on n'avait obtenu qu'une demi-satisfaction. En 1672, les Etats se découragent, remarquent qu'ils se répètent. En vain, le roi répond à la demande réitérée : « Quand ce sera utile. » En 1674, ils se lamentent. Même réponse[2]. On était en pleine guerre de Hollande. Le triomphe de Nimègue amena le résultat si désiré. Alors le souverain est remercié avec effusion, et Daguesseau ne manque pas, en signalant tout le prix de cette grâce qu'il présente, d'ailleurs, avec convenance, de rappeler aux Etats qu'ils « en ont été les principaux solliciteurs[3]. »

Quand les Chambres de l'Édit furent supprimées, celle de Languedoc ne jugeait déjà plus grand'chose. Elle restait seulement comme le témoin d'une antique velléité de justice et une garantie nominale de droits de plus en plus restreints. Son opposition, en formes légales, retardait parfois sur quelques points particuliers, en imposant l'appel devant le Conseil royal, la persécution commençante. Sa compétence n'avait, depuis longtemps, cessé d'être diminuée. Dès 1654 lui sont soustraites les affaires qui concernent l'Etat, vague formule où il était facile de comprendre celles de ses attributions qui gênaient les présidiaux et autres juridictions, à quoi ne manquent pas les Etats deux ans après[4].

---

1. *Bibl. Nat.*, fonds franç. 15832, fol. 162-163 (août 1668).
2. *P. justif.*, n° 31.
3. *P. justif.*, n° 37. Ce fragment du discours de Daguesseau a été déjà imprimé dans l'*Histoire générale de Languedoc*, t. XIII, p. 520, note 1. On l'a donné aux pièces justificatives en raison de l'état d'esprit qu'il marque et de la dernière affirmation de l'intendant.
4. *Arch. départ. de l'Hérault*, C, Etats, Cah. de dol., 1656, art. 2, sur l'autorité méconnue du présidial de Nimes.

« La déclaration du 16 décembre 1656 enleva aux Chambres
« de l'Edit la connaissance de la transgression des fêtes de
« l'Eglise catholique commise par les Réformés et l'attri-
« bua aux Parlements. L'arrêt du Conseil du 17 novem-
« bre 1661 enleva encore aux Chambres les affaires des
« communautés, quoique la majorité des habitants fût ré-
« formée; il posa en principe que toute communauté en
« France devait être réputée catholique. Enfin, la déclara-
« tion du 2 avril 1666 enleva aux Chambres les affaires des
« relaps, apostats et blasphémateurs contre les mystères de
« la religion romaine[1]. » La variété des arrêts rendus en
1667 par la Cour des Grands Jours de Nîmes montre assez
le compte que l'on tenait déjà des attributions de la Chambre de Castres[2]. Avec quelque bonne volonté qui ne man-
quait jamais de la part du Conseil royal, on avait déjà non
seulement démembré, mais annulé sa juridiction.

Et cependant les vrais héritiers n'en furent ni les tribunaux orthodoxes de la province, tels que les présidiaux, ni
même le Parlement de Toulouse, mais plutôt les délégués
directs du roi, les commissaires exécuteurs de l'Edit, surtout l'intendant. On a vu l'œuvre des premiers, où Elie Benoît signale avec raison l'imprudence du parti protestant
qui avait demandé leur intervention dès 1656, sans prévoir
que leurs attributions seraient autant de brèches faites à la
compétence de sa juridiction protectrice. Mais c'est à l'intendant que va profiter leur indépendance d'action. En dé-
truisant une justice exceptionnelle dont les édits de garantie
avaient fait pour les causes des Réformés une institution
permanente et régulière, le roi trouvait le moyen de rester
fidèle aux traditions monarchiques et ne la remplaçait que

---

1. CAMBON DE LAVALETTE, *La Chambre de l'Edit de Languedoc*,
p. 153.
2. *P. justif.*, n° 23.

par les pouvoirs exceptionnels d'agents investis de sa confiance directe. C'est le caractère général des mesures administratives prises à l'égard des Réformés. Ils n'eurent jamais, surtout après la suppression de leurs tribunaux spéciaux, qu'une justice d'exception devenue l'instrument de l'autorité royale.

Daguesseau, comme de Bezons, et Baville après eux jugent les causes protestantes par délégation du roi, assistés de tels membres de présidial qu'il leur plaira de choisir. Ce mandat, d'abord occasionnel, comme il se voit aux affaires du Vivarais en 1668 et en 1670, devient de plus en plus fréquent vers 1680. Ce sera la règle après cette date[1]. L'intendant, après avoir instruit et jugé en qualité de commissaire de l'Édit, sans autre appel au-dessus de lui que le Conseil royal, instruira et jugera bientôt, de par sa simple qualité d'intendant, et sans appel, les procès où seront impliqués les Réformés pour contravention aux ordonnances royales. La police, comprise dans les attributions de l'intendant, remplacera la justice. Elle est plus expéditive, pas toujours plus aveugle ; mais, plus dangereuse à ces prévenus de délits de croyance, elle empruntera aux circonstances, au caractère du fonctionnaire qui en détient l'exercice une redoutable rigueur. Ce fut le régime ordinaire des Réformés après 1680. Une fois de plus, les atteintes portées aux garanties de leur condition administrative et judiciaire, comme à leur statut civique et religieux, servaient ce que le jurisconsulte

1. *Arch. départ. de l'Hérault*, C, Etats. Cah. de dol., 1669. Réponse du roi à l'art. 4 et mandement à de Bezons au sujet des officiers des présidiaux de Nîmes et du Vivarais. — C, Intend., 162, liasse. Instructions, par les délégués de Bezons, de l'affaire Roure et adhérents (soulèvements contre les agents du fisc), juillet-août 1670. — 150, liasse. Arrêt du 8 mai 1679 donnant à Daguesseau l'instruction et le jugement « sans appel, avec tel présidial qu'il voudra, des attroupemens » dans le Velai, le Vivarais et les montagnes des Boutières.

Lebret appelait déjà, cinquante ans auparavant, la *Souveraineté du Roy*.

3. CONDITION ÉCONOMIQUE DES RÉFORMÉS.

Exclus des charges municipales comme des assemblées provinciales, en même temps qu'ils perdaient, pièce à pièce, la pratique de leur culte, les Réformés voyaient se fermer devant eux, l'une après l'autre, les carrières administratives et judiciaires. Leur restait-il au moins un champ d'activité où le labeur pour la vie matérielle leur fût permis? Avec les professions libérales, il semble que la culture du sol, l'industrie, les métiers manuels et le commerce dussent leur demeurer libres. Ils auraient ainsi formé, — beaucoup d'entre eux semblent s'y être résignés de bonne heure, — une sorte de colonie productrice dans l'Etat hostile. Ecartés des fonctions et des offices, ils s'étaient réfugiés dans le domaine économique.

En Languedoc ils avaient compté pour une part notable dans les 76,000 artisans et les 91,000 laboureurs que Basville mentionne, en 1698, dans son mémoire. Encore ce chiffre total où entrent les Nouveaux Convertis est-il, à coup sûr, inférieur à celui qu'aurait donné un recensement fait avant l'émigration protestante qui précéda et suivit la Révocation. Le rapport fait par Bezons vers 1665, incomplet d'ailleurs, ne peut renseigner sur ce point. Il instruit du moins sur les déchets de la population réformée subis pendant l'intervalle de vingt ans qui sépare la date de ce document et celle de la Révocation[1]. De ce moment au mois de juin 1685, la seule ville de Montpellier a perdu plus de quinze cents Religionnaires[2], et ce total est loin de se retrou-

---

1. *P. justif.*, n° 19.
2. D'AIGREFEUILLE, *Hist. de Montpellier*, t. IV, P. justif. (d'après

ver même dans la liste des nouveaux convertis relevée par les agents de Daguesseau le 12 septembre, alors que s'opèrent les conversions en masse, et qui ne renferme pas cinq cents noms[1]. « Ils sont déjà passés plus de trente mille âmes », écrit de Genève, à la date du 22 octobre 1685, un réfugié originaire de Sommières, qui vient de gagner périlleusement la Suisse, « la terre de Canaan », par un itinéraire compliqué à travers l'Auvergne, le Forez et la Franche-Comté[2]. Forcément incomplètes sont les listes d'émigrés données par les intendants aux moments prochains de la Révocation. Il y eut même, dans l'enthousiasme du succès, à la fin de l'année 1685, de telles fantaisies d'évaluation que Baville, c'est un fait connu, porta en compte quarante mille Nouveaux Convertis de plus que son prédécesseur n'avait signalé de Religionnaires. Malgré les soins apportés par divers auteurs dans le *Bulletin de la Société du protestantisme français,* par MM. Weiss et de Schickler dans leurs savants ouvrages[3], la statistique de l'émigration reste approximative; elle le reste pour le Languedoc comme pour le demeurant de la France, et le chiffre de la population réformée antérieur à cette date n'est pas mieux fixé. Une source qui serait importante si les éléments s'en étaient partout conservés, si d'autre part elle était exacte et sincère, serait ouverte aux recherches par les questionnaires imprimés envoyés aux curés dans les diocèses[4]. Malheureusement,

---

un document subsistant encore aux *Arch. municip. de Montpellier*, GG, Réformés).
1. *Arch. municip. de Montpellier*, GG, Réformés.
2. *Arch. départ. de l'Hérault*, C. Intend., 163, liasse.
3. Ch. Weiss, *Histoire des réfugiés protestants de France depuis la Révocation de l'Edit de Nantes jusqu'à nos jours*. Paris, 1853, 2 vol. in-8°. — Baron de Schickler, *les Églises du Refuge en Angleterre*. Paris, Fischbacher, 3 vol. in-8°. Art. *Refuge* dans l'*Encyclopédie des sciences religieuses*.
4. *Arch. départ. de l'Hérault*, fonds de l'évêché, G IV 15, pour l'évêché de Montpellier, 1684.

là encore subsiste une incertitude. Les curés, vicaires, desservants ne répondent pas toujours avec précision, dissimulent parfois le nombre des hérétiques, tandis qu'ils font ressortir le chiffre des conversions. Une comparaison avec des documents administratifs, tels que la liste des Religionnaires établie par les soins de Bezons, si incomplète qu'elle soit, le prouve. Et d'ailleurs ces statistiques fragmentaires et mal établies ne donnent guère, pour les Religionnaires qu'elles signalent, le relevé des métiers. On pourrait avoir sur ce point quelques données de plus par le dépouillement total des registres paroissiaux des deux confessions, là où ils subsistent, là surtout où ils sont complets. Les indications d'ensemble sur les professions des Réformés sont aussi incertaines que les données permettant d'évaluer le chiffre de leurs exilés.

Du moins les statistiques publiées suffisent-elles à prouver leur penchant, très naturel, d'ailleurs, et même forcé vers le travail agricole ou industriel et le négoce. Leur initiative, arrêtée sur d'autres points, s'échappait de ce côté. On sait que Colbert s'en était avisé. Préférant aux fonctionnaires les artisans de richesse nationale, il s'efforça de protéger, autant qu'il était en son pouvoir, l'activité religionnaire. Les Réformés ne l'ignoraient pas; c'est la raison qui, dans leurs litiges avec leurs adversaires confessionnels, leur faisait préférer à la juridiction des Parlements, notamment à celle du Parlement de Toulouse, toujours animé par le zèle d'une orthodoxie redoutable, celle de l'intendant. Ils savaient que la question, sur le rapport de l'intendant, serait débattue en Conseil et que, là, l'influence du grand ministre s'exercerait. Elle fut impuissante à les couvrir jusqu'au bout. Quelques-unes des atteintes les plus graves à leurs intérêts, si respectables parussent-ils au ministre, ont précédé sa mort.

C'est qu'il y avait à cette œuvre de ruine une impulsion

qu'il ne pouvait vaincre. On ne limite pas les dommages de l'intolérance. La propagande orthodoxe ne fut pas, dès le début, dirigée à dessein par le clergé contre l'ouvrier ou le négociant religionnaires. Son assemblée de 1660-61 ne parle pas de lui. Elle n'attaque pas non plus chez les Protestants l'exercice des professions libérales, mais elle a donné des formules de procédure et de persécution. Les intérêts privés et corporatifs se chargeront de les étendre à leur domaine propre, feront d'une profession de foi un instrument de concurrence économique.

Ici encore et plus qu'ailleurs, la poussée vint d'en bas, des communautés, de leurs représentants dans les Etats provinciaux, puis des agents trop zélés du clergé. Enfin, les évêques de la province y virent une arme contre l'hérésie et l'employèrent.

Les effets de l'attaque furent plus ou moins rapides selon les milieux. Ils ne peuvent aboutir d'abord que là où le travail a reçu une organisation corporative. Le paysan n'a pas besoin de privilèges pour produire son blé, son huile, son vin, ses bois ou sa soie, vendre la laine de ses moutons. Aussi les cultivateurs épars sur les pentes cévenoles ou plus denses aux plaines du littoral n'ont-ils pu tout d'abord être atteints dans leurs intérêts matériels. On ne pouvait changer, pour les réduire, les conditions de la culture et des marchés. Gênés par la répartition des impôts dans leur paroisse, quand ils furent chassés des conseils de ville, les Protestants ruraux continuèrent pourtant à vivre selon la tradition locale, se laissèrent même, pour la plupart, gagner par un orage qu'ils crurent passager. On n'a qu'à voir sur cette opinion certains endroits des « Plaintes des Protestants de France » de Claude et de la Dernière Requête rédigée par lui. Le plus grand nombre d'entre eux, attaché au sol, sans avances pour une émigration coûteuse, fournira le plus fort contingent à l'abjuration forcée. Ils ne se soulèveront, sur un point du territoire, qu'au moment où leur sera fermé l'asile de la conscience individuelle et des libertés civiles; quand ils verront aussi des portions de leurs biens de famille, la portion des émigrants passer en des mains étrangères ou qu'ils jugeront impures; le champ héréditaire, la vigne, le pré, le bois d'oliviers profiter aux agents d'une régie, aux acquéreurs de terres que l'arbitraire administratif a rendues vacantes, aux parents déloyaux qu'une orthodoxie intéressée a institués héritiers des martyrs et des fugitifs. Et ce sera alors le soulèvement instinctif des laboureurs et des petits artisans dans les Cévennes, la guerre camisarde.

Chez eux, dans leurs communautés rurales, l'industrie et le commerce rudimentaires, les métiers de charron ou de cordonnier, de *mangonnier* ou épicier ne sont pas organisés en corporations. Quand on essaya d'appliquer aux communautés rurales les règlements corporatifs pour y attaquer le travail et le négoce des Huguenots, des protestations, vaines d'ailleurs, s'élevèrent; mais ils ne furent atteints que fort tard.

Déjà, dans les villes pourvues du régime corporatif, la question économique avait pris une autre face. Et c'est ce qui explique, d'une part, le nombre des émigrants plus fort dans les laborieuses villes de Nimes, Montpellier, Castres et les bourgs industriels échelonnés le long du Tarn, de l'Hérault, de l'Orb, du Vidourle, du Gard et des affluents rhodaniens; d'autre part, le phénomène des conversions par groupes de plus en plus compactes dans ces grandes communautés, à mesure qu'on approche de 1685. Il y fallait être orthodoxe, si l'on ne pouvait fuir, pour ne pas y mourir de faim.

La rivalité économique entre les deux confessions se révèle de bonne heure, bien avant l'écrasement de l'une d'elles, et, tout de suite, les Etats de la province s'en mêlent. A Nimes, où la fabrication des draps et des tissus de soie est

une industrie protestante, les maîtres tisserands huguenots se sont défendus contre les attaques, ont pourvu aux besoins de leurs coreligionnaires, attirés en nombre dans leur ville par l'abondance du travail et la hausse des salaires, en les recevant de préférence dans leurs ateliers, en fermant leurs portes aux Catholiques[1]. Une de leurs raisons, et juste, est que l'apprentissage solide du métier qui est, par certains côtés, un art, se rencontre, le plus souvent traditionnel, chez eux. C'est le fond d'une réclamation de l'assemblée provinciale qui veut que le roi enjoigne « aux artisans de Nismes
« et à ceux des autres villes et lieux de ladite province de
« loger, en payant les loyers des maisons, ses sujetz ca-
« tholiques et de les faire travailler à leur mestier, à peine
« de punition corporelle[2]. » Le Conseil se refuse à intervenir de façon aussi décisive dans cette question économique et confessionnelle qui ne devait avoir sa solution qu'en 1683. Et l'on voit alors que les industriels protestants employaient encore à ce moment beaucoup d'ouvriers catholiques. Il renvoie l'affaire aux commissaires de l'Edit qui ne la terminent point, la font traîner en longueur. L'industrie nimoise était trop puissante pour qu'on pût, de propos délibéré, en compromettre la production.

Il restait pourtant un moyen de restreindre en détail l'activité des Réformés : resserrer contre eux les statuts des corporations, les rendre inabordables par la pratique confessionnelle. C'était aisé, les corporations de petits métiers étant d'anciennes et même actuelles confréries, de caractère religieux. Il suffisait d'y faire revivre des coutumes tombées en désuétude ou contestées par les artisans, maîtres ou compagnons de la confession nouvelle. L'intérêt était ici d'accord avec une foi le plus souvent sincère. Et le Conseil

---

1. *P. justif.*, n° 4.
2. *Ibid.*

royal, hésitant pour Nimes, finit par céder, à Montpellier, devant les suggestions et les réclamations en faveur de monopoles confessionnels. L'arrêt du 9 août 1661, qui confère aux serruriers, tisserands, *fustaniers* (ouvriers en futaine) le privilège de n'élire que des catholiques aux consulats de leurs métiers respectifs se fonde sur le caractère de confrérie attribué à ces corps d'état. Il invoque expressément l'intervention des députés en cour et la délibération de l'assemblée provinciale qui, dès 1660, avait, en effet, prêté son appui aux prétentions des maîtres catholiques et demandé, contre la Chambre de l'Édit, la décision du Parlement de Toulouse [1]. Le Conseil tranchait ainsi le conflit de juridictions. Sa résolution ne suffit pas aux États qui, deux ans après, ont déjà transporté la procédure sur un terrain plus étroit. A la requête de Jean Laporte et de Jean Chaussac, anciens consuls des tisserands de draps et couvertures de Montpellier, ils veulent imposer aux maîtres protestants le *droit de chapelle*, de *boîte* et de *confrérie*, cotisations personnelles et confessionnelles dont l'Edit de Nantes exemptait les artisans réformés. Les commissaires royaux avaient eu le bon sens de se conformer à l'Édit et de faire droit sur ce point aux réclamations des Religionnaires à Montpellier, Nimes et en d'autres centres industriels de la région [2]. Ils avaient remplacé ces cotisations par des charités envers les pauvres de la corporation. Mais le tenace Parlement de Toulouse avait, dans l'intervalle, condamné les opposants à des amendes. Il s'agissait de les faire payer; c'est une question de principe, et les Etats, pour appuyer contre les artisans

---

1. *Arch. départ. de l'Hérault*, C, Etats, Proc.-verb., sessions d'octobre 1659, janvier 1661.
2. Arr. du Conseil du 5 octobre 1663. Cf. *Bibl. Nat.*, f. franç. 15832, fol. 11 : Ordonnance de Bezons, du 27 avril 1662, en faveur des cordonniers protestants de Nimes. Cf. *ibid.*, plusieurs ordonnances du même genre.

réformés « qui sont riches et soutenus par le Consistoire », leurs adversaires « qui sont cinq ou six et pauvres », réclament avec énergie l'emprisonnement d'un des tisserands condamnés, maître Jean Curran [1].

On voit où en arrivait l'animosité religieuse, doublée de l'esprit de concurrence. D'une question de boutique l'assemblée provinciale faisait une question d'orthodoxie, ne se souvenant plus qu'elle se mettait en contradiction avec elle-même. Il n'y avait pas bien longtemps, en effet, que les Etats s'étaient opposés au système même des maîtrises, moins peut-être par un sentiment éclairé des inconvénients inhérents à l'institution que par l'effet d'une méfiance très justifiée contre la création d'offices nouveaux et coûteux. De 1610 à 1651 elle signalait, à de fréquentes reprises, le danger que créaient à l'industrie les corps de métiers, avec leurs minutieuses prescriptions et leurs privilèges. Un de ses membres témoigne des idées de liberté qui l'animaient, en rappelant la tradition suivie par elle. Il ajoute avec un certain bonheur de langage qui traduit la sincérité et la naïveté du sentiment : « Le travail est ce que Dieu donne « aux pauvres gens pour leur tenir lieu des métairies et des « terres qu'il distribue aux riches. Il est juste qu'ayant peu, « ils l'aient avec liberté et que la profession qui seule les « peut nourrir leur soit ouverte [2]. » Le vieux consul de Nîmes qui parlait ainsi siégeait pourtant dans la session où furent demandées les poursuites contre les maîtres réformés, et justement ce fut à la session suivante que le mémoire écrit par lui reçut de l'assemblée une gratification de 1,500 livres [3].

---

1. *Arch. départ. de l'Hérault*, C, Etats, Proc.-verb., séance du 28 janv., 1664, fol. 68-69.
2. *Ibid.*, DESGUDIER, *Affaires traitées dans les Etats*, ms., art. *Maîtrises*.
3. *Ibid.*, Proc.-verb., session décembre 1664-fév. 1665.

La méthode de restriction au droit déjà si limité de travailler était désormais fondée en faveur du parti dominant. Elle vaincra le bon sens des intendants. Le roi n'en a-t-il pas donné un exemple? Il vient d'exclure sans indemnité les Réformés des maîtrises récemment créées à l'occasion de la naissance du Dauphin et dont ils avaient acheté un grand nombre[1]. Dès lors la progression en est marquée par une série d'iniques et ruineuses mesures. Elle fut à peine retardée par un effort du Conseil vers plus de justice, l'arrêt qui borne aux précédents offices l'interdiction formulée par le roi. Sous la pression des Parlements de Rouen et de Toulouse, sous l'influence des États languedociens qui demandent en termes formels le mi-partiment obligatoire des maîtrises dans toutes les villes huguenotes, la déclaration de 1666 ordonne cette disposition (article 32). Elle ne parut point suffisante à l'assemblée provinciale qui, l'année suivante, exige et obtient, en réponse à un article de son cahier de doléances, la réduction du nombre des Réformés au tiers parmi les membres composant toutes corporations d'arts et métiers, même dans les villes en majorité protestantes, avec le tiers des voix dans les assemblées délibératives[2]. L'arrêt du 24 octobre 1667 qui sanctionne la décision reproduit les considérants employés dans la requête des États[3]. La déclaration générale de 1669 contient encore certains ménagements, les derniers, pour ces situations acquises et payées, essaie de sauvegarder les formes traditionnelles des réceptions et, en quelque mesure, le respect des consciences; elle ne diminue en rien la restriction numérique qui, dans les corps de métiers, favorisait, au détriment des Réformés, la concurrence de leurs adversaires.

1. *Bibl. Nat.*, f. franç. 15 832, fol. 135.
2. *P. justif.*, n° 22.
3. *Arch. départ. de l'Hérault*, C, États (A 1), Rec. des Ordonn. et Arrêts, t. XIII, fol. 42.

Ce n'est pas que le Conseil n'eût été averti. Au moment où s'y préparait la déclaration de 1669 qu'on croyait devoir être inspirée de velléités libérales pour des raisons de politique extérieure et d'intérêt économique, les Réformés avaient attiré l'attention des ministres et du roi sur « la « rigueur des Parlements et juges subalternes qui excluaient les P. R. de tous les arts, de tous les mestiers, de « toutes les professions, rendant leur subsistance impossi« ble dans le royaume. » Ils demandaient, en conséquence, le bénéfice de déclarations solennelles pour « estre receus « sans limitation de nombre à toutes sortes d'arts et mes« tiers, et à tous les droits de fonctions qui en dépendent. » Leurs droits restreints leur sont même contestés; car les arrêts du Conseil qui les sanctionnent ne sont pas obéis, Parlement et juges prétendant s'en tenir aux déclarations. Ils en réclament donc une qui leur permette de gagner leur vie[1]. Ni ces plaintes ne furent écoutées, ni cet espoir réalisé. En vain, quand parut l'acte de 1669, la requête générale des Réformés présentée par Ruvigny signale-t-elle de nouveau le mal, et comment la possession exclusive des consulats et des offices de gardes des métiers par les catholiques ferme la porte des corporations industrielles aux apprentis protestants; comment la réduction des maîtres réformés au tiers de l'effectif total dans chacune d'elles a fait en Languedoc une foule de malheureux. C'était mettre à l'aumône une notable part des habitants de cette province où plusieurs grandes villes étaient en majorité protestantes; c'était placer entre leur conscience et la misère, c'était chasser de leur pays et contraindre à chercher leur pain à l'étranger des gens qui « avaient l'honneur d'être les sujets de Sa Majesté[2]. »

Un synchronisme est ici le plus clair des commentaires.

1. *Bibl. Nat.*, f. franç. 15832, fol. 115. Remontrance au Roi contre certaines dispositions de la déclaration de 1666.
2. *P. justif.*, n° 28.

La déclaration est du 1ᵉʳ février 1669. En août, le roi essaie de fermer sa frontière : l'émigration avait commencé. La requête de Ruvigny ne fut, d'ailleurs, pas admise.

Car, en dépit de sa justice, en dépit de Colbert, le mouvement populaire, fait de fanatisme et de convoitises, était trop fort pour des résistances ou des réserves peu sincères au fond. Sans l'avoir provoqué, le clergé s'y associa, imitant les États provinciaux et les stimulant à son tour. L'intendant lui-même, au détriment des intérêts économiques de la province, ne pouvait refuser plus longtemps sa complicité. C'est de Bezons qui reçoit en 1668 et appuie une demande en exclusion des Réformés de la corporation des maîtres tondeurs de Montpellier, si importante en une région où se traitent les laines des Cévennes[1]; c'est Daguesseau qui accueille une requête sur les maîtres potiers d'étain de la même ville, présentée par le syndic du clergé, à l'effet de chasser du corps de métier les maîtres Pierre Luquet et Guillaume Fraissinet, compagnons P. R. « qui ont donné « chef-d'œuvre et ont boutique, ce qui augmente encore le « nombre des boutiques[2]. »

Encore ne s'agit-il là que de faire exécuter les rigoureux arrêts du Conseil. Mais, le succès encourageant les entreprises, on veut aller plus loin. Par leur cahier de doléances de 1670, les États demandent, à l'exemple du Parlement de Rouen, la réduction au quinzième de la fraction protestante dans les corps de métiers. Mais ils veulent surtout que l'on ferme l'accès des maîtrises aux Réformés dans les villes qui les ont exclus autrefois. C'était un progrès sur les positions

---

1. *Arch. municip. de Montpellier*, GG, Réformés, liasse.
2. *Arch. départ. de l'Hérault*, C, Intend. 102, liasse. Ordonnance Daguesseau du 22 septembre 1679, sur requête du syndic du clergé (du 12 septembre 1675), avec note annexe du même syndic, indiquant l'attitude de l'évêque de Montpellier qui « envoya chez le sʳ juge mage son aumônier pour former opposition. » Évidemment Daguesseau a mis du temps à répondre, mais il a dû répondre.

conquises. Il aboutirait à l'extinction totale des maîtrises protestantes. Le roi ne put encore suivre leur zèle jusqu'à ses excès. La réponse au cahier des Etats et l'arrêt du 25 septembre 1679 maintiennent les règlements précédents, mais accordent à l'assemblée provinciale une partie du vœu formulé : « Ceux de la R. P. R. ne pourront estre receus « ausdits mestiers s'ils n'y ont point esté admis jusqu'à pré-« sent. » Le Parlement de Toulouse et Daguesseau vont bientôt étendre la proscription. Elle gagnera jusqu'aux villages, aux hameaux où nuls corps de métier n'étaient organisés.

Ces corporations dont les membres avaient atelier, étal ou boutique, étaient, en somme, faciles à atteindre, leur labeur étant apparent, de résultats palpables. Plus malaisée à frapper était l'activité des Réformés dans les transactions purement commerciales, les achats et ventes en gros, les placements, les commandites, la banque. Si, par la surveillance exercée sur les minutes des notaires, on pouvait suivre les acquisitions de biens-fonds ou les mouvements de capitaux consolidés, les échanges courants des marchandises et de l'argent échappaient mieux. Les Etats s'en préoccupent encore au sujet des Nouveaux Convertis. Ceux-ci avaient pour eux la sollicitude du pouvoir le plus fort qui fût jamais. Ils étaient néanmoins « persécutés » par leurs créanciers huguenots. C'est la théorie. Elle ne doit pas étonner : il fallait un fondement aux réclamations. Là fut l'occasion d'une atteinte au crédit commercial que, peut-être malgré eux, les intendants, administrateurs d'esprit pratique, durent laisser passer dans les affaires. « M. de Bezons, « intendant et commissaire pour l'exécution de l'Edit de « Nantes, dont le zèle pour la religion a paru avec éclat en « tous les endroits de la province, sera prié de donner advis « au Roy qu'il y a lieu d'accorder aux Nouveaux Convertis « à la foy de Languedoc, persécutés par ceux de la R. P. R.

« qui vont susciter leurs créanciers, un délay convenable
« pour le paiement de leurs dettes. » Ainsi s'expriment les
États dans la session de 1666-67, invoquant un expédient analogue appliqué déjà au pays de Gex [1]. De Bezons s'exécuta.
A ne point suivre l'initiative de l'assemblée, il eût paru
porter obstacle à l'œuvre des conversions. Un arrêt du
Conseil du 16 août 1666 surseoit, pour trois ans, à toutes
poursuites contre les Nouveaux Convertis de la province de
Languedoc de la part de leurs créanciers. Une note de
Rulhière en attribue la responsabilité à de Bezons et à Colbert, auteur du rapport sur l'ordonnance de l'intendant [2]. De
Bezons et Colbert n'avaient voulu qu'exempter les Nouveaux
Convertis de vexations, possibles dans la lutte des partis.
Par l'insistance des États, la précaution prit le caractère
d'une mesure générale et permanente, favorisant le manque
de foi commerciale. En 1668, ce règlement particulier à
deux provinces, le Languedoc et la Guyenne, devint par une
déclaration la loi du royaume entier, et le zèle religieux,
une chicane de mauvais payeur. A la veille et le lendemain
de la Révocation, le roi fut obligé de réprimer cet abus.

La dispense d'obligations civiles : tutelles, curatelles,
séquestres fut, en faveur des Nouveaux Convertis, l'objet
des mêmes instances et des mêmes arrêts sous le même
prétexte : ils étaient « persécutés. » Bien protégés pourtant,
exemptés des dettes contractées par eux envers la communauté religieuse qu'ils venaient d'abandonner, favorisés
dans l'acquittement de leurs dettes privées, comblés de
faveurs de tout genre, ils attirent encore la bienveillance de
l'assemblée provinciale et du roi. Dans sa session de 1676-77,
les États sont heureux d'enregistrer un arrêt « obtenu par
« Mgr l'évêque d'Uzès » défendant à tous officiers de justice

---

1. *Arch. de l'Hérault*, C, États, P. V. 1666-67, fol. 69.
2. *Bibl. Nat.*, f. franç. 7044, fol. 4.

« de nommer aucun des Nouveaux Convertis de la province
« pour séquestres, tuteurs, curateurs et commissaires pen-
« dant trois années du jour de leur conversion, dont Sa
« Majesté les descharge, mesmes ceux qui ont été nommez
« depuis leur conversion » (avant l'arrêt). Les considérants
de cet acte[1] sont curieux, presque plaisants. Ils montrent
un obstiné parti pris de renverser les rôles et de travestir
en victimes les nouveaux adhérents à la foi orthodoxe, dont
les uns, « assujettis par la malice » des Réformés « à diffé-
« rentes poursuites, contraintes et autres procédures, quit-
« tent le pays; les autres gémissent dans des prisons et les
« autres sont si fort accablés par les soins qu'ils sont
« obligez de prendre pour la conservation des choses sé-
« questrées que, ne pouvans vacquer à leurs vacations par-
« ticulières, ils périssent de faim, eux et leurs familles. »
Ainsi, l'émigration, la prison, la mort par la disette sont
l'œuvre du parti vaincu, déjà banni à moitié de la vie nationale. Ce serait d'une ironie supérieure si l'ensemble des
faits était moins triste. Le vrai motif, dans le document,
vient après : « A quoy estant nécessaire de pourvoir et de
« réprimer de bonne heure ces entreprises toutes extraordi-
« naires desdits Protestants et mesmes criminelles puis-
« qu'elles sont contre la charité due au prochain, l'honneur
« de Dieu, et *vont à empescher une infinité de conver-*
« *sions...* » On est averti. La rhétorique larmoyante cachait
une affaire de propagande.

Sans aucun doute, quelques abus avaient pu se produire
dans les communautés protestantes par la passion des magistrats réformés. Mais de ceux-ci le nombre diminuait de
jour en jour. Les faits de ce genre, soigneusement relevés
dans les factums et les requêtes des syndics du clergé, sont

---

1. Arrêt du 9 octobre 1676. El. BENOIT, *Hist. de l'Éd.*, t. IV,
P. justif. (à la date); *Arch. départ. de l'Hérault*, C. États (A 1),
Ordonnances et arrêts, t. XV, rubrique 41.

rares, et le Conseil royal, composé de gens graves, aurait pu se dispenser de donner un tour aussi odieux à la raison du plus fort. Il se peut, après tout, que le rédacteur de cette pièce ait été sincère et le Conseil aussi.

Inquiétée dans ses fonctions officielles, son industrie, son négoce, le placement de ses fonds, la bourgeoisie réformée garde encore un refuge dans les professions qui ne sont pas proprement des charges du roi : celles d'avocat, de médecin, d'apothicaire, de chirurgien et même de maître « en l'art d'écrire. » C'est là que déjà aboutissait souvent et parfois se perdait l'économie du paysan et de l'artisan aisé. Mais une ingénieuse rivalité d'intérêts y avait déjà pourvu. Elle avait opéré sur ces professions, comme sur les métiers, grâce au système corporatif qui régissait la plupart d'entre elles et n'a même pas tout à fait disparu. Si les médecins et les avocats réformés ne sont atteints qu'après 1680, il n'en est pas de même pour les Religionnaires engagés dans des corporations plus étroites. Là, les édits, déclarations, arrêts qui s'appliquent au corps de métier s'adaptent aisément. Quelques-unes ont même subi, avant les confréries d'artisans et de détaillants, les rigueurs des dispositions formulées en haut, suggérées d'en bas. Ni les conseils de ville, ni les syndics du clergé, ni les États ou les intendants n'oublient de les mentionner dans leurs requêtes ou leurs ordonnances restrictives, et le Conseil ne les oublie pas non plus. Déjà les apothicaires sont inquiétés et aussi les malheureux chirurgiens, corporation humble encore, non dégagée de celle des barbiers, très rapprochée par là même du peuple, et dont l'influence était à surveiller en une époque de soupçons toujours en éveil. A Nimes, dès 1663, on a obligé les Religionnaires de cette profession à payer les droits de confrérie. En 1668, un arrêt du Conseil porte « qu'il ne pourra y avoir dans le corps des maîtres chirur-
« giens et dans leurs assemblées que le tiers de ceux de la

« R. P. R. et que la présidence et la place de secrétaire
« dans lesdites assemblées appartiendra aux catholiques. »
La mesure avait été provoquée par une demande des États
provinciaux au sujet des chirurgiens de Castres. L'arrêt
de 1679, commun à toutes les corporations de Languedoc,
confirma ces dispositions[1]. Minimes incidents d'une réaction tracassière qui allait devenir redoutable.

Le moment approchait où les libertés civiles, condition
nécessaire à l'usage des derniers moyens d'activité économique laissés encore aux Réformés, devaient leur être enlevées. Et ce sera l'œuvre des années de violence, de 1680
à 1685, qui complètera l'œuvre des années de longue et minutieuse procédure (1661-1680).

1. *Arch. départ. de l'Hérault*, C, États (A 1); Recueil de déclarations, ordonnances et arrêts, t. XIV, fol. 236-237, arrêt du 1er novembre 1668; t. XV, fol. 58-60, arrêt du 25 septembre 1679.

LA VIOLENCE
(1680-1685)

CHAPITRE UNIQUE.

1. État des réformés en 1680.

A la violence devait aboutir, par une logique inconsciente peut-être au début, la procédure menée avec tant d'application et d'arguties juridiques. Et par le mot de violence on n'entend point ici l'exécution militaire, la dragonnade. Sauf dans l'incident de 1683 qui amena les troupes en Vivarais, avec les excès habituels, Daguesseau sut, jusqu'à son départ de la province, l'épargner aux Réformés de Languedoc. C'est son honneur.

Inutile, aujourd'hui que les preuves sont faites, d'entrer dans cette histoire trempée de sang et trouble d'obscénités qui précéda de quelques mois et suivit pour des années, en Languedoc, la révocation de l'Edit de Nantes. La période des violences y est déjà caractérisée, de 1680 à 1685, par la mise en pratique effective, permanente et générale d'arrêts, d'ordonnances et d'édits qui n'avaient jamais reçu, dans les atteintes qu'ils portaient aux droits des églises et des fidèles, que des applications particulières et temporaires, si nombreuses fussent-elles, parfois tempérées par le respect d'usages établis, de traditions acceptées, le souvenir du bien accompli, surtout le sens et le jugement des intendants. L'interprétation que ces agents de l'autorité royale ont fait prévaloir jusqu'en 1680 est arbitraire et abusive. Encore s'arrête-t-elle devant certains excès de pouvoir et l'évidence de certains droits.

C'est ce que démontre, en 1679, le rapport de Daguesseau envoyé vers le milieu de l'année à Châteauneuf, qui prenait à ce moment des mains de son père la surveillance et la direction des affaires protestantes[1]. Inexpérimenté, le secrétaire d'État, qui resta toujours indécis, se renseigne auprès des intendants. Les indications que lui fournit Daguesseau sur une question précise, les moyens de convertir les pasteurs, ont été appréciées avec pénétration par Rulhière dans son ouvrage célèbre sur les causes de la Révocation. Mais l'écrivain, dont Sainte-Beuve a dit justement qu'il avait su entrevoir les complicités auxiliaires de cet acte, met en relief la portée générale du document qu'il se contente d'analyser en quelques mots. Or, c'est surtout par le détail que le rapport de Daguesseau est précieux pour l'étude du Languedoc protestant en 1679-1680. Il l'est à un autre titre, nous faisant connaître l'auteur et ses principes administratifs, en même temps que les intérêts mis en péril; car il dépasse la portée de la question posée, bien choisie, d'ailleurs. Aux pasteurs ou « ministres de la R. P. R. », selon le seul titre officiel que leur laisse le protocole usité, reste, à ce moment, à peu près l'unique pouvoir dont l'activité garde quelque cohésion aux églises réformées.

Frappés sur une foule de points à la fois, dispersés, les Protestants ne se retrouvaient et ne se comptaient plus

---

1. *P. justif.*, n° 35. Cf. dans les Proc.-verb. des États la délibération qui transfère à Châteauneuf, sur la demande de son père, la pension de 6,000 livres qu'ils servaient à celui-ci.

qu'autour d'eux, en quelques prêches encore tolérés et qu'ils gagnaient parfois par dix lieues de marche, comme il ressort d'une foule de textes. Ces ministres d'un culte déjà fugitif qui desservaient plusieurs églises représentaient, aux yeux de leurs fidèles, l'Eglise elle-même, et leur direction suppléait à l'ancien lien de fédération religieuse rompu désormais. C'est donc leur ministère qu'il importait surtout d'atteindre.

Mais ce soin ne suffisait pas. L'analyse déjà faite de quelques parties du document fourni par Daguesseau le montre. En Languedoc s'était prolongée, jusqu'à la veille même de l'assemblée quinquennale du clergé qui allait s'ouvrir en 1680, une tolérance de fait, locale, exceptionnelle, intermittente, tenant à des difficultés d'exécution plus qu'à des principes.

Ainsi les consistoires, encore respectés, ne mettent pas, pour la plupart, malgré la teneur d'arrêts déjà anciens, les rôles des impositions levées par eux pour les besoins du culte aux mains de l'intendant pour être envoyés au chancelier. Ces fonds sont encore, en bien des endroits, perçus par les consuls et les collecteurs de tailles qui garantissent à cette opération les voies et privilèges en usage pour les rentrées de deniers publics. La doctrine déjà fondée n'est pas partout admise, que les Réformés contribueront, comme membres de la communauté urbaine, aux dépenses de constructions d'églises et maisons presbytérales. Pourquoi cette académie de Puylaurens, « la pépinière de tous les minis-« tres de Languedoc? » Les commissaires de l'Edit (Daguesseau avait succédé en cette qualité à de Bezons) sont « en partage » à son sujet. L'instance est au Conseil qui, « on n'en fait pas de doute sur les mémoires qu'on a vus de l'affaire », la supprimera.

Ainsi Daguesseau propose de rendre effectives les conséquences de mesures déjà prises, en escompte le résultat. Il veut en finir avec ces lenteurs que, sous l'ancien régime, le conflit de juridictions multiples rendait inévitables. Elles en tempéraient l'arbitraire. Elles expliquent des arrêts tels que celui du Parlement de Toulouse condamnant une fois à mort toute la population protestante de Privas. On savait que des décisions semblables restaient sujettes à opposition. Les jugements interlocutoires, suspensifs, étaient très communs. On se risquait donc volontiers à être dès l'abord impitoyable sur les sièges fleurdelisés, ne fût-ce que pour affirmer son autorité. Les intendants, pourvus à propos de pouvoirs exceptionnels, allaient plus vite. La suppression des Chambres mi-parties les y aidait. Ils jugeaient, — ce fut le cas de Daguesseau en plusieurs rencontres, la coutume ordinaire de Baville, — « avec tels membres du prési« dial qu'il leur plaisait de choisir » en matière criminelle. En matière administrative et civile, ils savaient pouvoir compter sur le Conseil royal.

Pousser à leurs conséquences extrêmes les décisions rendues n'était pas le seul service qui leur était demandé. Le mérite d'un intendant, commissaire départi à l'exécution de l'Edit dans les provinces protestantes, sera désormais dans l'invention, la découverte de nouvelles procédures et de délits nouveaux. Il s'agissait, en 1680, de franchir la limite indécise entre la poursuite juridique et la persécution. Daguesseau le comprit, la série de ses mémoires qui ont pu être retrouvés en fait foi. Il s'y essaya, ne put tenir jusqu'au bout son rôle et l'abandonna quand le dénouement imminent du drame lui sembla trop cruel.

2. DAGUESSEAU.

C'était un honnête homme et un esprit sincère. Sa simplicité de manières non jouée, l'austérité de ses mœurs, ses vertus domestiques, la modération de son langage dans les Etats provinciaux, les regrets qu'on y sent percer d'obligations trop rigoureuses, sa conduite en des circonstances où il voulut être impartial ont laissé, même chez ses contemporains religionnaires de Languedoc, quelques illusions sur la bienveillance de ce janséniste d'origine parlementaire devenu administrateur. Les services rendus par lui à la province et à l'Etat sont hors de doute[1]. Son équité à l'égard des Réformés l'est beaucoup moins, non qu'elle fût en lui compromise par des calculs intéressés, mais la valeur intellectuelle et la bonté native du cœur ne protègent pas toujours, aux moments de crise, contre l'entraînement de convictions fortes. Daguesseau ne vit dans les Réformés que des hérétiques et peu à peu des rebelles aux ordres du roi. Il les plaignit et les frappa, sans distinguer assez ce qui lui paraissait légal de ce qui, selon les cas, pouvait être légitime.

Figure de pénombre, peint en pieuse grisaille par son fils le chancelier, un écrivain d'école classique et sentimentale qui semble s'être remémoré en traçant le portrait de son père l'éloge funèbre d'Agricola, il garde encore, de son passage en Languedoc, à travers une persécution religieuse, la sympathie qui s'attache à une bonne volonté impuissante et attendrie.

Ses actes sont là cependant, et quelques-uns de ses mémoires subsistent qui lui restituent plus d'initiative et d'action. Ils font mieux comprendre la portée d'une phrase du chancelier, quand il attribue à son père l'opinion que « le prince étant le maître de ses grâces, il pouvait très « justement ne pas les faire tomber sur ceux qui étaient

---

1. Voir *Hist. gén. de Languedoc*, t. XIII, p. 500, sqq.; 520-512. Les titres qu'il prend ordinairement sont : Henry Daguesseau, chevalier, conseiller du Roy en ses Conseils, maître des requêtes ordinaires de son hostel, président au Grand-Conseil, intendant de justice, police et finances en la province de Languedoc.

« suspects à l'Etat. » Daguesseau dépassa, d'ailleurs, cette maxime monarchique, depuis jacobine. Non seulement il « inspira quelques-unes de ces lois par lesquelles le roi « excluait les protestants des fonctions publiques ou de la « participation de certains privilèges », mais il acheva de ruiner, au mépris de textes légaux, leur liberté économique et civile. Il sut fonder sur des incidents, passibles de répressions individuelles, des restrictions et des destructions générales de culte et d'institutions garanties par les Edits. Et c'est « grand pitié » de voir un honnête homme et un esprit droit s'évertuer, par conscience, à enrichir une casuistique meurtrière.

Il y fut aidé par le Parlement toulousain, à qui, l'œuvre des commissaires de l'Edit terminée, le pouvoir lâcha la bride; par le clergé surtout dont l'inspiration et la direction avaient été permanentes et prépondérantes, mais dont l'activité s'accroît avec le succès à partir de 1680.

3. RÔLE DES ÉTATS EN 1680-82.

Moindre est désormais celle des États provinciaux. Leurs vœux sont près d'être comblés. En juin 1680 est exaucé celui qu'ils formulaient sans se lasser depuis dix-huit ans. Sous peine d'amende honorable et de bannissement, l'abjuration de la foi catholique est défendue par un arrêt qui dépasse leurs prévisions et leur science procédurière. Car ils n'avaient pas songé à demander que la présence d'un néophyte protestant dans un temple fût un argument valable pour l'interdiction du pasteur et du culte réformés dans le lieu où le scandale serait constaté[1]. La décision du Conseil sanctionnait leur solennelle déclaration d'une orthodoxie devenue offensive.

1. *Rec. des Édits, déclarations, arrests du Conseil...* Toulouse, 1715, pp. 31-33.

L'aggravation des peines contre les relaps en 1679 leur est due aussi. Elle complétait la série des mesures prises à la fois contre la liberté de conscience et la propagande protestante. L'interdiction du prêche, lors des visites épiscopales, dans les églises protestantes encore tolérées, leur faisait, la même année, espérer une suppression complète de l'exercice réformé dans les sièges d'évêché. Le roi n'avait-il pas, dans sa réponse à leur cahier de 1678, promis considération à leurs instances?

Débarrassés de la Chambre de l'Édit, ils voyaient les magistrats réformés inquiétés dans leurs offices; les charges de notaires, greffiers, procureurs, interdites aux protestants dans les fiefs religionnaires (1680), en attendant qu'elles leur fussent refusées partout (1682); des successions fructueuses s'ouvrir sur tous les points; le consulat mi-parti supprimé enfin dans des centres importants, tels qu'Anduze (20 novembre 1679). Il ne leur restait plus qu'à chasser les Réformés des métiers, à restreindre encore l'action de leurs pasteurs, à tarir les sources qui alimentaient, malgré tout, la charité hérétique. Ils s'y emploieront; mais, sur ces points, l'activité de l'intendant appuyée par le zèle du Parlement va suffire. Le programme qu'élabore l'assemblée du clergé de 1680 recevra de l'agent royal et de la compagnie judiciaire des applications étendues, des compléments heureux. Les États applaudissent à ces trouvailles, mais, sauf en quelques occasions de détail, ne montrent plus une initiative bien marquée. Ils sont désormais à la suite, encouragent les efforts heureux, n'inspirent plus les principaux et les décisifs.

Il est à noter aussi qu'à part les dispositions pénales sur l'abjuration des catholiques et le crime des relaps, ils n'ont provoqué jusqu'en 1683 aucune de ces rigueurs contre les droits civils des Protestants, qui sont restées le souvenir le plus odieux peut-être de la propagande orthodoxe. On ne trouve pas leur inspiration dans les arrêts célèbres qui fixent d'abord à quatorze, puis à sept ans, l'âge où l'enfant peut, au nom d'une conversion adroitement sollicitée, être soustrait à l'autorité et à l'affection des parents. Ils se contentent de subventionner les maisons où se consomme cette destruction du foyer protestant, et ne chercheront qu'en 1683 les moyens de favoriser l'effet des édits persécuteurs par des atteintes à la liberté testamentaire.

4. MESURES DE RIGUEUR.

Pendant trois ans (1680-83), c'est l'initiative de l'intendant et celle du Parlement toulousain qui se marquent surtout. Alors redouble, pour s'accroître encore, cette « grêle d'arrêts » où, jugement singulier, C. Rousset, l'historien de Louvois, et d'autres après lui, n'ont vu que confusion, incohérence, absence de système. Pour retrouver la logique, en dépit de contradictions de détail fort aisément explicables par l'insuccès de quelques mesures et l'invention d'expédients nouveaux, on n'aurait qu'à prendre une à une les libertés déjà restreintes et à relever les compléments apportés à chacune des restrictions.

On sait que ces arrêts, déclarations, ordonnances sont fort nombreux. Tous ceux qui ont une portée générale, nationale, s'appliquent naturellement au pays de Languedoc. Le décompte en a été souvent fait, n'est pas encore achevé. Il serait oiseux autant que téméraire de l'essayer une fois de plus. On ne retiendra ici que les principaux de ceux qui intéressent spécialement la province languedocienne, les rigueurs dont elle fut l'occasion et le théâtre.

Pour cet objet, les rapports de Daguesseau, qui subsistent en trop petit nombre, fournissent d'utiles indications. Au moment où Marillac et Foucault vont inaugurer les dra-

gonnades en Poitou et en Béarn, l'intendant de Languedoc s'attarde encore à demander à la légalité des armes contre l'hérésie. Ce ne put être pour longtemps. On a déjà vu comment, dans son mémoire de 1679, sur deux questions, celle des impôts et celle des synodes, il avait, d'une part, essayé de mettre les Réformés hors du droit commun aux habitants du Languedoc ; d'autre part, ajouté au texte de l'Édit de Nantes un dispositif qui n'y était pas compris. C'était déjà dépasser la légalité. Il la dépasse encore en forçant ses administrés protestants à fournir leur quote-part d'une dépense contre laquelle les garantissait même la déclaration de 1669 : la contribution aux frais du culte catholique. Se laissant entraîner à l'expression de motifs qu'eût repoussés en d'autres temps son caractère, il ne craint pas d'écrire : « Les Huguenots se trouvant chargés de deux im-
« positions différentes, plusieurs se convertiroient pour ne
« pas payer celle de leur religion. » Il eut, d'ailleurs, gain de cause après avoir fait appuyer son avis par l'assemblée provinciale[1].

Le même excès de zèle emporte cet homme intègre à l'invention de chicanes indignes de lui lorsqu'il s'agit de gêner le recrutement des pasteurs et l'exercice du culte. Qu'il ait, pour les besoins de la propagande, préconisé un système de corruption, on lui passerait cette pratique trop commune alors. Les raisons qu'il donne à cette nécessité, reproduites dans les Mémoires de Noailles avec les observations personnelles du commandant militaire, sont toutes à l'éloge du mérite et de l'activité reconnues au clergé protestant. Ce sont pourtant ces hommes de science et de dévouement qu'il veut prendre par la famine, dont il veut « rendre la condition et la subsistance difficiles », tout « en leur montrant des récompenses et des avantages qui leur seroient acquis » par

1. *P. justif.*, nos 35 et 40.

leur conversion ; dont il veut arrêter la vocation par « un ordre secret d'incidenter sur la forme et la qualité de leurs attestations » d'études ; qu'il veut, enfin, entourer d'un espionnage assidu et environner d'agents chargés de répandre dans leurs rangs la méfiance réciproque et la convoitise. Puis, mis brusquement en face des pénibles incidents de la vie journalière que suscite la partialité trop évidente des pouvoirs publics, le même intendant s'arrête devant une violation scandaleuse de droits respectables. Le 11 août 1680, il écrit de Toulouse aux intempérants consuls de Montpellier sa brève et belle lettre en faveur des pasteurs de cette ville : « Vous sçavez qu'ayant permission d'exercer leur re-
« ligion sous le bénéfice des édicts et déclarations que le
« roy leur a accordés, ils doivent estre en toute sûreté.
« Aussy, je vous écris ce mot pour que vous employiez
« toute l'autorité de vos charges pour les asseurer contre
« les insultes dont ils se plaignent[1]. »

Tardifs et vains scrupules. Les *Edits du Roi* ne sont plus qu'une interprétation arbitraire d'actes depuis longtemps méprisés. Daguesseau n'a-t-il pas proposé de révoquer les exemptions des ministres en matières de tailles, ou « du moins de les interpréter[2] ? »

Les influences qui le gagnaient ne lui permirent pas de s'arrêter là. Il dut suivre les traces des P. Meynier et des Bernard, ajouter à la liste des contraventions et des délits capables de ruiner les temples et les familles, renier les effets de l'Edit de Grâce, chercher dans les derniers souvenirs déjà fort exploités des guerres civiles, comme à Saint-Paul (diocèse de Lavaur), à Damiatte (diocèse de Castres), à Réalmont (diocèse d'Albi), à Soyon (diocèse de Valence

---

1. Arch. municip. de Montpellier, GG, Réformés. La plainte des pasteurs et anciens de Montpellier et la lettre de Daguesseau ont paru dans les *Chroniques de Languedoc*, sans références d'origine.
2. *P. justif.*, n° 35.

en Languedoc), un moyen juridique de disperser des communautés religieuses[1].

Il fera plus. Sur une affaire de police, en 1683, concernant une fille de Labastide-Saint-Amans, au diocèse de Lavaur, qui avait quitté, après une faute, la maison paternelle, il laissera le Parlement de Toulouse murer le temple du lieu. Le promoteur du diocèse de Lavaur avait fait emprisonner la mère de la fugitive, l'accusant d'avoir troublé celle-ci dans ses projets de conversion à la foi orthodoxe. C'était un crime. Le consistoire de Saint-Amans en fut rendu responsable. En vain, il prouva son innocence; en vain, le député réformé de Haut-Languedoc et de Haute-Guyenne, Vézin, l'établit-il, pièces en main. « M. Daguesseau » ayant reçu une première requête « n'a pas voulu la répondre ». Le Conseil royal ne répondit pas davantage et le temple resta fermé[2].

C'est l'usage désormais établi que les affaires de police prennent le pas sur la discussion et l'application des textes légaux. En 1679 et 1680, Daguesseau, chef administratif d'une grande province, envoie gravement à Châteauneuf deux procès verbaux d'un sieur de Saint-Auban, juge d'appeaux en la ville d'Alais, d'où il résulte qu'une première fois on a vu des ministres *étrangers* (à la ville), que l'on nomme d'ailleurs, se réunir chez M. Bouton, ministre d'Alais, et y rester une heure. Plusieurs sont allés ensuite au temple.

L'année suivante, deux promeneurs, un régent de collège et Jacques de Leuzes, procureur aux juridictions d'Alais, rencontrent un pauvre homme, ancien valet du consulat

---

1. *P. justif.*, n° 36. — Bernard-Soulier, *Explicat. de l'Édit*, 1683, pp. 510-518. — Cf. *Arch. Nat.*, TT 431, pièces 117 et 118, deux mémoires du P. Meynier sur la même question : l'exercice réformé dans les villes remises au roi par la force des armes.
2. *Arch. Nat.*, TT 268, pièces 125, 126, 132.

mi-parti d'Anduze, qui portait une lettre. C'était un huguenot. Ils se présentent comme coreligionnaires et l'engagent à causer avec eux. La lettre était, paraît-il, une circulaire aux ministres des colloques d'Alais et d'Anduze indiquant une réunion prochaine dans cette dernière ville. On parle de conversions, de secours donnés par les Protestants à des consciences chancelantes, du malheur des temps. « Enfin, « ledit Saltet finit son discours en leur disant qu'il leur « estoit fort fâcheux (aux huguenots) de se voir traitez de « la sorte, mais que le Roy n'en sçavoit rien. » C'est, en effet, la conviction gardée par les Huguenots jusqu'à la Révocation que le roi n'en sait rien. Après des propos inconsidérés et soigneusement enregistrés dans la pièce officielle, où le bonhomme parla de la mort possible du roi, « portant le doigt sur son nez, il auroit dit : Patience! « lequel mot il auroit répété plusieurs fois, et estant arrivez « proche d'un pont, ils se séparèrent. » Des bavardages semblables, à plusieurs reprises, amèneront des désastres. Aux approches de 1685, on recueillera ceux de vieilles femmes visionnaires. Cette époque et ce milieu étonnent par leur fièvre de délations, et le bas clergé comme la magistrature subalterne en assaillent l'intendant qui n'ose pas les écarter.

Il y trouve, d'ailleurs, prétexte à des mesures d'ordre public, quand les textes légaux, même subtilement interprétés, ne suffiraient pas à les justifier. C'est l'histoire de la suppression du culte réformé à Saint-Hippolyte (diocèse de Nîmes) et à Montpellier, où les lois demandées par les États contre l'apostasie trouvèrent une éclatante application. L'abjuration, fort suspecte d'ailleurs, d'une jeune fille, Isabeau Paulet, attribuée à l'influence du ministre Du Bourdieu, y amena l'interdiction du culte, celle du ministre, l'incarcération momentanée du corps pastoral à la citadelle, son exil, un mouvement populaire et la destruction du temple, prononcée par le Parlement de Toulouse « sur les ordres exprès du roi[1]. »

Partout où l'occasion en est fournie, elle est saisie aussitôt, et le souci empressé se manifeste de greffer sur une responsabilité indviduelle, fût-elle mal établie, un arrêt de portée générale, d'inaugurer une série d'exécutions.

Il est plus visible à Montpellier qu'ailleurs, la ville étant siège épiscopal et résidence ordinaire de l'intendant, centre administratif de la province. Avant le culte qui emportait avec lui les écoles et laissait ainsi le champ libre à la congrégation pour la Propagation de la Foi, les institutions protestantes d'assistance publique y avaient été frappées. Les ruines s'appelaient l'une l'autre. Un arrêt du Parlement de Toulouse y avait attribué à l'hôpital général les biens légués aux pauvres de la communion réformée que le consistoire dut abandonner (12 décembre 1681). On se battit même sur les dépouilles, et les Cordeliers obtinrent de l'administration hospitalière, en 1683, une indemnité représentant les droits prétendus par eux sur la possession d'un cimetière acheté autrefois par les Protestants.

Daguesseau fut chargé de légitimer et de généraliser la mesure. C'est l'objet d'une consultation adressée par lui à Châteauneuf, où il commence par reconnaître la validité des legs faits aux pauvres de la confession réformée. Mais il n'en coûterait au roi qu'une déclaration pour réunir aux hôpitaux communs de la province tous les biens de cette nature, même ceux qui ont pu être aliénés par les possesseurs depuis 1662 « qui est la date de la première déclara« tion du Roy pour l'establissement des hospitaux. » Le

---

1. *Arch. départ. de l'Hérault*, C, États, Proc.-verb., session du 22 oct.-12 déc. 1682, fol. 17 v°. — Cf. sur ce fait très étudié, El. BENOIT, *Hist. de l'Éd.*, t. IV, pp. 527-533; — CORBIÈRE, *Hist. de l'Égl. de Montpellier*, pp. 230-233, et la note de la récente édition de d'AIGREFEUILLE.

Parlement de Toulouse montrerait les mêmes dispositions qu'il a déjà fait voir. Seulement, il faudrait indemniser les acquéreurs des biens aliénés; c'est de quoi se préoccupent les bureaux de Châteauneuf, qui ne sont, d'ailleurs, pas longtemps embarrassés. Les consistoires payeront ces frais, à la charge pour les hôpitaux de recevoir les pauvres et les malades des deux confessions. On a vu comment les hérétiques y étaient traités.

Un dernier souci reste. Les Réformés vont-ils continuer leurs libéralités à des établissements de ce genre[1]? La question fut résolue en moins de trois ans par la rapide extinction des églises protestantes.

Toutes ces solutions étaient de l'arbitraire, déjà de la violence. Daguesseau ne le dissimule pas dans ses rapports confidentiels. Le bien de la religion couvrait tout, étouffait les scrupules. L'intendant, qui en avait manifesté devant la situation des procureurs de Montpellier menacée en 1680, les fait taire deux ans après. Il dresse et envoie la liste des magistrats d'ordre divers qu'il faudra priver de leurs charges ou inviter à s'en défaire par lettres de cachet. Et là pourtant figurent Bornier, contre lequel un arrêt sera rendu dans quelques mois; le vieux Clausel de Fontfroide, doyen de la Cour des comptes, dont la signature tremblée se voit au bas d'un acte d'abjuration daté de 1680. Peut-être lui fit-on grâce. Son nom est barré sur la liste, avec le mot : *oster*[2].

L'intendant n'avait fait là qu'obéir à des ordres venus de haut. Il avait vu passer devant lui, dû exécuter pour sa part, dans sa province, les arrêts qui chassaient de leurs postes en 1680, avant les magistrats des diverses juridictions, des officiers de moindre importance, puis tous les adjudicataires

---

1. *P. justif.*, n° 17.
2. *Ibid.*, n° 15. Cf. n° 11.

et commis des fermes et recettes royales. Et l'expulsion s'était faite sur un arrêté de Colbert, ce même Colbert en qui les Réformés laborieux avaient un instant cru voir leur protecteur. Le courant qui avait entraîné Colbert pouvait emporter Daguesseau. N'était-ce pas, d'ailleurs, un devoir que de seconder l'œuvre pieuse déjà fort avancée? A hésiter, l'agent du roi eût été dépassé par les États, qui reprennent leurs poursuites, et le Parlement toulousain, dont les arrêts essaient d'atteindre toutes les formes de l'activité huguenote. Il avait, dès 1680, provoqué sur un incident individuel la restriction aux droits judiciaires des seigneurs réformés de fiefs qui aboutit à la destitution de tous leurs officiers, renouvelé les rigueurs applicables à la surveillance des gestions financières dans les églises protestantes, inquiété les pasteurs d'églises annexes, fermé aux religionnaires anxieux les voies vers le refuge d'Orange[1].

Mais bientôt les États font mieux. Ils expulsent tous les Huguenots des fermes et perceptions provinciales, et le Parlement de Toulouse donnant aux déclarations royales une ingénieuse extension, va les frapper dans leurs intérêts économiques, leur travail manuel, jusqu'au fond des villages.

Son arrêt du 22 décembre 1682 avait une portée qui mérite et retient l'attention. La déclaration royale réduisant au tiers dans chaque corporation le nombre des maîtres et artisans réformés ne s'était jusqu'alors appliquée, comme il était naturel, qu'aux centres urbains où existaient des cor-

---

1. *P. justif.*, n° 39. Le fait d'intolérance relevé là est insignifiant à côté des sévices exercés dans les Cévennes sur les Réformés par la marquise de Portes. — *Arch. municip. de Montpellier*, GG, Réformés. Arrêt du Conseil rendu sur l'intervention de Daguesseau enlevant aux Réformés de Montpellier quatorze cents livres que, depuis 1601, ils touchaient sur les droits de boucherie (16 juin 1682). — *Arch. départ. de l'Hérault*, C, Intend., 159. Arrêt contre le ministre de Saint-Jean-du-Gard prêchant à Toiras; du 28 novembre 1681 sur l'exercice dans les fiefs; de la même date sur le refuge d'Orange.

porations. Le Parlement l'impose à tous les artisans, même dans les communautés où leur métier n'était pas soumis au régime corporatif, même dans les chétifs hameaux où la profession rudimentaire n'était représentée que par un ouvrier, même là où la population presque tout entière appartenait à la communion réformée.

Les règlements de maîtrise s'exerceraient donc sur quoi, s'il n'y avait pas de maîtrises? Et qui en assurerait l'application? Le Parlement y a pourvu : ce seront les juges des lieux qui en décideront. Et, d'après la série d'arrêts en cours d'exécution, ces juges allaient tous être catholiques. Ainsi se fermait, devant l'artisan huguenot, le petit atelier, la boutique, l'échoppe rurale. C'était pour lui la faim ou l'exil. Et les routes de l'exil se barrent devant lui. La naïve et éloquente protestation[1] de ses défenseurs au Conseil ne fut pas écoutée, et là où il put recevoir son application rigoureuse, l'arrêt du Parlement la reçut.

Il ne le pouvait partout, même dans de grandes villes, et c'est en ce point qu'apparaît avec évidence le défaut de cette politique religieuse faite d'emportement, plus absurde encore qu'inique. On le vit bien à Nîmes en 1683, et des esprits avisés auraient pu y découvrir la gravité des dommages que l'émigration huguenote, inévitable, déjà commencée malgré les obstacles, les menaces des édits et les périls de la fuite, allait causer à l'industrie et au commerce français. Ils auraient pu apprécier d'avance les pertes amenées plus tard par l'immense saignée.

M. Roschach, dans l'*Histoire générale de Languedoc,* a excellemment montré les caractères de ce significatif incident; comment, en appliquant à la maîtrise nimoise des taffetas et soieries les statuts des fabricants lyonnais qui excluaient les Protestants, on manqua de faire perdre totale-

---

1. *P. justif.*, n° 51.

ment à la ville une industrie qui s'évaluait à deux millions de revenu et de disperser un peuple d'ouvriers; comment, avec bon sens et moins de tolérance qu'il n'eût peut-être voulu, Daguesseau intervint pour obtenir du Conseil royal un sursis, une solution provisoire. On laissait les maîtres protestants sous la menace, leur permettant encore quelque activité. On espérait leur conversion; on aboutissait à la misère et au chômage; on inaugurait, de parti pris, la décadence d'une industrie précieuse. En cette occasion s'étaient encore coalisés les intérêts de l'orthodoxie et la convoitise d'un monopole. Les résultats en furent l'abstention ou l'éloignement de beaucoup d'artisans réformés qui venaient de perdre leur temple et « menaient le deuil de leur foi », affaiblissant la cité, diminuant ses ressources.

Si impérieuse semblait pourtant la nécessité d'appliquer un système de rigueurs condamné par l'expérience, que Daguesseau n'en persiste pas moins à gêner l'activité industrielle des Protestants dans l'ensemble de la province, au moment même où il est contraint de leur accorder quelque répit sur un point. Son rapport du 18 juillet 1683 à Châteauneuf signale ce qui lui paraît un dangereux abus : l'acquisition de maîtrises par des Protestants ou par leurs veuves, à l'aide de prête-noms catholiques. Leurs capitaux trouvaient à s'employer là. L'intendant n'est pas loin d'y voir une conspiration des consistoires, surtout à Montpellier [1]. Il étudiera bientôt les moyens d'éliminer les Religionnaires dissimulés ainsi, sans réfléchir qu'il les jette hors du royaume, fait œuvre de sectaire plus que d'administrateur et de patriote.

1. *P. justif.*, n° 53. Voir pour le détail de l'inquisition et des vexations dont les maîtres et artisans réformés sont l'objet à Montpellier à partir de 1679, les procès-verbaux de la Propagation de la Foi de Montpellier dans le *Bulletin de l'Histoire du Protestantisme français*, t. XXVII, 1878, p. 303 sqq.

5. ESSAIS DE CONCILIATION.

Il semble qu'il y ait eu, de la fin de 1681 au milieu de 1682, quelque rémission entre ces attaques contre le droit commun et la prospérité nationale, tout au moins quelques velléités d'un retour à plus de tolérance et de bon sens. Comme en 1669, c'est en haut, près du roi, qu'elles se manifestent. Une assez singulière note du cabinet de Châteauneuf, un brouillon qui ne reçut peut-être jamais la forme d'une instruction visant les affaires religieuses de Languedoc, témoigne de l'impression laissée au secrétaire d'État par les arguties de procédure où se complaisent le Parlement de Toulouse et les syndics du clergé. On y peut voir quelque pitié pour les petites écoles de religionnaires que la suppression du culte menace de dispersion, un désir de modérer l'ardeur de chicanes qui pousse les gens de loi à l'assaut des temples et un rappel aux formes légales; enfin, la mention brève de ce principe depuis longtemps oublié à l'égard des Réformés : « qu'on ne peut les condamner sans les entendre[1]! » Si la note est, comme il paraît bien, de Châteauneuf, qu'elle soit comptée à cette volonté timide, à ce caractère irrésolu révélant ingénument de tardifs scrupules, aussi impuissants qu'honorables!

Peut-être est-ce à un ensemble de dispositions analogues, à une hésitation chez quelques hommes d'État, indiquée par les évêques à l'assemblée provinciale de Languedoc, qu'il faut attribuer la réserve relative gardée par elle pendant cette période. La trêve fut courte, d'ailleurs, et non acceptée

---

[1]. *P. justif.*, nᵒ 14, et là, le moyen de procédure renouvelé par le Parlement de Toulouse sur la distance qui doit séparer les églises paroissiales et maisons religieuses des temples. La date approximative de la pièce est déterminée par la mention des affaires qui y sont indiquées.

du Parlement toulousain, malgré l'avis dont Châteauneuf annonce l'envoi à son premier président.

Un esprit du même genre est plus dans le ton que dans le fond de l'*Avertissement pastoral* adressé à ceux de la R. P. R. par l'assemblée de l'Eglise gallicane pour les engager à se convertir. Le chancelier d'Aguesseau a caractérisé avec une finesse discrète ce *Commonitoire* de 1682. Il en parle comme « d'une démarche que ceux qui ne « voyaient que la surface des affaires prirent d'abord pour « un signe certain de la douceur avec laquelle on voulait « encore travailler à la réunion des Protestants. » Son père, l'intendant, qui avait passé l'automne de 1681 à Paris, ne semble pas s'être abusé sur le sens et la portée de cet acte par où le clergé de France voulait peut-être racheter les hardiesses de ses déclarations contre le système de monarchie pontificale qu'avait institué le concile de Trente.

Selon ses instructions, il communiqua le texte de cette exhortation aux consistoires de sa province, présida en personne à la lecture qui en fut faite devant les principaux d'entre eux, « jugeant intérieurement que la démarche du « clergé serait plus propre à flatter la piété du roi qu'à la « satisfaire véritablement. » Les consistoires et les pasteurs qui protestèrent, avec une sincérité non suspecte, de leur dévouement au roi, reçurent avec déférence l'invitation dont ils connaissaient le danger. La formule du consentement par l'assemblée du clergé à l'extension de la Régale suffisait à elle seule pour le démontrer, et les mots : « Combien nous « sommes sensibles à la protection que le roi nous donne « tous les jours, particulièrement par ses édits contre les « hérétiques. » — « Bientôt il ne fut non plus question du « *Commonitoire* que si l'on n'en avait jamais parlé [1] ».

Mais l'intendant Daguesseau reprit à son compte, avec une

---

[1] Chancel. d'Aguesseau, *loc. cit.*, pp. 75-79.

sincérité qu'on ne peut suspecter, l'essai de conciliation entre les deux Eglises, tant de fois ébauché. Selon Michelet[1], « les Protestants n'ont pas rendu justice à cette tentative « généreuse qui nuisit fort à son auteur et lui fit perdre l'in- « tendance de Languedoc. » On la connaît mal, à peu près uniquement par les Mémoires de Noailles et l'analyse que donne Elie Benoît d'une copie de pièces aujourd'hui perdues. On a quelque impression, à lire ce dernier, que « dans « ce plan le dogme voilé était réellement immolé à l'huma- « nité et au sentiment fraternel », comme l'a dit encore Michelet. Daguesseau avait déjà témoigné de son aversion pour « les matières de controverse qui irritent les Hugue- « nots au lieu de les convertir et toutes les questions de « scolastique qui ne sont bonnes que pour les écoles », tandis que les prêtres et missionnaires catholiques, trop souvent insuffisants, d'ailleurs, « à instruire le peuple », devraient « se contenter de prescher les vérités morales de « l'Evangile[2] ». Mais il restait assez de formules dogmatiques dans le projet, ne fût-ce que le maintien de la croyance à la *présence réelle,* pour interdire aux Réformés une adhésion qui, à leurs yeux, eût été une apostasie. Ils crurent, en outre, à un piège. Les promoteurs de l'œuvre étaient beaucoup plus suspects que Daguesseau. « La dame de haut « rang qui l'appuyait » n'était autre que la marquise de Portes qui avait autrefois fait subir de cruels traitements aux hérétiques dans ses châteaux des Cévennes. « L'homme « zélé » des Mémoires de Noailles, M. Boudon, semble bien être le même qui figure, comme un patron très actif, dans les procès-verbaux de la Propagation de la Foi de Montpellier. Il était, d'ailleurs, un peu tard pour l'effort de conciliation qui se prolonge encore en 1681. La passion orthodoxe

---

1. *Hist. de France*, édit. Le Vasseur. Paris, t. XV, p. 270. Cf El. Benoît, *Hist. de l'Edit*, t. V, pp. 708-713.
2. *P. justif.*, n° 35. Cf. *Mém. de Noailles*, I, pp. 237-239.

avait eu le temps de faire des martyrs en Languedoc, comme dans le Béarn et le Poitou. Etait-on sûr que ce plan, Rome, le roi, les Gallicans même, l'eussent accepté ?

Il échoua, comme échouèrent les conférences entre ministres et docteurs catholiques, imaginées par Boudon, que Daguesseau se proposait d'ouvrir à Nimes, auxquelles il renonça, sur l'avis de Noailles. « Puisque l'on ne trouvait
« pas de docteurs catholiques assez savants pour soutenir
« la cause de Dieu dans ces conférences, il falloit profiter
« du refus que les Religionnaires faisoient d'y entrer et les
« rompre avec honneur, plutôt que de les tenir avec déshon-
« neur pour la religion. » Une lettre de M. Boudon dit la même chose. En conséquence, l'intendant proposait à Noailles de presser le roi pour qu'il écrivît aux évêques de Languedoc. Le roi devait les mettre, dans l'intérêt de la propagande, sous la surveillance de ses lieutenants et de l'intendant [1].

6. RÉSISTANCE ET RÉPRESSION.

A trois mois de là, l'insuffisance de pareils moyens et l'illusion de Daguesseau se révélaient cruellement. Le sang coulait en Vivarais. La logique de la procédure aboutissait à la violence. Foucault, Marillac et Baville avaient raison contre Daguesseau. Le sabre s'imposait en Languedoc, et Noailles, chef militaire de la province, conciliant d'abord, le comprit et l'admit plus vite que l'intendant. Ce n'est pas l'essai de *réunion* qui coûta l'intendance à Daguesseau, mais l'établissement d'un système persécuteur qu'il ne voulut pas servir jusqu'au bout.

Exclus des Etats et des assemblées d'assiette de la province, des consulats et conseils politiques des villes et des

1. *Ibid.*, pp. 238-239, mars 1683.

villages, des charges, offices et métiers, privés de garanties judiciaires, menacés ou gênés dans les réunions de leurs synodes et colloques, leurs consistoires supprimés avec leurs exercices religieux, leurs temples et leurs écoles en plus de deux cents lieux, les Réformés de Languedoc n'avaient même plus les plus élémentaires des droits civils. « Défense « de naître et de mourir, sinon dans les mains catholiques »[1]. Ils voulurent au moins prier selon leur conscience sur les ruines de leurs temples et faire requête au roi.

C'est le mouvement que les historiens religionnaires du temps appellent le *projet* de 1683, dont Elie Benoît (tel est leur loyalisme) déclare qu'il ne « veut pas faire l'apologie »; dont Claude Brousson, l'un des promoteurs, plaide la légitimité, mais en invoquant, au préalable, avec une touchante angoisse de cœur, un soin méticuleux de statistique honnête, les rigueurs qui ont réduit des sujets du roi à une extrémité si cruelle[2]. Cet homme qui devait plus tard

---

1. MICHELET, *loc. cit.*, p. 253. L'interdiction des fonctions de sages-femmes et d'accoucheurs aux Réformés (février 1680) tenait moins au souci de les gêner dans l'exercice d'un métier qu'à celui d'assurer aux nouveau-nés *l'ondoiement*. Les Protestants redoutaient cette pratique sur laquelle ils craignaient qu'on ne se fondât pour réclamer ensuite l'enfant ondoyé comme nouveau catholique. Des accidents arrivèrent. En 1685, sur l'avis de Daguesseau, le Conseil dut permettre à l'intendant de désigner des pasteurs pour administrer le baptême, dont la validité était reconnue dans les lieux éloignés d'un siège d'exercice réformé.

De 1680 à 82, s'organise, selon un vœu des Etats de Languedoc, la surveillance autour des malades protestants par les juges ordinaires des lieux ou par les consuls; puis à leur défaut, par le premier ou second marguillier, assisté de deux témoins, pour savoir si les malades veulent mourir dans la religion réformée ou embrasser la religion catholique.

2. Claude BROUSSON, *Apologie du projet des Réformes de France*, faict au mois de may 1683, pour la conservation de la liberté de conscience et de l'exercice public de religion que les édits et traitez de pacification leur accordent... Cologne, 1684. — V. sur Cl. Brousson, avec la *France protestante* de HAAG, et DOUEN, *Les premiers pas-*

affronter et subir un martyre environné des terreurs et des tourments prodigués encore par le Code pénal, et qui montra, jusqu'au dernier souffle, une sereine énergie, est presque timide au souvenir d'un acte que, de notre temps, on appellerait une manifestation d'opinion populaire. Elle serait, de nos jours, encouragée par la presse, fournirait des sujets d'articles et de piquants considérants de jugements, ferait la joie des journalistes et des magistrats. A l'époque où elle se produit, elle est beaucoup moins grave que n'avait été, en Angleterre, la résistance organisée par Hampden et ses partisans, où les publicistes les plus modérés s'accordent à voir une légitime défense des libertés publiques.

Il s'agissait, en somme, d'une affirmation de droits incontestables et violés, d'une protestation pacifique pour la liberté de la conscience et de la prière : on devait reprendre les exercices religieux accoutumés, envoyer une requête au chancelier et aux ministres d'Etat. En même temps, la grâce et la protection d'une puissance plus haute que les ministres et les rois seraient implorées par un jeûne, une pénitence et confession générales. Aux lieux de culte interdits où les dévotions se feraient (c'est là la contravention) seraient renvoyés les *relaps* dont la présence en des temples encore autorisés aurait compromis les derniers asiles laissés à l'indépendance de la pensée. Le chant des psaumes au foyer domestique était aussi réglé, comme la faction imposée aux pasteurs dans leur église et leur province, d'où ils ne devaient point sortir, non plus que les anciens des consistoires, devant les menaces des édits. Pour les en relever, il fallait le congé d'un colloque; et la même assemblée devait pourvoir aux vides créés par la fuite, la prison ou la mort [1].

teurs du désert, L. Nègre, *Vie et ministère de Cl. Brousson* (1647-1698), Paris, 1878, et N. Weiss, *Claude Brousson,* dans *Bull. de la Soc. du Protest. franç.,* t. XXIV (1888), pp. 122-130.

1. Cl. Brousson, *loc. cit.* pp. 101-110.

La tentative a été souvent racontée, surtout d'après les Mémoires de Noailles, les relations de Claude Brousson et d'Elie Benoît[1]. Ce qu'il y eut de spécial dans cette « conspiration » affaiblie d'avance par la rivalité d'églises jalouses de leur influence, par leur hostilité contre l'organisation étendue et populaire qu'essayèrent de donner au mouvement les six « directeurs » choisis par la province[2], ce fut le peu de mystère dont s'entoura le « projet. » Ces singuliers conspirateurs ne dissimulèrent guère leur dessein. Les documents où ils exposent leurs griefs et leur protestation ont été conservés[3] : un acte de récusation signifié par chaque église au procureur général du Parlement de Toulouse contre la juridiction de la Compagnie pour cause de suspicion légitime ; une requête et une profession de foi remises à Noailles lui-même et à Daguesseau par les députés du Bas-Languedoc, des Cévennes et du Vivarais, en novembre et décembre 1682, au moment où les troupes royales se massèrent autour du temple de Montpellier pour en protéger la démolition ; une requête au roi dont des exemplaires furent adressés aux principaux officiers de la couronne. Cette dernière ne rappelait que sous forme générale l'exposé détaillé des griefs contenus dans les mémoires destinés au gouverneur militaire de la province et à l'intendant : arrêts destructeurs de la liberté de travailler, d'instruire, de prier ; séductions et rapts d'enfants ; espionnage des colloques et des assemblées religieuses ; menaces contre les temples sub-

---

1. Cf. *Hist. gén. de Languedoc*, t. XII, pp. 531-538.
2. Notamment Nimes et Montpellier. Cf. El. Benoit, *Hist. de l'Edit*, t. V, p. 631.
3. Cl. Brousson, *loc. cit.*, pp. 41-131. Les textes de l'acte de récusation conservés aux Archives Nationales sont conformes à la transcription de Cl. Brousson. Voir, par exemple, l'instrument de l'église de Sauve (diocèse de Nimes), envoyé à Paris par le premier président Le Masuyer et souligné en marge, en quelques passages, daté de Sauve, le 15 nov. 1682, envoyé le 27 (*Arch. Nat.*, TT 260, pièce 133).

sistant encore, notamment ceux de Castres, Uzès, Mazamet, Mauvoisin, Ganges, Sommières, Clarensac et d'autres dans les Cévennes et le Vivarais.

On était donc averti, même à la cour, d'où, le 28 juillet, après les premiers rassemblements, mais avant les troubles manifestes et l'effusion de sang, Ruvigny écrivait par ordre à ses coreligionnaires pour désapprouver leur résolution, leur faire craindre de nouvelles rigueurs. Si le procureur général de Toulouse ne put, malgré ses enquêtes, découvrir des entrevues et des pourparlers qui eurent lieu, dit-on, à Toulouse même, entre seize délégués des églises réformées de France, il n'en est pas moins certain que le pouvoir était renseigné sur l'état des esprits en Languedoc. — Daguesseau ne semble pourtant pas avoir apprécié assez tôt la profondeur et l'intensité du sentiment qui soulevait les consciences.

Le 11 juillet 1683 se réunit dans un champ, près de Saint-Hippolyte (diocèse de Nimes), où l'exercice religieux des Protestants était supprimé depuis près de deux ans, une assemblée de trois mille fidèles. Le pasteur y prêche sur le texte significatif des devoirs dus à Dieu et à César, le service religieux à Dieu et la fidélité au prince, n'y tient d'ailleurs qu'un langage légal et correct, au témoignage du curé de l'endroit qui assistait à la cérémonie. Les derniers synodes repris en Languedoc, à Alais et à Uzès, en présence du commissaire royal catholique, à la fin de 1682, n'en avaient pas tenu un autre. C'est ce qui explique peut-être l'indifférence de l'intendant.

Quelques jours après l'assemblée de Saint-Hippolyte, le 18 juillet, en Vivarais, le 22, en Dauphiné, les Réformés se retrouvaient auprès de temples détruits, contrevenant ainsi aux édits royaux. — Daguesseau n'est évidemment pas encore renseigné à ce moment sur des mouvements qui se préparent depuis le mois de mai.

C'est justement du 18 juillet qu'il date, étant au Puy en

Velay, un rapport à Châteauneuf[1], où il se préoccupe de deux assemblées irrégulières tenues aux environs de Montpellier, y signale, sans doute, « une espèce de serment « d'union de n'abandonner jamais la cause de Dieu », mais sans voir la portée du fait et son caractère général. Il s'attache surtout à organiser la surveillance des synodes, les tentatives de corruption sur les pasteurs, les subventions aux Nouveaux Convertis, la propagande qu'il faudrait confier à des missionnaires plus actifs, tels que ceux du Poitou. Il propose de nouvelles restrictions à l'activité professionnelle des Réformés. S'il marque la nécessité de relever l'autorité de la police et de la justice royales en Vivarais, ce n'est pas contre les Protestants, mais contre les habitudes persistantes d'une féodalité rurale qu'il veut agir. Un rapport de police sur l'exaltation constatée en une paroisse du diocèse de Mende ne lui donne pas l'éveil. Il le mentionne sans proposer de mesures. Les dispositions des Réformés qui eurent de si graves conséquences pour leur condition en Languedoc lui échappent.

On sait le détail du reste et comment la protestation, pacifique dans son dessein et dans sa conduite, fut ensanglantée. Elle fournit aux barons des districts montagnards l'occasion d'armer leurs vassaux, d'entrer en campagne, au marquis de La Tourette, à Monteils de Bavas et à d'autres. Usurper l'action de l'autorité publique montrait leur zèle orthodoxe, non sans espoir de profit. Menacés, les Huguenots s'armèrent de leur côté, en se rendant aux prêches interdits. Le temps des guerres religieuses, des coups de main légendaires et fructueux semblait revenu. En Languedoc se reverra le soldat au service d'une police et d'un dogme. C'est l'installation, en ce pays, de la dragonnade qui avait commencé dans le Béarn et le Poitou.

1. *P. justif.*, n° 53.

On connaît aussi le caractère qu'y prit son action, depuis le moment où les Réformés de Bourdeaux en Dauphiné craignirent, au retour d'un prêche interdit, pour leurs femmes et leurs enfants, et voulurent les défendre contre la troupe.

Ces incidents et leurs suites ont été exposés dans les ouvrages déjà cités. Ce qu'on n'y a pas toujours mis en évidence, c'est que le premier acte d'hostilité, le premier meurtre avait été commis sur un Religionnaire, près de Saint-Julien, en Vivarais; c'est aussi combien fut impitoyable la répression des troubles dans ce pays que Daguesseau avait quitté, le croyant pacifié par la promesse d'une amnistie. Elle fut, contre son gré, restreinte, publiée en termes équivoques. En réalité, surpris par les événements, malgré le courage et le sang-froid dont il fit preuve en face du danger, il perdait la direction des affaires, qui passait au gouverneur militaire, Noailles, et, sous lui, aux lieutenants du roi, le comte du Roure et Montanègre, aux chefs de corps assemblés en hâte, Tessé, Saint-Rhuc qui « regardait l'ex-« pédition comme une partie de chasse », ainsi que l'a écrit le chancelier d'Aguesseau. Les dures dépêches de Louvois sur la patience de l'intendant, publiées dans les Mémoires de Noailles, d'autres qu'a données C. Rousset, d'après le Dépôt de la Guerre, le prouvent[1].

Noailles, d'abord enclin à la modération, conquiert cette prépondérance et s'engage à fond par un combat inégal, une facile boucherie de paysans armés sur la montagne de l'Herbasse, au-dessus de Pierregourde, en Vivarais (27 septembre). Ses mémoires, rédigés avec quelque esprit de tolérance par l'abbé Millot, restent la principale source pour la connaissance de ces tristes épisodes. Ils contiennent un aveu significatif qui n'a pas échappé à Michelet. Aux ordres de

1. Cf. *Bibl. Nat.*, f. franç. 7044 (collect. Rulhière), fol. 72-100.

Louvois, qui prescrivent l'entretien des troupes aux dépens de l'habitant, le rasement des maisons appartenant aux rebelles et des dix principaux temples du Vivarais, « en un « mot une telle désolation dans le pays que l'exemple con« tienne les autres religionnaires », Noailles répond par des mesures plus dures, « pousse la sévérité encore plus loin », ordonne des perquisitions, des condamnations aux galères, promet la moitié des amendes aux dénonciateurs[1]. Au même moment, sur ses ordres, la dragonnade envahissait Nîmes, Uzès, procurait les conversions par des « loge« ments. » Le duc s'associait au système alors en faveur à la cour : supprimer officiellement les Huguenots, diminuer, en attendant, leur nombre par une statistique rassurante. Il promet qu'avant le 25 novembre il n'y en aura plus un seul en Languedoc.

C'est dans ces dispositions qu'il reçut les députés de la réunion protestante tenue à Anduze, sur la permission du comte du Roure, après un rassemblement qu'avait dissipé à Saint-Hippolyte, sans l'intervention des troupes, l'habile modération et l'influence de Daguesseau. Le duc traita de fous, en les envoyant à la prison, ces hommes qui osaient encore demander le rétablissement du culte réformé à Saint-Hippolyte pour quatre mille fidèles et se réclamer de l'Edit de Nantes, en attestant obstinément leur dévouement au roi[2].

Ses mémoires mentionnent en bloc les exceptions contenues aux deux amnisties concernant le Vivarais et les Cévennes, et les résultats de l'instruction judiciaire confiée à Daguesseau. Ils n'oublient pas le supplice du pasteur de Soyon, Homel, dont l'énergique intelligence avait fait longtemps l'unité des églises du Vivarais, un vieillard de soixante-douze ans qui périt sur la roue à Tournon, lente-

---

1. *Mém. de Noailles*, loc. cit., pp. 251-52.
2. Cf. *P. justif.*, n° 54.

ment assommé par un bourreau ivre; les condamnations qui
en frappèrent une cinquantaine d'autres dont plusieurs évi-
tèrent la mort par l'abjuration, le plus grand nombre par
l'exil.

On y chercherait en vain le souvenir des pillages, des
massacres et pendaisons, des cruautés isolées, meurtres et
viols, qui accompagnent aux Cévennes, dans le Vivarais,
l'invasion et l'occupation militaires, se prolongeront jusqu'en 1684, pour reprendre aux approches de la Révocation.
Elie Benoît et Claude Brousson les ont relevés; quelques
preuves en subsistent encore aux Archives de l'Intendance
de Languedoc, égarées parmi les documents accusateurs de
Réformés. C'étaient jeux de soldats professionnels, endurcis
aux longues guerres de ce temps et traitant un pays de
France comme les régions de frontière ennemie où les can-
tonnaient d'habitude leurs quartiers d'hiver. La petite ville
de Saint-Hippolyte, qui fut imposée de 244,000 livres, a
vu passer, en quatre mois, trois compagnies de dragons
rouges, trois compagnies du régiment de Villeneuve, trois
compagnies de dragons bleus de Languedoc, une compagnie
de Croates, d'autre cavalerie encore, un cauchemar d'uni-
formes.

7. RIGUEURS DE PROCÉDURE.

Le terrain ainsi déblayé de *rebelles* et par le bras du soldat et par la sentence du juge, de l'intendant prononçant
en dernier ressort, avec tel choix d'assesseurs qu'il lui plaisait, on revient à la procédure, à la cautèle de plus en plus
serrée contre les églises qui restent encore. Et pendant que
les garnisons assurent le silence et le calme aux pays trou-
blés et que l'abbé Hervé, avec douze missionnaires envoyés
par le roi, vient « suppléer en Languedoc à la disette d'ec-
« clésiastiques zélés et suffisamment instruits », ainsi que

le dit Noailles, la guerre juridique se poursuit en toute sécurité.

Elle ne peut plus atteindre les droits « politiques » ou civiques des Réformés, qui n'existent plus. Mais sur le demourant de leurs libertés, elle peut être encore menée plus loin. Une série de mesures complètent les mesures déjà prises, sans aucune incohérence, quoi qu'on en ait pu dire.

Et dans l'œuvre de destruction s'associent avec plus d'ardeur que jamais, sous la haute direction du clergé de France, les États, le Parlement, l'intendant.

Celui-ci, déjà las, malgré son zèle sincère et soutenu pour les intérêts de la foi, du rôle qu'il remplit, s'exprime avec une certaine tristesse, dans la session d'États d'octobre-novembre 1683, devant l'assemblée provinciale, heureuse du succès remporté à Montpellier où l'hérésie n'a plus de temple, et fière des lettres que son président a reçues du roi à ce sujet. Daguesseau n'a pu assister aux premières séances. « Se trouvant partagé entre deux fonctions « différentes, il s'est vu obligé d'en préférer une qui est très « désagréable à celle qui est beaucoup plus conforme à son « inclination. » Il eût été d'ailleurs forcé, par sa présence au début de la session, « de parler de choses qui se sont « passées depuis peu, qu'il n'a pas été fâché de couvrir par « son silence et qu'il voudrait même pouvoir effacer de sa « mémoire... Il ne faut plus ouvrir une plaie qui est pres-« que entièrement fermée, et il vaut mieux se souvenir que « cette rébellion a été désavouée par la plus grande partie « des peuples de cette province[1]. » L'archevêque de Toulouse et l'évêque de Lavaur sont moins discrets et ont mieux répondu aux sentiments de l'assemblée.

Daguesseau n'en avait pas moins fait son triste devoir,

---

1. *Arch. départ. de l'Hérault*, C, États. Proc.-verb., session d'octobre-novembre 1683, fol. 10 v° sqq.

avec le concours empressé des États, prêté dans les limites de leur compétence.

La première conséquence des désordres si durement réprimés avait été l'interdiction du culte et la destruction des temples par simple ordonnance, dès le 23 septembre 1683, en une vingtaine de lieux du Vivarais, dont la place importante du Pouzin, où Noailles avait pourtant demandé le maintien du culte réformé. Des exécutions semblables atteignent bientôt les Cévennes, le Vigan, le 30 juin 1684, puis le groupe des églises voisines de Saint-Hippolyte, à l'entrée des montagnes par les vallées du Vidourle et du Gardon : Cros, La Salle, Colognac, Monoblet. Elles accompagnent les condamnations de pasteurs compromis dans le mouvement, gagnent de proche en proche au moindre prétexte.

Déjà les États ont demandé, en 1681 et 1682, aux grandes églises, Nimes, Montpellier, Uzès, Castres, Montauban la production de la preuve d'exercice pour 1577. Le roi, qui a hésité d'abord devant cette chicane, y souscrit après l'interdiction du culte à Montpellier et à Montauban. L'exercice public de la religion réformée sera aboli dans les trois chefs-lieux de synode, disparaîtra de toutes les villes épiscopales avec les dernières libertés laissées aux groupes les plus importants de Religionnaires[1]. En attendant, les procès engagés contre de moindres villes s'instruisent au Conseil.

Un document des Archives Nationales[2] donne le chiffre des églises subsistant entre le 19 février et le 2 avril 1685. C'est un état dressé pour l'application de l'Édit qui impose aux séances de consistoires, espacées de quinze en quinze jours, la présence d'un juge royal. Il ne compte pour les deux diocèses de Montpellier et de Nimes (il est quelque peu incomplet pour ce dernier) que 24 églises; 19 pour celui

1. Cf. *P. justif.*, n° 46.
2. *Arch. Nat.*, TT 247 (ol. 322), pièce 47.

d'Uzès; 16 pour celui de Mende; 6 pour celui de Viviers; 2 pour celui de Vienne (partie comprise dans la province de Languedoc); 1 pour celui de Lodève (Saint-André); 5 pour celui de Béziers; 2 pour celui d'Agde; 2 pour celui de Saint-Pons. Le diocèse de Castres en conserve 13; celui de Lavaur, 5, et celui de Mirepoix, 3.

Dès le mois de février 1685, les chefs-lieux de colloques cévenols, sauf Sauve et Anduze, avaient été frappés par sentence du présidial de Nimes que préside l'intendant. Et le total restreint des églises demeurantes est à la merci du moindre incident. Tel fut le cas d'Anduze qu'un jugement de Daguesseau atteint le 7 septembre 1685, à la veille de la Révocation, pour une irrégularité reprochée à deux ministres qui furent, d'ailleurs, mis hors de cour.

Ces opérations sont justifiées par les motifs les plus divers. Par exemple, le vieil argument tiré d'une possession royale ou ecclésiastique au siège d'un exercice réformé, moyen longtemps contesté, non prévu par l'Édit de Nantes, suffit, en 1684, à mettre en péril, en un lieu quelconque, la pratique du culte protestant. Il est invoqué contre Nimes dans un état dressé avant décembre 1684[1].

Il y avait à ces exécutions sommaires une cause moins avouable que les simples moyens juridiques employés à les appuyer. L'application des édits et ordonnances se doublait d'une *affaire*. Malgré l'avis de Daguesseau, les biens des consistoires supprimés n'avaient pas été partout attribués aux hospices. Et on en connaissait de considérables, ceux de l'église de Nimes, entre autres, dont les ressources étonnent l'intendant[2]. En bien des cas, comme il est arrivé aux Carmes de Montpellier, d'autres bénéficiaires que les administrateurs des hospices interviennent dans le partage des

---

1. *Ibid.*, pièce 185.
2. *P. justif.*, n° 53.

dépouilles. Le soin de ces intérêts est partout sensible, jusque dans les détails. Du jour qui précéda l'acte de la Révocation, du 17 octobre 1685, est daté un arrêt rendu sur l'inspiration de Daguesseau, qui affecte à la construction d'églises les matériaux des temples démolis[1]. C'était déjà la disposition à peu près générale adoptée par lui pour les temples des Cévennes et qui s'était marquée dans les nombreuses exécutions du mois de février de la même année.

Aussi s'empresse-t-on de saisir, pour y procéder, tous les prétextes que peut fournir l'application rigoureuse des règlements rejetant sur l'église entière la moindre contravention ou inadvertance reprochée à l'un de ses membres, même le plus humble. L'imprudence, la curiosité d'une femme ou d'un enfant ruine alors une église, en perd les précaires libertés. Ce caractère est très apparent dans la série des jugements rendus en 1685, après l'édit de février, défendant aux ministres de souffrir dans les temples des Nouveaux Convertis; surtout dans la recherche faite de juillet à septembre par Daguesseau et son présidial de Nimes[2]. Condamnations sommaires, instructions hâtives, témoignages suspects sur d'insignifiants incidents. Les plus fréquents sont la présence au culte réformé de relaps ou d'enfants catholiques ou nouveaux convertis au-dessous de quatorze ans. Pouvait-elle toujours être empêchée, malgré la surveillance exercée aux portes, ouvertes par ordonnance et devant laisser passer les catholiques adultes qui voudraient assister à la cérémonie religieuse? N'était-elle pas souvent la pratique d'une manœuvre?

Mais il fallait en finir avec ce culte obstiné. Aussi les lieutenants de bailliages et sénéchaussées sont-ils autorisés à

---

1. *Arch. départ. de l'Hérault*, C, Intend., 159, liasse.
2. *Bullet. de la Soc. du Protest. franç.*, T. XXVI, (1877), p. 497 et 515, publication de Ch. Sagnier.

décréter *en secret* les informations. C'est l'âge d'or des lois de circonstance et des tribunaux d'exception[1]. Frappé, enfin, dans les grandes villes et les bourgs de quelque importance, on n'a garde de laisser le calvinisme à l'état de religion rurale. A la fin de 1684, le 26 décembre, une déclaration en défend l'exercice dans les lieux où il y aura moins de dix familles réformées. Singulière preuve « de la « partialité avec laquelle on traitait les dissidents. L'Édit « de Nantes, regardé comme immuable en ce qui limitait « la liberté de conscience des Protestants, cessait de l'être « pour ce qui la protégeait. On n'admettait pas que l'ac- « croissement de la population protestante donnât le droit « d'ériger des temples hors des lieux marqués par l'Édit, « mais on s'autorisait de la diminution des habitants en un « lieu d'exercice public pour y prononcer l'interdiction[2]. »

Tout se tient dans cet appareil de mesures coercitives. On utilisait contre le pays appauvri les vides produits par l'émigration. Quand paraît l'acte de la Révocation, il n'atteint plus que de rares églises, clairsemées, dont on s'est efforcé déjà de restreindre l'action et le rayonnement.

Un mémoire de l'évêque de Lavaur « sur les moyens de conversion » est curieux sur ce point. Il est d'après avril 1685, puisqu'il constate la suppression complète des exercices protestants de ce diocèse. Il appuyait une requête des États pour « défendre aux P. R. de recevoir dans leurs tem- « ples d'autres personnes que ceux qui habitent dans les « lieux où l'exercice est libre et aux environs; et que les « estrangers qui voudront y estre receus fussent limités à « un nombre certain et petit : par exemple, de deux cents. »

Puis l'évêque donne ses raisons :

« 1° Depuis que les temples du diocèse de Lavaur et des

---

1. *Arch. dép. de l'Hérault*, C, Intend., 150, liasse.
2. *Hist. génér. de Languedoc*, T. XIII, pp. 547-48.

« diocèses voisins sont desmolis ou fermés, les P. R. se
« rendent par grosses troupes tous les dimanches à plus de
« dix lieues loing de leur domicile pour assister au presche
« dans les lieux où l'on le fait encore : dont il y en a plu-
« sieurs qui sont dans les bois ou dans les montagnes; par
« exemple, ceux d'Anglure et de La Bastide, au diocèse de
« S¹ Pons. Il est à craindre que sous prétexte de dévotion
« il ne se traitte autre chose dans ces assemblées nombreu-
« ses, qui sont quelquefois de plus de 3000 personnes.
« D'autant plus que lesdits P. R. estoient fort negligens
« à frequenter leurs temples quand ils en avoient la com-
« modité. »

« 2° Les artisans perdent à cette occasion deux jours de
« la semaine qu'ils pourroient employer au travail, sçavoir
« le samedy, pour aller au presche, et le lundy pour en
« revenir. En sorte qu'il ne leur reste que quatre jours de
« travail, sans parler des festes qui surviennent dans la se-
« maine. Par ce moyen, ils sont plus de cinq mois de l'année
« sans travailler. Ce qui est tout à fait contraire à l'inten-
« tion du Roy, conformément à laquelle les Evesques ont
« retranché plusieurs festes, il y a quelques années. Quant à
« la noblesse, elle s'accoutume insensiblement à ces attrou-
« pements qu'elle n'est pas faschée de veoir tolérer et dont
« les suites peuvent estre dangereuses[1]. »

La sollicitude de l'évêque est à remarquer, comme le choix et la tendance de ses arguments. Tout y est pour augmenter la défiance contre ces paysans déjà suspects, en faire des conspirateurs.

Au même moment, les États, qui semblent avoir pressenti les assemblées du désert, les traquent dans la campagne, demandent qu'on surveille ces errants.

Ils ont deux ans auparavant formulé, puis renouvelé le

---

1. *Arch. Nat.*, TT 431 (ol. 268), pièce 158. — Cf. *P. justif.*, n° 58.

vœu, en 1684, que les ministres soient rendus ambulatoires, ne puissent exercer plus de trois ans dans le même lieu. Et le Conseil a saisi l'indication, la développe, en applique d'abord le dispositif aux lieux ordinaires d'exercice, en août 1684; puis, il perfectionne la mesure, y ajoute l'éloignement obligatoire du pasteur à vingt lieues de sa dernière résidence et la défense d'y revenir de douze ans. Il l'étend, quelques mois après, aux exercices de fief. Ceux-ci vont d'ailleurs disparaître en Languedoc. Plusieurs seigneurs qui les possèdent, intimidés, renoncent à ce privilège. Les titres de ceux qui en produisent seront jugés; on sait dans quel esprit[1].

Quelques-unes des mesures proposées par les États en ces matières sont dues à l'inspiration de Daguesseau, notamment celles qui soumettent les Réformés à la contribution levée pour les constructions d'églises et de presbytères, et leurs pasteurs à la taille[2]. Mais on reconnaît assez nettement la logique implacable des minutieuses précautions qui sont propres à leur hostilité contre la propagande réformée et la *subornation* dans les arrêts qui défendent aux Réformés d'avoir des domestiques catholiques, d'être tuteurs et curateurs d'orphelins protestants[3]. Elle apparaît aussi dans leur demande que le Conseil n'ose pas accorder, une atteinte qu'ils voudraient porter à la liberté testamentaire, le maintien aux enfants *nouveaux convertis* de leur part d'héritage, comme si les parents étaient morts *ab intestat*[4].

Quant à la propagande orthodoxe, ils en augmentent les moyens d'action. Les sommes affectées aux frais de subvention pour les maisons d'éducation religieuse et les conversions s'accroissent dans les comptes de leur trésorier jus-

1. *P. justif.*, n° 59.
2. Cf. *ibid.*, n° 35.
3. *Ibid.*, n° 58.
4. *Ibid.*, n° 50, et cah. de doléances des États de 1684.

qu'au moment où un crédit spécial de 50 000 livres consacrés aux missions sera mis entre les mains de Baville et des évêques[1].

Naturellement, avec les rigueurs contre le culte se complètent et s'achèvent les mesures de rigueur contre les personnes et disparaissent les dernières garanties judiciaires et administratives des Réformés. Avant les arrêts qui chassèrent du Parlement de Toulouse les conseillers Protestants et interdirent à tous juges mariés à des protestantes la connaissance des procès où seraient impliqués des ecclésiastiques (juin-juillet 1685), le Conseil avait restreint la compétence de la Cour des Aides de Montpellier, déjà épurée. Mais Daguesseau y craignait encore l'influence protestante. Il se réserve la connaissance du contentieux relatif aux impositions dont les Réformés des communautés sont frappés pour l'entretien des troupes, des garnisons de « missionnaires bottés »; s'attribue une juridiction d'exception en matière financière, comme en matière criminelle[2]. Elle s'étend à tout le Languedoc, atteint, comme le diocèse de Nimes, ceux de Castres et de Lavaur, où passe, dès octobre, le régiment de Kœnigsmark[3].

On ne peut que signaler, parmi les arrêts destructeurs qui se pressent et s'accumulent, ceux qui, plus spécialement, semblent avoir leur point de départ et leur origine dans la région languedocienne. Ceux qui atteignent les Réformés dans l'exercice de tous les offices, fonctions et professions, depuis les clercs de juges, notaires et avocats, jusqu'aux juges, notaires et avocats eux-mêmes, depuis les apothicaires jusqu'aux médecins agrégés, aux libraires et

1. *Arch. départ. de l'Hérault*, C, États, Comptes du Trésor. de la Bourse, 1685, liasse.
2. *Ibid.*, C, Intend., 159, liasse. Arrêt du Conseil du 21 février 1685, à propos des impositions de Saint-Hippolyte.
3. *Ibid.*, 163, liasse.

imprimeurs jurés ne lui sont point particuliers, mais y reçoivent une application sévèrement contrôlée par les congrégations, l'évêque, l'intendant. Les renseignements leur arrivent de desservants, vicaires, curés, personnes pieuses ou simples concurrents[1]. Il en a été de même à peu près partout.

Mais en Languedoc, quand déjà touche à sa conclusion l'œuvre entreprise contre les libertés protestantes, l'activité économique des Réformés demeure pour leurs adversaires un sujet de préoccupation jusqu'au dernier moment. Daguesseau, qui l'a ménagée à Nimes où sa suppression eût entraîné de trop gros dommages, essaie de la restreindre ailleurs, non peut-être de son plein gré. Il semble ne pas l'avoir inquiétée là où elle est concentrée en quelques mains, groupant les artisans en des ateliers faciles à surveiller, comme à Uzès où s'était développée l'industrie des serges; à Anduze, où se traitait celle des draps grossiers ou *cadis;* à Castres et à Mazamet, qui produisaient divers tissus de laine et travaillaient le chanvre; et, s'il ne peut en empêcher la ruine, du moins l'a-t-il peut-être retardée.

Il était, d'ailleurs, aux prises avec un problème de solution malaisée : conserver la production religionnaire et détruire l'élément protestant.

Est-ce ce système de conciliation qu'il voulut réaliser en essayant de protéger la première sur quelques points où elle présentait un ensemble de forces et d'atteindre le second là où l'action en était plus dispersée? On le croirait à le voir inspirer, parfois fâcheusement, l'assemblée provinciale.

Dès 1683, les États qui réclament l'exclusion absolue des Protestants de toutes les charges ajoutent à leur vœu celui

---

1. Lettres dans les fonds de l'Évêché et de l'Intendance aux *Arch. départ. de l'Hérault* et dans les liasses GG, Réformés, aux *Arch. municip. de Montpellier*.

d'une mesure suggérée par l'intendant : les Réformés bannis des magistratures et fonctions officielles ne devront plus même être nommés experts, sont déclarés incapables du mandat que la confiance privée leur accordait, paraît-il, trop souvent[1]. Ils vont plus loin sur ses indications et sollicitent un arrêt si évidemment contraire à la sécurité des transactions et du crédit, que le Conseil ne peut les suivre dans cette voie : que facilité soit donnée aux Catholiques nouveaux convertis depuis dix ans et débiteurs de P. R. de payer à leurs créanciers le principal de leurs dettes en fonds de terre.

Cette proposition reçoit un jour singulier de la précédente, l'aspect d'une liquidation forcée, sans qu'on insiste même sur la difficulté qu'elle imposait aux recouvrements prochains de créances destinées à l'emploi de capitaux dans l'industrie ou le commerce. Le roi refusa. La surséance de trois ans accordée aux Nouveaux Convertis pour le payement de leurs dettes était déjà une concession suffisante[2]. On aurait quelque peine à croire que l'initiative d'une telle atteinte au crédit soit émanée de Daguesseau, si une lettre de lui à Châteauneuf n'en avertissait[3].

Sa sollicitude pour les Nouveaux Convertis s'étend, d'ailleurs, jusqu'à l'exercice des arts et métiers où il veut assurer leur réception gratuite, créant ainsi aux titulaires des maîtrises une concurrence d'autant plus redoutable qu'elle devait être officiellement encouragée[4].

Avec tant de gênes et d'obstacles à leur travail, entourés de malveillance, les Protestants continuent à travailler pour vivre. Puis, plusieurs succombent et s'en vont, malgré les

---

1. Cf. *P. justif.*, n° 50.
2. *P. justif.*, n° 58.
3. *Arch. Nat.*, TT 329, citée par M. F. Puaux, dans le *Bullet. de la Soc. du Protest. franç.*, T. XXXIV (1885), p. 85.
4. *P. justif.*, n° 55.

pénalités terribles qui frappent l'émigration[1]. Quelques-uns s'en vont, ruinés par les amendes ou l'iniquité de la condition commerciale et industrielle qui leur est faite. Aussi ne faut-il s'étonner ni de la présence de quelques noms de faillis sur la liste des fugitifs envoyée à Châteauneuf par Daguesseau le 3 août 1685[2], ni de la note qui l'accompagne : « Peu qui ayent quelque chose à perdre. » Pouvait-il en être autrement ?

Quant aux biens de ceux qui en laissaient derrière eux, ils vont encore fournir le fonds d'une *affaire,* comme les biens des consistoires. « A la diligence de M° Pantaléon
« Guérin, fermier des domaines de Languedoc, ses procu-
« reurs et commis, les biens et effets, tant meubles qu'im-
« meubles desdits de la R. P. R. qui sont sortis du royaume
« sans permission de Sa Majesté seront saisis et arrestés, et
« à iceux estably gardiens et dépositaires solvables jusqu'à
« ce qu'autrement il en ait esté ordonné[3]. »

Ce fut le début de la régie des biens religionnaires en Languedoc qui donna d'abord peu de profits, au moins apparents. En 1714, Baville ne l'évaluera qu'à 12,800 livres de revenu[4]. Dans l'intervalle, Pantaléon Guérin, avec ses procureurs et commis, surtout d'autres bénéficiaires plus hauts que lui, avaient si bien travaillé que cette source s'était épuisée. Elle se rouvrira plusieurs fois au dix-huitième siècle.

---

1. Les galères, substituées à la mort, non par humanité, mais parce qu'il fallait au roi des rameurs pour ses galères. Cf. *Correspond. administ. de Louis XIV* et *Pap. de Colbert.*
2. *P. justif.*, n° 60.
3. *Arch. municip. de Montpellier*, GG, Réformés. Ordonnance de Daguesseau du 4 août 1685.
4. *Arch. Nat.*, TT 247 (ol. 322), pièces 48 et 49.

CONCLUSION.

Ici se bornera cette monotone préface de la Révocation de l'Edit de Nantes en Languedoc. Attristé des rigueurs qu'il prévoyait encore, Daguesseau avait demandé son rappel au moment où l'iniquité redevenait brutale et violente. Nommé depuis deux ans conseiller d'Etat, il l'obtint en août 1685. Les provisions de son successeur Baville sont du 13 de ce mois. Daguesseau ne quitta pourtant la province que le 11 octobre et dut collaborer aux dernières mesures préparatoires de l'acte final.

Les perquisitions, les conversions en détail et en masse de régions désarmées à l'avance, surprises d'ailleurs, ne pouvant croire à la ruine entière de leur culte, dont la soumission prompte put faire illusion à Louis XIV, dont l'énergie devait pourtant se révéler par la guerre des Cévennes; la chevauchée facile et facétieuse des dragons qui remplit d'aise Noailles et Louvois; l'âpre activité de Baville, la joie triomphante des Etats; tous ces égarements d'une foi souvent sincère, trop insoucieuse de droits supérieurs au dogme, la liberté et la dignité de l'être humain, il n'en sera point parlé, non plus que des supplices, des troubles de conscience et des déchirements de cœur dont purent être atteints ceux qui restèrent à leurs foyers de famille et ceux qui prirent le chemin de l'exil.

On a seulement voulu dégager et définir, dans une province déterminée, quelques effets d'un mécanisme de procédure agressive qui finit logiquement par aboutir à la violence, par léser à la fois l'humanité et la patrie.

Ce qui a été dit[1] de l'hostile initiative du clergé, en par-

---

1. F. PUAUX, ouvr. cité. — ROSCHACH, *Histoire générale de Languedoc*, t. XIII. *pass.*

ticulier des évêques de Languedoc, de la redoutable docilité des Etats à servir leurs projets demeure vrai. Là, les évêques qui veulent l'unité de la foi s'attachent, comme ailleurs, à l'assurer par ces « moyens humains », c'est-à-dire matériels, dont parle Daguesseau. Mais ils en ont de spéciaux sous la main. Ils sont tout-puissants sur les Etats de la province comme seigneurs terriens et administrateurs. Ils dominent les assemblées d'assiette et leur comptabilité, entrent dans les conseils de ville avec rang prépondérant. Par là et par leur patronage des confréries, ils règlent l'élection et l'action consulaires. Les consuls, représentants des principales villes aux Etats, sont le plus souvent leurs créatures. Ils sont leurs stipendiés par les indemnités d'assistance et de séance qu'établit le bureau des comptes de l'assemblée. Quand les Réformés sont chassés des Etats, des assiettes, des municipalités, des corporations, la victoire du clergé en Languedoc est fort avancée. En quelques villes, à Nimes, par exemple, ils se maintiennent assez longtemps dans les postes administratifs. Alors le roi intervient, qui les en expulse. Son Conseil prépare ainsi, sans plan déterminé, mais en suivant le cours des choses, une affaire financière et municipale, la vénalité des charges avec l'unité des corporations.

Car le clergé n'a pas tout fait, ni même tout voulu, d'abord. S'il a dirigé, en particulier, l'action contre la doctrine, le culte, la discipline et l'enseignement hérétiques; s'il a soutenu cet effort par les missions, les conversions, la corruption et la crainte, à côté de lui les gens du roi, officiers de justice et intendants, ont eu leur part personnelle et leur initiative aussi. Les documents laissés par Daguesseau prouvent assez que cet homme pieux n'a pas obéi inconsciemment et passivement à l'inspiration du clergé sur lequel il s'explique, comme Noailles, du reste, avec assez de liberté. Pour lui, comme pour les parlementaires de Toulouse et la majorité des juges de présidiaux, l'orthodoxie est un dogme politique autant que religieux, une forme de la fidélité au roi.

Leur œuvre, avec le détail de ses mesures, emprunte aux traditions administratives du pays de Languedoc un caractère spécial, original. Là où les souvenirs d'autonomie locale sont abolis, où le programme administratif, suggéré ou non par le clergé, se transmet et s'exécute sans déviation, il n'y a guère de place pour l'action collective.

En Languedoc, il ne restait pas assez des vieux pouvoirs du gouvernement provincial pour faire obstacle à la campagne entreprise contre les Protestants; il y subsistait assez des groupes anciens d'administration provinciale pour y encadrer les initiatives hostiles aux Religionnaires. Et c'est par là que les magistrats reçurent l'appui, parfois la direction des Etats.

De cette assemblée aux corporations ouvrières et municipales à la fois, tout indique le même esprit et le même mouvement. Les intérêts privés n'y attendent pas toujours le signal d'en haut, mais le suggèrent et le provoquent souvent. Les compagnies de tout ordre et les corps de métiers sont, à cette époque, naturellement ennemis de l'activité plus libre et plus productive en certains points que montrent les Religionnaires et que ceux-ci doivent justement à la surveillance et à l'hostilité dont ils sont entourés. D'où ces nombreuses complicités à l'œuvre générale, qui a pour objet « l'extinction de l'hérésie », ces complicités que Rulhière a notées, et, après lui, Sainte-Beuve.

C'est là un fait humain. Certains courants se produisent parfois contre une religion, une race ou une simple collectivité, où il est bien malaisé de discerner, même aux témoins oculaires, la nature des poussées qui les forment; si c'est la conviction ou l'intérêt, ou les deux ensemble. Bien des gens honnêtes, à la veille de la Révocation de l'Edit de

Nantes, crurent de bonne foi, en persécutant les Religionnaires, assurer leur salut au même moment qu'ils soignaient leur fortune en ce monde.

Il serait superflu de recourir à leur exemple pour se persuader que toutes les libertés sont solidaires, que la conscience humaine doit être avant tout respectée. Le sacrifice qui en serait fait à un dogme exclusif ne prouverait jamais que l'influence d'une meurtrière superstition.

ADDITIONS ET CORRECTIONS.

Page 168, note 1. Ajouter : *Chroniques de Languedoc*, t. V (1878-79), pp. 283-284.

Page 171, note 1. Ajouter : D'AIGREFEUILLE, *Hist. de Montpellier*, édit. de la Soc. des Biblioph. languedoc., publ. sous la direction de M. DE LA PIJARDIÈRE. Montpellier, Coulet, 1882, t. IV, pp. 684-94).

Pièces justificatives. Page LXXX, ligne 23 : [Par l'art. 3]; lire : Par l'art. 43.

— Page CXXVII, lignes 14-15 : [Le s^r Pivols]; lire plutôt : Le s^r Peirols.

PIÈCES JUSTIFICATIVES

1.

13 mars 1648. — Délibération des États de Languedoc excluant les consuls réformés des États et des Assiettes de la province [1].

Du vendredy trexiesme jour de mars.

Le sieur de Villeneufve scindic général a dit que suivant les antiens uzages de cette Province ce qui se garde en cette assemblée doibt servir de loy à celles qui en despendent et que les assiettes des diocèzes doivent estre reglées par exemple des Estats, que ceux de la religion pretandue refformée ne sont point receus dans cette assemblée laquelle les a exclus toutes et quantes fois qu'il a esté délibéré sur leur entrée; neantmoins il est adverty qu'ils tachent de s'introduire dans les assiettes de quelques diocèzes; que le Roy ayant ordonné que les premiers consuls de toutes les villes et communautés feussent catholiques, qui sont ceux qui ont entrée dans les assiettes et assemblées d'estats, il semble qu'il en ayt voulu exclure ceux de la religion pretandue refformée, neantmoins que pour s'y introduire ils uzent de fraude, trouvent moyen de faire absanter les premiers consuls pour donner lieu aux scindics d'y entrer en leur place, ce que les assiettes de Montpellier, de Nismes, d'Usez et autres ayant recogneu, n'ont jamais voulu recevoir le second consul des communautés pour les premiers; mais en cas de maladie ou autre empêchement du premier consul moderne, elles font entrer l'antien et à son

---

1. Arch. départ. de l'Hérault, C, Etats. Proc.-verb. des séances (session du 13 fév.-28 mai 1648). Copie officielle non paginée. — Cf. Arch. Nat., TT, 247 (olim TT, 822), pièce 91 reproduisant la délibération.

deffaut celluy qui l'a précédé, commé en divers rencontres ils se reprezantent l'un l'autre, en remontant toujours dans l'ordre des premiers consuls ; qu'il seroit tres important qu'il pleut à l'Assemblée donner ses ordres aux assiettes sur ce subject, affin que aucune n'y soit surprize ; l'affaire mise en délibération, *a esté arresté* qu'aucuns consuls, commissaires ordinaires et autres faisant profession de la Religion pretendue refformée ne seront receus dans les assiettes, non plus que dans les Estats, exortant les commissaires principaux qui sont du corps de cette assiette de tenir la main à l'observation de cette deliberation ; et, d'autant qu'il se trouve encore quelques officiers royaux de ladite religion pretendue refformée qui, à raizon de leurs offices, sont commissaires ordinaires de quelques assiettes, que Sa Majesté sera tres humblement suppliée par les depputés du pays en cour de vouloir ordonner que les lieutenants desdits officiers seront receus en leur place, à leur excluzion, dans les assiettes pourveu qu'ils facent profession de la religion catholique.

2.

1648. — Mémoire préparé par les Réformés pour La Vrillière contre la précédente délibération[1].

Memoires sur le subject de la desliberation prinse aux Estats de la province de Languedoc en la ville de Carcassonne le xiiie du mois de mars dernier, dont la cassation est demandée par les deputez des villes de Nismes, d'Usez et Castres.

Sera representé qu'auparavant l'année 1632 les premiers consuls des villes capitalles des diocèses de la province avoient droict d'entrée aux Estats quoy qu'ils fissent profession de la R. P. R. Et en cas de legitime empeschement les autres consuls estoient subrogés à leurs places et l'entrée ne leur estoit en aucune façon contestée.

En l'année 1632 le consulat ayant esté mi-parti en toutes les villes et lieux de la province où ceux de ladite Religion estoient en grand nombre et qui estoit auparavant exercé par eux en seul, la charge de premier consul, suivant les lettres patentes du feu Roy d'heureuse mémoire, registrées en la Chambre de l'Édit de Castres, auroit toutsjours esté donnée à ceux qui faisoient profession de la Religion

---

1. *Arch. Nat.*, TT, 247 (*olim* TT, 322), pièce 90.

catholique Apostolique Romaine, ce qui se pratique encore jusques au moindre village; et, en cette qualité de premiers consuls, ils auroient toutsjours eu la députation aux Estats comme leur appartenant par preference à touts autres. Et quand le premier consul n'a peu aller aux Estats pour quelque legitime empeschement, le second consul a esté nommé à sa place quoy que de la R. P. R., ce qui seroit arrivé en l'année 1632 en la ville de Nismes que le s^r de Vestric premier consul de ladite ville en 1631 ne pouvant aller aux Estats, le s^r Bouschet, second consul faisant profession de la R. P. R. fut nommé à sa place, laquelle nomination fut faicte par ceux de la Première Eschelle d'une et d'autre Religion sans tirer à conséquence, sur ce qu'il estoit soustenu que l'entrée des Estats n'appartenoit qu'à ceux de la première Eschelle; et ceux de la seconde Eschelle soustenoient au contraire que les autres y pouvoient estre admis pour avoir le mesme droict, en suite de laquelle desliberation ledit Boscher second consul de ladite ville eust entrée aux Estats tenus à Beziers en l'année 1632.

Que si despuis les consuls de la R. P. R. n'ont heu entrée aux Estats, c'est pour ceste raison qu'ils n'estoient premiers consuls, auxquels seuls l'entrée ausdits Estats appartient, et les premiers consuls estants toutsjours catholiques, les seconds consuls n'ont pas esté en peine d'y estre deputez, puisque les premiers consuls estoient trop soigneux de profiter l'occasion de la tenue des Estats où ils trouvoient toutsjours quelque douceur advantageuse.

Mais quant aux assiettes, en toutes les villes capitales des diocèses où elles sont convoquées, touts les consuls, tant catholiques que de ladite R. P. R., y ont toutsjours assisté comme commissaires ordinaires, lesquels touts ensemble esdites assiettes ne font qu'une voix, ce qui ne leur a jamais esté disputé jusques à present que, sans aucune raison, les Estats de ladite province tenants à Carcassonne auroint prins desliberation le 13^{esme} du mois de mars dernier d'en defendre l'entrée aux consuls de ladite Religion soubs pretexte que n'ayant aucune entrée aux Estats, ils ne la peuvent prétendre aux Assiettes qui en sont un abrégé, ce qui est une mauvaise conséquence, d'autant que, s'ils n'ont entrée aux Estats, ce n'est pas pour ce qu'ils sont de ladite Religion, mais à cause qu'ils ne sont que seconds consuls; car s'ils estoient admis aux premières charges consulaires comme ils le souloient estre, l'entrée aux Estats ne leur pourroit estre contestée.

Duquel droict ils ont toutsjours jouy comme inséparable de leurs charges qui leur seroient inutiles s'ils en estoient privés, et recevroient une flétrissure en leurs personnes touts ceux de ladite Religion, si notable et si sensible qu'elle leur seroit insupportable, estant traictés avec tant d'indignité et d'ignominie comme s'ils estoient moins subiects de Sa Majesté et moins affectionnés à son service, ce qui ne sauroit leur estre reproché, puisque, depuis leurs malheurs passés, leur fidélité au service du Roy a esté toutsjours très entière et de laquelle en toutes occasions ils ont donné des véritables tesmoignages, et ont gayement et de bon cœur contribué comme ils font encores au payement des deniers de Sa Majesté et de tout ce qui est nécessaire pour le bien de son Estat et la grandeur de sa couronne. Que, s'ils sont obligés de contribuer au payement de toutes les impositions qui se font en la province pour le service de Sa Majesté, il est bien juste aussi qu'ils ayent part aux honneurs politiques, affin que, pour le moins, comme ils sont en plus grand nombre que les autres ès villes où ledit consulat est mi-parti, qui contribuent le plus au payement desdites impositions, ils puissent voir, pour l'interest de ceux de leur Religion, comment on y procède afin d'empescher les surcharges qui leur seroient faictes, s'ils n'en avoient aucune cognoissance.

Mais ayant pleu à Sa Majesté lors de son joyeux avènement à la couronne confirmer tous les Edicts et declarations faicts en leur faveur, et se trouvant pour lors en possession de ce droict, Sa Majesté leur a toutsjours faict cognoistre et la Reine Régente sa très honorée dame et mère et Nosseigneurs de son Conseil qu'elle les vouloit maintenir en la possession de toutes les graces à eux accordées et dont ils jouissaient lors de la mort du feu Roy Louis treize d'heureuse mémoire, ce qui seroit contrevenir ouvertement à sa volonté, si ceste desliberation des Estats estoit executée.

A la suite, d'écriture cursive :

Faire un arrest sur l'advis qui a esté donné au roy que les Estats de Languedoc assemblés par la permission de Sa Majesté à Carcassonne par une deslibération du xiiie de ce mois... Sa Majesté estant... ordonner qu'il en soit usé aux assiettes, conformément à l'usage pratiqué de tout temps.

Au dos : Pour M^{er} de la Vrillière.

Mémoire de ceux de la R. P. Ref. sur le faict de l'entrée aux assiettes.

3.

1655. — Les précautions secrètes contre les magistrats réformés de Languedoc. Placet au chancelier Séguier. (Note de Bezons ou de La Vrillière?)[1].

Je supplie Mʳ le Chancelier de vouloir bien se souvenir de ne point accorder de survivances ny de provisions aux enfans des Conseillers de la R. P. R., tant de la Cour des Aydes de Montpellier que des Présidiaux de Languedoc; De ne point donner d'évocation à ceux de la R. P. R. de ladite Cour des Aydes de Montpellier contre les Nouveaux Convertis pour raison des cottisations par eux faites pour les affaires de ladite Religion;

Et de vouloir bien n'accorder aucune abolition, grâce ny évocation aux Sʳˢ Aoustenqs[2] condemnés à mort par la Cour des Aydes de Montpellier pour des concussions enormes.

Au dos : Placet. On prie Mᵍʳ de ne point accorder de survivance aux enfans de Conseillers de la Rel. P. R. de Montpellier.

4.

1656. — Rivalité économique entre catholiques et réformés à Nimes[3].

Article 2. — Les entreprises de vos sujetz de la R. P. R. sont sy frequantes et sy extraordinaires, particulièrement depuis la sus dite évocation géneralle[4], que sy la modestie de vos sujetz catholiques n'estoit extrême, ilz viendroient tous les jours aux mains. Car dans touttes les villes où ilz sont en plus grand nombre ilz osent tout pour oprimer les catholiques en touttes manières. Ainsy dans Nismes

---

1. *Bibl. Nat.*, f. franç. 15832, fol. 256.
2. Cette mention des frères Aoustenqs (Aostène) fixe la date de la pièce. Cf. *Hist. gén. de Langued.*, t. XIII, p. 357.
3. *Arch. départ. de l'Hérault*, C, Etats. Cahiers de doléances présentés au Roi par les Etats. Registre 1656. Répondu par le Roi le 20 octobre 1656. Art. 2, fol. 1 v°. Original.
4. Evocation des causes protestantes au Parlement de Grenoble.

où ilz ont mesmes une évocation du présidial de la dite ville et par conséquant sont sans aucune auctorité qui les puisse régler, les artisans catholiques ny trouvent point de logement en payant, ny d'occupation pour gagner leur vie, par ce que le consistoire l'a deffendu, mesmes aux maistres artisans de recevoir aucuns garçons catholiques, avec commandement de chasser ceux qu'ilz avoient desjà, ce qu'ilz ont exécuté, à cette violence adjoustant la force de l'argent qu'ilz donnent aux pauvres catholiques, plusieurs ont succombés à la tantation...

Réponse : Le Roy a pourveu aux entreprises prétendues avoir esté faictes par ses subjets de la religion prétendue réformée par sa déclaration du xviii° juillet dernier envoyée en tous les parlemens et chambre de l'édit; veult Sa Majesté qu'elle soit observée et exécutée et que suivant icelle il soit envoyé des commissaires par touttes les provinces, l'un catholique et l'autre de la dite religion prétendue réformée pour recevoir les plaintes d'un chacun et y estre par eulx pourveu ainsi que de raison.

5.

25 avril 1661. — Exemple d'abjuration reçue par un religieux[1].

Je soubz signé, religieux, prieur au Couvent des RR. PP. Carmes de Lunel certifie à tous ceulx qu'il appartiendra que ce jourd'hui 25° apvril 1661 Catherine Salendre de Montpellier se seroit présentée à moy pour faire abjuration de l'hérésie qu'elle a cy devant professée pour estre receue a nostre S¹⁰ foy catholique, apostolique et Romaine, ce qu'elle a faict ce jourd'huy que dessus dans nostre Eglise devant le grand autel, en presence des soussignés avec toutes les formalités requises portées par les sacrés canons, le tout suivant et conformement à la permission qui m'en a esté donnée par M⁰ de Renchin vicaire général de M⁰ de Montpellier, en datte du 23° apvril 1661. Faict ce jour et an que dessus; ladite fille n'ayant sceu signer, elle a opposé (*sic*) le signe de la S¹⁰ Croix.

      Demoret consul A. Tremoulet consul.

A. Poix, prieur susdit des Carmes.

---

1. *Arch. départ. de l'Hérault*, G. IV, 7. Fonds de l'Evêché. Nouveaux convertis.

6.

1661. — Protestation des Etats de Languedoc contre le partage des consulats municipaux[1].

Article XV. — En touttes les villes et lieux de vostre province où les Consulats my parties sont encore tollérés par vostre majesté, les habitans de la R. P. R. ne ce contentant pas de la moitié, ont trouvé moyen de surprendre l'auctorité de l'autre qui apartient aux catholiques en remplissant le premier rang d'un catholique qui par sa qualitté ne pouvoit estre admis qu'au second ou troisiesme et lequel ne pouvant soustenir l'honneur et le poix de la charge laisse prendre toutte sorte d'advantage à ceux de la R. P. R. A ces causes, Sire, plairra à Vostre Majesté ordonner que vos subjetz catholiques procéderont à l'eslection des consuls catoliques séparement, et ceux de la R. P. R. à l'eslection de ceux de leur religion aussi séparement, à peine de nullitté des dittes eslections en attendant qu'il plaise à Vostre Majesté de rendre à l'esglise les consulaz qu'elle a tousiours possédés dans touttes les villes de la dite province avant les mouvemens des guerres de ceux du parti de la dite R. P. R.

Réponse : Le Roy ayant députté des commissaires en Languedoc pour l'exécution de l'édit de Nantes, après avoir esté par eux informé de l'uzage de chacune ville sur le fait du consulat, des abus qui se pourroint rencontrer en l'exécution de la demande faite par le principal article et les moyens et expédiens qu'il seroit nécessaire de pratiquer en cette occasion, Sa Majesté pourvoira sur le tout ainsi que le requiera le bien de son service.

1. *Arch. départ. de l'Hérault*, C, Etats. Cah. de dol., reg. 1661. Répondu le 18 août 1661. Art. 15, fol. 88 r°. Copie.

7.

12 octobre 1661. — Arrêt du Conseil d'Etat remettant aux commissaires de l'Edit l'examen de la situation des Réformés relativement aux fonctions municipales[1].

Extrait des registres du Conseil d'Etat.

Sur la requeste présentée au Roy estant en son Conseil par les gens des trois Estats de la Province de Languedoc contenant qu'encore que par la déclaration de l'année 1631 il ait esté procédé au reglement des consulats, conseillers politiques, hospitaux et collèges des villes de ladite province, neantmoingz il estoit arrivé qu'au prejudice de ladite declaration, il avoit esté donné divers arrests et déclarations ez années 1652 et 1654, mesmes qu'il avoit esté passé diverses transactions au moyen desquelles les establissemens faicts ez années 1632 et 1634 en vertu de la première declaration et arrestz donnez en consequence se trouvoient changez et alterez en choses essentielles, Requeroint qu'il plust à Sa Majesté d'y pourvoir pour remettre et conserver ses subjectz en l'union et intelligence où ils doibvent estre; Veu ladite requeste, ensemble les declarations et arrestz y attachez, Le Roy estant en son Conseil a ordonné [et] ordonne que par les Commissaires deputez pour l'exécution de l'Edit de Nantes Sa Majesté sera plus particulierement informée des cas contenus en ladite requeste pour sur leur advis estre ensuite pourveu ainsi qu'il sera advisé, Enjoint à ces fins Sa Majesté aux habitans de ladite province de l'une et de l'autre religion de remettre en ses mains toutes et chacunes les transactions et actes au moyen desquelz les Establissemens faictz ez années 1632 et 1634 en vertu de la declaration de ladite année 1631 et arrestz donnez en consequence se trouvent changez et alterez, à peine de desobéissance. Faict au Conseil d'Estat du Roy, Sa Majesté y estant, tenu à Fontainebleau le 12me jour d'octobre 1661.

Phelypeaux.

En marge : 12 octobre 1661. Il sera donné avis au roi par les commissaires députés pour l'exécution de l'Edit de Nantes sur ce qui concerne le réglement des consulats et conseils politiques, hospitaux et collèges de Languedoc.

[1]. *Arch. départ. de l'Hérault*, C, Etats. Edits et déclarations du Roy, lettres patentes, arrêts, ordonnances et jugements. T. XII, Rubr. 12.

8.

1662. — Les Etats de Languedoc contre la Chambre de l'Edit et la propagande des Réformés. Collège de Nimes [1].

Article Ier. — Les gens des trois estats de vostre province de Languedoc vos très humbles, très obeissans et très fidelles sujetz et serviteurs représentent en toute humilité à Vostre Majesté, que les Chambres de l'édit n'ayant esté establies qu'à temps par l'édit de Nantes de l'an mil cinq cens quatre vingt dix huit, le mesme édit en a ordonné la révocation par l'article trente six, pour estre exécutée, lors que les motifs de leur création auroient cessé, et Louis ltreize de glorieuse mémoire, voulant exécuter l'ordonnance d'Henry le Grand, a ordonné la réunion des chambres de l'édit de Castres et d'Agen sans aucune modification par l'article cent deux de son ordonnance donnée à Nismes au mois de juillet mil six cens vingt neuf, registrée à vostre parlement de Tolose le vingt huit du mois d'aoust en suivant. Mais les guerres civiles et estrangères qui ont occupé ces deux grands monarques et retardé l'exécution des ordonnances sy chrestiennes, ont préparé à Vostre Majesté la gloire de la consommation de cette grande œuvre, puisqu'elle n'a plus d'ennemis à vaincre, et que ceux qui le sont maintenant de sa religion ne le seront pas longtemps après la réunion desdites chambres, parce que ce sont des azlles pour vos sujets de la Religion Prétendue Réformée, où tous leurs emportemens trouvent ou l'impunité ou un arrest de partage, l'église et l'estat en sollicitent ardamment la piété de Vostre Majesté, et tous les ordres du Languedoc, à leur tour, la supplient avec respect et confiance de vouloir soumettre à la juridiction dudit parlement de Tolose tous ses ressortissables sans distinction de religion, laquelle ne les partage pas plus que ces deux tribunaux de justice directement opposez dont les contentions continuelles consomment les parties en frais inutiles pour soutenir leurs juridictions. A ces causes, Sire, plaira à Vostre Majesté ordonner que conformément à l'édit de Nantes, et à l'ordonnance de Louis trei-

---

1. *Arch. départ. de l'Hérault*, C, Etats. Cah. de dol., reg. 1662. Répondu le 7 juillet 1662. Art. 1, 2, 20, fol. 40 r°, sqq. Origin.

ziesme, la chambre de l'édit de Castres sera réunie audit parlement de Toloso.

Réponse : — Après avoir entendu les officiers de la chambre de l'Edict de Castres, Sa Majesté y pourvoira, fera bonne considération sur la demande du présent article.

Article II. — Les subornations continuelles desquelles vos sujets de la R. P. R. dans vostre province de Languedoc se servent journellement pour corrompre l'esprit de leurs valets, servantes, vassaux, fermiers et autres personnes foibles, pauvres ou deppendants d'eux, et les attirer à leur hérézie, ou par menaces, ou espérances de mariage, d'aumosne ou de protection, en leur inspirant que la liberté de consience est permise également par vos predécesseurs aux catholiques qui vont professer l'erreur de Calvin, et aux huguenots qui l'ont demandée pour eux, obtenue par les déclarations et edits, quoyque par les termes des uns et des autres il ne paroisse en aucun article que cette liberté de quitter la vraye religion pour embrasser l'hérésie aye jamais esté recherchée ny demandée par les catholiques, et qu'au contraire il se voit clairement que c'est une pure grâce accordée aux seuls huguenots à laquelle les catholiques vos sujets de la province de Languedoc ne veulent aucune part, et s'il y en avoient aucune, ils y renoncent de cœur et de bouche et supplient très humblement Vostre Majesté de leur vouloir accorder une déclaration par laquelle il paroisse que cette liberté de consience ne regarde que les seuls huguenotz que vos predecesseurs ont bien voulu tollérer et permettre de vivre en repos dans vostre royaume pour le bien de la paix, et qu'à l'esgard des catholiques quy la rejettent et détestent cette liberté prétendue comme un piège pour faire trébucher les idiots et les libertins, Vostre Majesté n'entend point qu'ils puissent, sous ce vain prétexte d'une liberté qu'ils n'ont jamais demandée et que les Calvinistes n'ont pas eu le droit ny pouvoir de demander pour eux, quitter la Religion catholique, apostolique et romaine, sous telle peine, mesme corporelle, qu'il plairra à vostre majesté ordonner, cela ayant esté jugé de la dernière importance par vos estats de la province de Languedoc dont vos sujetz de la R. P. R. ne peuvent se plaindre, puisqu'on ne demande pas que Vostre Majesté révoque rien de ce qui leur a esté accordé, mais seulement que les catholiques ne soient pas envelopez dans la permission que vos predecesseurs ont donné aux hérétiques de vivre dans l'hérésie de Calvin, jusqu'à ce qu'il plaise à Dieu leur ouvrir les yeux et les rappeller au giron de l'église catholique, qui sont les termes de l'édit donné à Nismes au mois de juillet mil six cens vingt neuf rendu en faveur des huguenots; A ces causes plairra à vostre majesté d'accorder la dite déclaration.

Réponse : — Sa Majesté se fera representer l'Edict de Nantes pour, icelluy veu, estre faicte bonne considération sur le contenu au présent article.

. . . .
. . . .

Article XX. — Suivant les ordres de Vostre Majesté, l'ordonnance de ses commissaires exécuteurs de l'édit de my partimentz, arrestz du conseil et de la chambre de l'édit de Castres et de la transaction passée en conséquence entre les habitans catoliques et ceux de la R. P. R. de vostre ville de Nismes, le collège royal de la dite ville ayant esté rendu commun aux jésuites et aux régens de la R. P. R. ceux-ci auroient depuis usurpé une partie du dit collège, et construit une autre tout séparé, et pour couvrir cette violance ils auroient extorqué une transaction des catholiques pour les empescher d'en réclamer, et comme une telle conduitte choque les ordres de Vostre Majesté et les arrestz de son conseil, blaisse la religion catholique et trouble le repos de ceux qui la professent, Vostre Majesté est très-humblement suppliée d'ordonner que sans s'arrester à la dernière transaction, la première sera exécuttée conformément aux ordres de Vostre Majesté, arrestz de son conseil et de la dite chambre.

Réponse : — Les parties se pourvoiront par devant les commissaires en Languedoc députez pour l'exécution et les innovations de l'Edict de Nantes et autres donnez en conséquance.

9.

16 janvier-18 juillet 1662. — Subvention des Etats aux œuvres de conversion [1].

Estat de la distribution de la somme de 2,000 l. ordonnée en aumosnes suivant l'antienne coustume par les gens des trois Estatz assemblés à Beziers (janv.-mars 1662)... sur les deniers de l'équivalent apartenant à la Province.

(A divers ordres religieux et hôpitaux)...

Aux nouveaux et nouvelles converties de Pezenas la somme de

---

1. *Arch. départ. de l'Hérault*, C, Etats. Comptes du Trésorier de la Bourse. Carton 1662.

deux cens livres (par ordonnancement de l'évêque de Viviers, président, au Trésorier de la Bourse, François Le Secq, en date de Béziers, 16 janvier 1662.)

Au dos : Je henri de Nisas Intendant des Nouveaux et Nouvelles Catholiques ay receu de Mʳ Le Secq la somme de deux cens liv. conteneue au mandement cy derrière dont l'en quitte.

Faict à Pezenas ce 18 juillet 1662.

henri de Nisas.

10.

18 février 1662. — Subvention des Etats à une famille de nouveaux convertis[1].

Estat de la distribution de 75,000 l. (imposées suivant lettres patentes et déliberations des Etats). Session de Béziers, janv.-mars 1662.

A une peauvre famille de la ville de Montpellier nouvellement convertie à la foy catholique : la somme de trois cens livres sur les deniers de l'avance, laquelle sera paiée sur les ordres de Mʳ le marquis de Castres (Castries) accordée par desliberation des Estats du 18 febvrier 1662... cy. 300 l.

11.

6 avril 1662. — 3 avril 1663. — Extrait du « Cayer des plaintes et demandes » des Réformés de Montpellier[2].

Art. VI. Maistrises et Consulats des Arts. De tout temps les artizans de ladite ville de la R. P. R. ont esté receux non seullement aux Maistrises des Arts libéraux et mécaniques, mais aussy aux charges des consulz desdits Artz et Mestiers conjointement avec les catholiques, ce qu'a esté observé avec grande union et concorde jusques à présent que les habitans de ladite Religion en vertu de certains

---

1. *Arch. départ. de l'Hérault*, C, Etats. Comptes du Trésorier de la Bourse. Carton 1662.]

2. *Arch. municip. de Montpellier*, GG, Réformés.

arretz randus sur requeste tant au Conseil que au parlement de Toulouse en ont esté exclus, et parce que c'est directement contrevenir aux Edicts, ilz vous supplient, nosseigneurs, d'ordonner que les habitans de ladite Religion P. R. seront receus ez mestrizes et consulats de leurs artz conjoinctement les Catholiques conformément à l'édit de Nantes, art. 27 et art. 28 des responses faictes au cayer de 1606 et autres.

Réponse en marge : Les P. R. seront tenus seulement de payer le droit de boitte pour estre employé à l'assistance des pauvres malades de leurs arts de l'une et de l'autre religion et autres fraix de leurs mestiers sans que ledit argent puisse estre employé au payement du service divin, pains benists et autres choses dont ils sont deschargés par l'art. second des particuliers, sauf qu'il y ait statut, fondation ou convention contraire.

Et à l'esgard des consulats desdits mestiers, nous, de Besons, commissaire catholique, sommes d'advis qu'il en sera usé suivant les arrestz de reglement.

Et nous, de Peyremales, commissaire de la R. P. R., disons y avoir lieu d'ordonner que lorsqu'il sera procédé à la nomination des consulz desdits mestiers, ceux de la R. P. R. seront appellés pour y avoir voix desliberative et estre admis auxdites charges des consulz esgalement avec les catholiques suivant les Edicts.

Art. VII. — Se plaignent aussi lesdits habitans de ladite Rel. P. R. de ce que les consuls catholiques des mestiers et artz veulent obliger les maistres et compagnons desdits mestiers et artz de ladite religion de contribuer aux fraix et depance qu'ils font annuellement pour les coffreries (confréries), chapelles, pain benist et autres chozes de pareille nature; et, d'autant que par les Esdicts, ils en sont deschargés, il vous plaira, etc. (mention de l'art. 2 des particuliers et art. 23 des réponses au cahier de 1606 et autres.)

Réponse en marge : Cest article est respondu en marge du precedent.

. . . .

Faict à Montpellier ce 6esme jour du mois d'avril 1662

  Caffarel, scindic desdits habitans.

Faict et arresté à Nismes le 3me jour d'avril 1663

  Bazin   De Peyremales.

12.

16 août 1662. — Un détournement d'enfants. Restitution ordonnée par l'Intendant[1].

Claude Bazin, chevalier, seigneur de Bezons, conseiller du Roy ordinaire en tous ses conseils, Intendant de Justice, police et finances en la province de Languedoc,

Sur la requeste à nous presentée par Me David Darvieu, docteur ez droictz et advocat en parlement rezidant en la ville de Sauve, contenant qu'il auroit eslevé Claude et Germaine Darvieu, ses enfans, dans la Religion P. R. dont il a tousjours faict profession, iceux faict baptiser dans le temple de ladite ville, lesquels il auroit mis despuis peu de tems entre les mains de Marthe de Ricaud (?) en la ville de Montpellier, pour en avoir soin, avec ordre de les eslever dans ladite religion; neanmoins ladite Ricaud auroit permis que lesdits Claude Darvieu ayant esté mis dans le couvent des pères Capucins dudit Montpellier ou ailleurs, à la persuasion des dames de Misericorde et la fille chez la dame de Grasset, l'une desdites dames de la Misericorde; et d'autant qu'il est expressement deffendu par les Edicts et notamment par celui de Nantes d'enlever par force ou induction les enfans de ladite R. P. R. contre le gré de leurs parens; d'ailleurs ils ne sont pas en eage de faire choix de Religion, le fils n'ayant encore doutze ans accomplis et la fille n'ayant que huict ans;

Requerant qu'il nous plut sur ce luy pourvoir; Veu ladite requeste, extraicts baptistoires dudit Claude, du 12e septembre 1650, né le 18 may precedent, et de ladite Germaine, du 27 febvrier 1654, né le 7 janvier precedent; lettre missive escripte audit supliant par ladite dame de Grasset, signé Constance Carnoux;

Nous avons ordonné qu'au premier commandement quy en sera faict aux detempteurs desdits Claude et Germaine Darvieu, ils seront tenus de les remettre au procureur dudit supliant leur père, à quoy fere ilz seront constrainctz par toutes voyes et par corps, permettant audit supliant de les prendre en quelque lieu qu'ils soient;

1. *Arch. municip. de Montpellier*, GG, Réformés. Liasse.

Auquel effect commettons..... pour en faire perquisition où besoing sera, enjoignons aux Consuls de ladite ville de Montpellier de tenir la main à l'execution de nostre presente ordonnance; et à tous prevosts des mareschaux, huissiers, archers ou sergens fere sur ce tous exploits, sommations, constrainctes et autres actes requis et nécessaires; et, en cas de contrevention à nostre presente Ordonnance, il en sera informé par le premier magistrat royal ou docteur gradué requis pour, information faite, y estre pourvu ainsin que de raison. Fait à Montpellier le seitziesme jour d'aoust 1662.

De Basin signé. Par mondit seigneur, Tournier, signé.

13.

Novembre 1662 (?) — Mémoire (de la Vrillière?) au chancelier Séguier sur l'arrêt du 13 novembre 1662 relatif aux enterremens des Réformés[1].

Pour représenter à Mgr le Chancelier

Le partage sur l'enterrement des morts des Religionnaires est que le commissaire catholique est d'avis qu'en toutes *les villes et lieux où lesdits Religionnaires n'ont pas droict de faire l'exercice public*, ils doibvent enterrer leurs morts à l'entrée de la nuict ou avant le jour, et faict *distinction des lieux* où il y a *exercice public*, et de ceux *où il n'y en* a pas, estimant que là où ils peuvent faire l'exercice public, ils peuvent enterrer leurs morts publiquement comme estant une dependance dudit exercice et ainsy qu'il s'est pratiqué jusques à present.

Et le commissaire de la Rel. prét. est *d'advis* qu'en tous les lieux sans *aucune distinction* les enterremens des morts desdits religionnaires peuvent être faicts publiquement et à toutes heures.

De sorte que l'arrest portant que dans toutes les villes lesdits enterremens ne pourront estre faites qu'à l'entrée de la nuict ou avant le jour *ordonne au delà du partage et ne le vuide pas*, ce que Mgr le Chancelier aura agréable de considérer, et de voir s'il ne seroit pas mieux de confirmer l'advis du commissaire catholique et remettre en ce cas les mots qu'il a rayez dans le dispositif dudit arrest: *Et lieux*

---

1. Bibl. Nat., f. franç. 15832, fol. 197.

où les habitans de ladite religion n'auront point le droit d'y faire l'exercice public.

Au dos : Mémoire touchant les enterremens de Mrs de la R. P. R.

14.

11 janvier 1663. — « *Mémoire pour les enterremens de ceux de la R. P. R.* » (*Du prince de Conti, gouverneur de la province de Languedoc*[1].)

L'intention de Mgr le Prince de Conty est que l'arrest du Conseil du 13^{esme} novembre dernier soit signifié à ceux de la R. P. R., si faict n'a esté, et ce parlant au scindic de ceux de ladite R. P. R. et à ceux du Consistoire, parlant à l'un des anciens pour tous les autres.

Que les Consuls, lors qu'ils verront passer quelque enterrement à autres heures que suivant ledit arrest du Conseil et en autre manière, ils en donnent advis au Procureur du Roy au Seneschal et luy administrent les tesmoins pour en estre informé à la requeste dudit Procureur du Roy et non des Consuls.

Les Consuls auront soin de deux choses :

La première d'empescher que le peuple ny les particuliers s'ingerent par voye de faict d'empescher ceux de ladite R. P. R.

Et la seconde de donner main forte pour l'execution des decrets qui seront laxés ensuitte desdites informations, lorsqu'ils en seront requis par ledit Procureur du Roy et en la manière qu'il leur sera ordonné par M. le Marquis de Castres (Castries) ou celuy qui commande en son absence.

Les prevosts des mareschaux seront aussi tenus de faire pour l'execution desdits decrets ce qui leur sera ordonné, et les prisonniers seront conduits ès prisons du Seneschal ainsi que pour les autres crimes dont la connoissance leur appartient.

Le sieur lieutenant criminel ne decretera point les plus proches parents du mort que l'on enterrera, mais il choisira des plus considerables[2] et plus apparens de ceux qui assisteront à l'assemblée et convoy dudit enterrement, autres que parens du mort.

1. *Arch. municip. de Montpellier*, GG, Réformés. Cf. *Bibl. Nat.*, f. franç. 15832, fol. 92, un double de la précédente pièce adressé au chancelier Séguier.

2. *Bibl. nat.*, f. franç. 15832, fol. 92, porte : les plus qualiffiés.

Suit une lettre du prince de Conti, en date du 11 janvier 1663, annonçant l'envoi du précédent mémoire aux Consuls de Montpellier et une lettre du marquis de Castries aux mêmes, même date et même objet.

15.

Fin 1663 (?) — « *De la Commission pour l'exécution de l'Edict de Nantes dans le bas Languedoc et le Pais de Foix*[1]. »

La Commission pour l'exécution de l'Edit de Nantes dans les quatre sceances qui ont esté tenues à Nismes ou à Pezenas n'a proprement jugé que les affaires de ces trois diocéses, Nismes, Uzez et Mende.

Tous les lieux de ces trois diocéses esquels l'exercice de la R. P. R. est public, ont esté assignés et obligez à prouver par acte l'establissement de leur exercice ez années requises par l'Edict, et l'on a trouvé que les usurpations des Pretendus Reformez sont si grandes, que si les partages sont vuidez à la Cour en faveur des Catholiques et suivant l'advis de Monsieur de Bezons, intendant de Languedoc et commissaire catholique, prez de deux cents lieux perdront le droit d'exercice, et prez de deux cents temples seront démolis dans ces trois dioceses ainsi que l'on peut voir dans ces tables.

Le Roolle et le nom des lieux qui ont esté condemnez ou par ordonnance donnée en contradictoire deffense ou par forclusion définitive et executée, et dans lesquels l'exercice public de la R. P. R. cesse desja, et les temples sont actuellement fermez et doivent estre demolis par l'advis du Commissaire catholique :

DANS LE DIOCESE DE NISMES.

La Cadière, Sainct Jean de Roques, Sonneiras, Madières, Bellegarde, Maruejols les Gardon, Maruejols en Vaunages, Ste Margte de Peirolles, Pommier, Puechredon, Lougrian, St Nasaire des Gardies, Conqueirac, Ortes (Ortoux), St Jean de Serres, Massiliargues près Anduze, Cesas, Cambos, Dourbies, Agusan, S. Bresson, Sainct Benezet, Saint Sauveur de Pourcils, St Jean de Crieulon, Gatusières, St Bonnet de Salendrenques, Gaujac près Anduse, St Jean de Bau-

---

1. *Arch. Nat.*, TT, 247 (*olim* TT 322), pièce 92.

sels, Lunnéjols, Vabres, Candiac, Massane, S¹ Blaise de Lioue, Bragassargues, Brouzet, Rouret, S¹ Julien de la Nef, Roquedur, Courbes, Aubort, Parignagues.

DANS LE DIOCÈSE D'UZEZ.

Castelnau, Montagnac, Crespian, Combas, Foissac, Bourdic, Colorgues, Belvezet, Pignadoresse, Fournez, Verfueil, Godargues, Desplans, Mejanes, S¹ Hyppolite de Caton, S¹ Jean de Cerargues, Sainct Bausile, Pontels, Montignargues, Fons sur Lussan, Brués, Domessargues, Fix, Montmiral, Ajouset, Montels, Mons, S¹ Martin de Valgalgue, Sainct Brez, Sainct Denys, Rochegude, Meiranes, La Ronvière, Concoules, Villefort, S¹ Victor de Malcapt, Ozon, Arlendes, Sainct Étienne, Vic, Ners, Garrigues, Serignac, Roublac, Avéjan, Cannes, Neusières, Pierremales, par forclusion.

DANS LE DIOCÈSE DE MENDE.

S¹ Laurens de Trébé, Le Mazel, Le Pont de Montvert, S¹ Michel de Dèzes, S¹ Julien des Poiners, Sainct Andéol.

— Le Roolle et le nom des lieux dans lesquels Messr³ les Commissaires se trouvent partagez, tant pour le droict d'exercice que pour la demolition du temple :

DANS LE DIOCÈSE DE NISMES.

Generac, Bouillargues, Cayssargues, Marignargues, Redessan, Sainct Cesaire, Courbessac, Montredon, Petit Galargues, Aspères, Lèques, Villetelle, Salinelles, Pompignan, S. Hilaire de Bretmas, Sauvignargues, S¹ Estienne d'Escate, Brisac, Mus, Vestric, Soustelle, Sainct Cosme (interdit par provision), Canaules, Bréau, Avèze, Molières, Sainct Marsal, Boissières, Sainct Dionysi, Boisset, Ribautes, Congenies, Junas, Solorgues, Millaud, Villevieille, Aujargues, Montpesat, Codognan, Mandagoust, Perignargues, Cincens, S¹ Cristol de Verineil, Conqueirac, S¹ Julien de Palières, S¹ᵉ Croix de Caderles, Cros.

DANS LE DIOCÈSE D'UZEZ.

La Calmette, Dions, Lascours Cruviers (exercice interdit), Páulargues, Fontaresches, Le Pin, Savant, Moustac, Gageans, Sainct

Mamet, Sainct Chapte, Aigremont, Sainct Theodorit, Sainct Quentin, Montclus, Sauset, Sainct Jean des Anels, Valence, Sainct Cesaire (interdit), Gatignes, Seynes (exercice interdit), Sainct Deseri, Arpaillargues, S¹ Maurice de Casevieille, Chausse ou Chambourigaut, Lussan, Sénillac, Servieres, Valeirargues.

DANS LE DIOCÈSE DE MENDE.

Fraisinet de Fourques, Semelac, Masaribal, S¹ André de Lancise, Grisal, Balmes près Carré, Mandement de Roustés, Montvaillant, Castelbouc, La Rouviere, S¹ Hilaire de Lavit, Fraisinet de Losère, La Melouse, S¹ Julien d'Arpaon, S¹ Roman, Cassanhas, S¹ Martin de Boubaux, S¹ᵉ Croix de Valfrancesque, Le Pompidou, S¹ Michel de Dezes, S¹ Julien des Poinets, S¹ Martin de Cancelade, Molezon.

DANS LE DIOCÈSE D'AGDE.

Villemanne.

DANS LE DIOCÈSE DE S. PONS.

La Bastide.

DANS LE DIOCÈSE DE LODÈVE.

Sainct Jean de la Blaquiere.

— Le Roolle et le nom des lieux dans lesquels l'exercice public de la R. P. R. est maintenue par les ordonnances de Messʳˢ les commissaires :

DANS LE DIOCÈSE DE NISMES.

Nismes, Sainct Gilles, Bernis, Vauvert, Beauvoisin, Le Caylar, Aiguesmortes, Aimargues, Massillargues, S¹ Laurens d'Aigoux, Aubais, f[ief], Le grand Galargues, Aiguesvives, Vergèse, Allez, Generargues, S¹ André de Valborgne, S¹ Jean de Gardonnenque, Sodorgues, La Salle, Saumane, S¹ Martin de Corconnat, S¹ Hyppolite, Manoblet, Durfort, Quissac, Sauve, Le Vigan, Sommières, Calvisson, Caveirac, Nages, Clarensac, Langlade, Souvirac, Anduse, Aulas, Meyrueis, Valeraugue, Cardet, Ledignan, Cassagnoles, S¹ Paul de la Coste, Vézenobre, S¹ Marcel de Fontfouillouse, Montdardier, Sumène, S¹ Laurens le Meynier, S¹ Roman de Caudières, S¹ Sebastien d'Aigrefeuille, Seyras, Bagards, Aumessas.

DANS LE DIOCÈSE D'UZÈZ.

Uzez, Sainct Ambroix, Genouillac, Les Vans, Montarain, Blausac, Bouqueiran, Brignon, Fons outre Gardon, Cassagnoles, S¹ Geniés, Blannavez, Navacelle, Barons, Aubussargues, Barjac, S¹ Laurens de la Varnède.

DANS LE DIOCÈSE DE MENDE.

Maruejols, S¹ Latger, Florac, Barré, S¹ Germain de Calberte, Vebron, S¹ Estienne de Valfrancesque, Gabriac, S¹ Privat de Vallongue, Frusgères, S¹ Fresal de Ventalon, S¹ Martin de Lansuscle, Le Colet de Dèzes, Nre Dame de Valfrancesque.

Si les partages sont vuidez à la Cour en faveur des Catholiques, les condamnations par foreclusion définitive subsistant, l'exercice public de la R. P. R. sera aboli et les temples seront démolis en 198 lieux.

Règlements généraux sur lesquels Messrs les commissaires se sont partagez.

1. Qu'en toutes les Communautés le greffier sera unique et catholique.
2. Que toutes les charges uniques seront possédées par un catholique; les collecteurs des deniers royaux ne pourront estre collecteurs des deniers que les P. R. imposent pour l'entretien de leurs ministres et pour les frais de leur parti.
3. Qu'en nul lieu les P. R. ne pourront sonner la cloche depuis dix heures du jeudy sainct jusqu'à midi du samedy sainct.
4. Qu'ez lieux d'exercice les P. R. ne peuvent avoir que des escoles où l'on enseigne à lire, à escrire et à chiffrer.
5. Que dans toutes les communautés le Conseil politique sera du moins la moitié catholique.
6. Que dans les communautés où le nombre des catholiques n'est pas assez grand pour faire la moitié du Conseil politique, les curez ou vicaires entreront au conseil et y auront la première voix deslibérative.
7. Il s'est fait encore partage sur l'art. 67 de l'Edict touchant le pouvoir que les Présidiaux doivent avoir pour juger de la compé-

tance, quand le criminel est calviniste, domicilié et qu'il y a complicité.

Affaires particulières.

1. Le petit temple de Nismes : partage. Le commissaire catholique : qu'estant basti sur le fonds de l'ancien Collège, il soit rendu aux Jésuites. Le commissaire huguenot oppose la prescription.

2. Le collège des Prét. Réf. de Nismes : partage. Le commissaire catholique : que puisque les P. R. n'ont point de patentes vérifiées en une cour souveraine, ils ne peuvent avoir dans Nismes que des petites escolles. Le commissaire huguenot : que le collège doit du moins estre partagé.

3. L'académie ou escolles de théologie des P. R. : partage. Le commissaire catholique : que les consuls huguenots seront assignés dans deux mois au Conseil pour y représenter les titres et patentes en vertu desquelles ils prétendent avoir académie.

4. Le collège d'Anduse : partage. Le commissaire catholique : qu'il n'y aura que des petites escolles. Le commissaire huguenot : que l'on y pourra enseigner le latin et les lettres humaines.

5. Le temple d'Uzez : partage. Le commissaire catholique le condemne à raison de la proximité de la parroisse. Le commissaire huguenot demande nouvelle vérification.

6. Le consulat de Sommières : partage. Le commissaire catholique : que tous les consuls et toute la maison de ville sera catholique, la ville ayant esté prise par force. Le commissaire huguenot : que tout y sera partagé.

7. La voix supernuméraire de Monsr de Nismes dans la maison de ville : partage. Le commissaire catholique : qu'elle luy sera rendue. Le commissaire huguenot : que non.

La Commission a pris vacations. Monsr l'Intendant est parti pour la cour où tous les procès sont envoyez, et les parties assignées dans deux mois; elles y ont esleu domicile. Les P. R. advouent que cette Commission leur a fait plus de mal que n'eut fait une armée de trente mille hommes.

Au dos : Mémoire envoyé par Monsieur l'esvesque de Nismes sur l'execution de la commission donnée à Mrs de Bezons et Peyremales, du Languedoc, pour les contraventions à l'Edit de Nantes.

16.

5 janvier 1664. — La lutte dans les conseils de villes sur l'administration de l'assistance publique. Délibération du Conseil du Vigan [1].

1ᵉʳ janvier 1664. Le Vigan ; (Conseil ordinaire tenu par devant François de Ginestous, seigneur de Bosgros, conseiller du Roy, viguier en la ville et viguerie du Vigan. Assistant : le sʳ François Carrière, substitut de Mʳ le Procureur général.) Se seroient assemblez sʳˢ David Verdier et Fulcrand Finielz, consulz modernes, noble Claude de La Farelle, sʳ de Lafoux, accesseur; Mᵉ Thimotée de Mailhac, prestre et vicaire perpétuel dudit Vigan ; nobles Estienne de Guichard, sʳ de la Canourgue, Anthoine de Sᵗ Julhien, sʳ de Vallunes, Jacque de Foucquet, sʳ de Boisebard, Levy du Pujol, sʳ de Rouvignac, sʳˢ Pierre Huc, André Salze, Guilhaume Finielz, consᵉillers politiques...

A esté propozé par ledit sʳ Verdier, consul, qu'un arrest du Conseil d'Estat du 28ᵉˢᵐᵉ octobre dernier luy avoit esté intimé portant entre autres choses qu'il sera surcis à l'eslection des consulz et conseillers politiques de la presente ville pour la courante année jusques à ce qu'il soit procédé à nouvelle eslection ; en conséquence duquel arrest seroit interveneu ordonnance du seigneur de Bezons, intendant en ceste province, le 22ᵉˢᵐᵉ décembre dernier, par laquelle est ordonné que ledit arrest sera mis à execution, et en outre que l'hospitallier sera catholique ; qu'il sera faict eslection d'un troisiesme Consul catholique et, au surplus, portant deffences à toutes personnes, mesme à ceux du Consistoire de la presente ville, de s'ingerer en l'administration des leguatz faictz aux pauvres soubz quelque prétexte que ce soit, qui seront destribuez à iceux par lesdits consuls sans acceptation (*sic ;* acception) ny dinstinction de Relligion, conformément aux susdits arrestz du Conseil dudit jour, 5ᵉˢᵐᵉ décembre dernier, confirmatif des ordonnances rendues par les seigneurs les Commissaires exécuteurs de l'Edict et autres choses portées par ladite ordonnance ;

1. *Arch. départ. de l'Hérault,* C, Intendance, 161, liasse.

Sur quoy, après que ladite proposition a esté entendue et murement considérée, a esté conclud d'une commune voix et oppignion que ladite ordonnance et arrestz seront enregistrez dans le registre de la maison consulaire pour le conteneu d'iceux et de ladite ordonnance estre exécuté, ayant esté nommé et esleu pour 3esme consul catholique Me Anthoine Cornière pour, conjoinctement avec les consulz modernes, exercer ladite charge; et, pour le regard de ladite ordonnance, lesdits srs Finielz, consul, de Foucquet, de Vallunes, de Rovignac, de Lafoux, Huc, Finielz, ont esté de mesme advis des consulz et conseillers catholiques concernant l'enregistrement et execution des susditz arrestz et ordonnances, sauf en ce qui regarde l'administration des rantes et leguatz appartenans aux pauvres de ladite R. P. R., pour lequel chef ils sont opposans audit enregistrement et execution de ladite ordonnance dudit seigneur de Bezons dudit jour 22esme décembre dernier, attandu que ladite ordonnance a esté donnée sur la requisition du sr vicaire, eux non ouys ny deffandus, ny personne de leur part et mesme en l'absance du seigneur de Peiremales, l'un des seigneurs commissaires exécuteurs de l'edit, d'autant que ladite administration en appartient au Procureur des pauvres de ladite R. P. R., suivant et conformément aux privilèges à eux accordés par les Editz de Sa Majesté; et les susdits srs Verdier, premier consul, Courrière, Mes de Mailhac, prebstre et vicaire de la Canourge, Salze, Espinasse, ont percisté en la précédente oppignion;

Monsieur, sans avoir esgard aux incistances et oppositions du sr Finielz et conseillers de la R. P. R. a ordonné, à la requisition de Me Carrière, substitut de M. le procureur général, que lesdits arrestz et ordonnance seront enregistrés et exécutés sellon leur forme et theneur, sauf ausdits srs Finielz et conseillers de la Relligion de se pourvoir comme ilz verront estre à faire.

De Ginestoux, viguier. Carrière, substitut de Mr le procureur général. Verdier, consul. Finielz, consul opposant comme dessus. Foucquet, opposant comme dessus. Lafoux, opposant. Finielz, opposant. Huc, opposant comme dessus; et Mailhac, prebstre et vicaire de la Canourgue, Salze, Espinasse, ainsin signés à l'original.

Suit une lettre du curé Mailhac à l'évêque de Nimes :

A Mgr l'illustrissime et Reverendissime Evesque de Nimes.

Au Vigan, ce 5e janvier 1661.

Mgr,

Ceux de la R. P. R. qui voudroient qu'il n'y eust que leur sule authorité qui fust recogneue en ces quartiers, surtout en ceste ville du Vigan, se sont opposez à l'execution et mesme à l'enregistrement de l'ordonnance de Mr l'intendant en ce qui regarde l'administration des biens et legats pies faits aux pauvres, voulents à toute force, et au mespris de la dicte ordonnance, en estre, comme auparavant, les administrateurs. Leur opposition, Mgr, n'ayant aucun fondement faict voir clairement le mauvais usage qu'ils ont faict, par le passé, du bien des pauvres; car que peuvent-ils pretendre, veu qu'on reçoit en l'administration d'iceux le consul de leur pr. religion, qui, avec ses adherens les conseillers politiques, s'est roidi à ce qu'il ne fust pas déféré à la dicte ordonnance, disant hautement que Sa Majesté l'annuleroit, comme estant, disent-ils, au prejudice du bénéfice de ses edits dont ils jouissent.

Mgr, je supplie tres humblement vre illustrissime Grandeur qu'il luy plaise d'employer le pouvoir qu'elle a sur Mr de Bezons, intendant de la province dont l'authorité semble estre meslée dans l'interest de cette affaire, pour renverser l'opposition par laquelle les P. R. presument d'empescher le bon succés de nos justes desseins, qui en cette occasion n'ont autre but que la gloire de Dieu et le soulagement des pauvres, que nous voyons gémir, à notre plus grand regret, accablés d'une extreme misere.

Je suis, Mgr, de tout mon cœur, avec tout le respect et toute la soubmission que je dois à vre Grandeur,

Vostre tres humble, tres obéissant et tres redevable serviteur

F. MAILHAC, prebstre v.

Il vous plaira, Mgr, voir l'extraict de l'opposition.

17.

Avril 1664. — Protestation des Consuls de Montpellier auprès des Commissaires de l'Edit contre l'organisation fédéraliste des Réformés du Bas-Languedoc [1].

A Nosseigneurs de Bezons, conseiller ordinaire du Roy ordinaire en tous ses conseils, intendant de justice, police et finances de Lan-

---

1. *Arch. municip. de Montpellier*, GG, Réformés.

guedoc, et de Peyremale, conseiller du Roy, lieutenant particulier en la sénéchaussée et siège présidial de Nismes, commissaires deputez par Sa Majesté pour l'exécution de l'edict de Nantes en la province de Languedoc et pays de Foix.

Supplient humblement les Consuls de la ville de Montpellier disans qu'encore que par les Editz et desclarations du Roy il soit porté qu'il n'y aura qu'une seule police entre les habitans des villes et que les subjetz de Sa Majesté faisant proffession de la R. P. R. ne fairont aucunes assemblées générales ni particulières, cercles, conseils, abreges, ni autres à part, sy ce n'est les assemblées ordinaires des consistoires et synodes concernant les reglemens de la discipline de ladite religion P. R., sy est-ce que les habitans de ladite R. P. R. de nostre ville, quoy qu'ils ayent un scindic pour prendre soin de leurs affaires, ont establi parmi eux quatre directeurs de leursdites affaires auxquels ils ont donné le nom d'Intendans, lesquels prennent non seulement le soin des affaires particulières desdits habitans, mais font tres souvent des assemblées nombreuses de tous les corps et mestiers regardans toute la province, et pour cest effect il s'y treuve des deputtez de Nismes, Uses, et des Cevènes. Ils font des depputations dans des assemblées mixtes qu'ils appellent, lesquelles se tiennent en divers lieux, selon qu'ils jugent estre necessaire pour les affaires de leurdite religion, et annuellement au lieu ou est convoqué leur synode, en particulier, et a l'insceu du commissaire du Roy; et, ez années dernières, ce pretendeu Conseil politique fist faire des emprunts de divers particuliers habitans dudit Montpellier et fait faire aussy diverses collectes et levées de deniers par tout le colloque sans aulcune permission, estant continuellement occupé à des choses de pareille nature, ce qui va non seulement contre l'autorité du Roy, mais contre le respect de l'estat, ce qui a obligé les suppliant de recourir à vous pour y estre pourveu;

Ce considéré, Mgrs, plaize de vos graces ordonner que tres expresses inhibitions et deffences seront faictes à ceux qui sont nommés à la dite Intendance de faire aulcune assemblée desdits habitans de la R. P. R. dans ladite ville, ny fonctions de ladite pretendeue charge d'Intendant, casser la nomination qui a esté faicte, et faire deffence ausdits habitans de nommer à l'avenir ausdites pretendeues charges d'Intendant, le tout à peine d'estre declarez perturbateurs du repos public et ennemis de l'estat, et que des contreventions il en sera enquis par le premier magistrat royal requis pour, l'information raportée et remise devers vous, estre decerné contre les coupables tel droit que de raison et faire justice.

Boirargues, premier consul et viguier. Coste, consul. Salgier, consul. J. Buirel, consul.

Soient parties appellées par devant nous aux fins de la présente requeste. Fait à Nismes le 30^{esme} jour d'avril 1664.

Bazin.

18.

1665 (?). — Sentiment d'un magistrat sur les dispositions du Parlement de Toulouse à l'égard des Réformés. Placet à Séguier[1].

Plaise à Mgr le Chancelier
avoir pour recommandé en justice le bon droit au sujet d'une requête raportée par Mr de Seve, conseiller du Roy en ses Conseils, maître des Requêtes ordinaires de son hostel,

Pour Arnaud de Lescure accusé d'avoir retourné à la Religion prét. réf. aprez l'avoir abandonnée

et observer

Que ledit Lescure est retourné à ladite R. P. R. avant le mois d'avril 1663, en sorte qu'on ne luy peut pas faire son procez pour ledit changement de Religion, ce qui seroit contraire à l'arrest du Conseil du 18e septembre 1664, qui n'a pas voulu qu'il fust fait aucune recherche dudit changement de Religion avant l'Edit du mois d'avril 1663 et par lequel le Roy a retenu en son Conseil la connoissance de tels differens. Et quand il les faudroit renvoyer à quelqu'autre juridiction, ce ne pourroit pas estre au Parlement de Tolouse, qui, suivant l'art. 34 de l'Edit de Nantes, ne peut connoistre d'aucune affaire criminelle en laquelle un de la R. P. R. soit accusé. Et ledit Lescure a d'autant plus de lieu d'aprehander d'estre jugé dans le Parlement de Tholouse qu'il n'y a aucun qui ne sache l'aversion que ledit Parlement a contre ceux de la R. P. R., et le juste sujet d'apréhension par ceux de ladite Religion d'estre jugez en de Parlements suspects, aprez l'exemple de ce qui se passa au Parlement de Bretagne il y a quelque année, où une personne de ladite Religion, accusé faussement d'avoir dérobé un ciboire, fust condemné d'estre bruslé et exe-

---

1. *Bibl. Nat.*, f. franç. 15832, fol. 259.

cuté; et, deux mois après, son innocence parut clairement à tous, par le moyen de ce que les voleurs furent descouverts.

Au dos : Placet d'Arnaud l'Escure, accusé d'avoir retourné à la R. P. R. après l'avoir abandonnée.

M. de Seve, raporteur de la requeste.

19.

1665 (?). — « *Mémoire des Villes et Lieux du Languedoc où il y a des Catholiques et des huguenots, et du nombre des uns et des autres qui sont dans chacune des dites villes et lieux, dioceze par Dioceze*[1]. »

DIOCEZE DE MONTPELLIER.

Communautés	Catholiques	Huguenots
Montpellier	20000	7000
Perolz	200	5
a St Marcel	60	30
a Mirevaux	300	30
a Vic	150	10
a Montbasin	400	4
a St Hilaire de Beauvoir	74	14
a Gournier	10	40
a Brissac	400	54
a Agounes	56	18
a St Bausile de Putois	750	70
a Casilliac	68	146
a Lansargues	600	10
a St George	300	12
a La Verune	400	16
a Sussargues	100	12
a Nostre Dame des Eaux de Balaruc	60	4
a Cournonterral	700	300
a Frontignan	2400	25
a Fabregues	350	25
a Ganges	120	1500

1. *Arch. nat.*, TT, 247 (*olim* 322), pièce 18.

Communautés	Catholiques	Huguenots
a Soubeyras	8 "	36 "
a St Jean de Vedas	352 "	13 "
a Mauguio	250 "	450 "
a Boisseron	40 "	80 "
a St Just	200 "	12 "
a Montaud et Montlaur	200 "	25 "
a St Nasaire	60 "	30 "
a St Bausile de Montmel	192 "	71 "
a Pignan	600 "	500 "
a Baillargues	400 "	5 "
Au château de la Rouquette	120 "	60 "
Au petit Gallargues	220 "	2 "
a Busignargues	62 "	22 "
a Lunel la ville	3000 "	2000 "
a St Illaire	30 "	14 "
a Aniane	2000 "	10 "
a Saussines	30 "	60 "
a Vendargues	400 "	5 "
a Saussan	100 "	1 "
a Balaruc	400 "	35 "
a Cournonsec	135 "	138 "
a Jouvignac	110 "	15 "
a Auroux	200 "	20 "
Total	30607 "	12929 "

DIOCÈZE DE NISMES.

Communautés	Catholiques	Huguenots
Nismes	8000 "	12000 "
a Marguerittes	800 "	30 "
a St Gervaix	250 "	10 "
a Besousse	350 "	"
a Pouls	150 "	"
a Cabrieres	200 "	10 "
a Ledenon	220 "	1 "
a St Bonnet	230 "	12 "
a Redessan	180 "	30 "
a Manduel	450 "	60 "

PIÈCES JUSTIFICATIVES. XXXI

Communautés	Catholiques		Huguenots
a Bouillargues....................	335 *n*	....	80 *n*
a Bellegarde............	250 *n*	......	30 *n*
a Garons........................	70 *n*	......	5 *n*
a Cieurel.......................	40 *n*	......	10 *n*
a St Cesaire....................	12 *n*	......	250 *n*
a Guessargues...................	30 *n*	......	150 *n*
a Courbessac....................	80 *n*	......	15 *n*
a St Gilles......................	800 *n*	......	400 *n*
a Aigues mortes.................	2000 *n*	......	800 *n*
a St Laurens d'Aigouse........	60 *n*	......	200 *n*
a Massillargues..................	260 *n*	......	1100 *n*
a Aymargues....................	500 *n*	......	500 *n*
a Vauvert......	140 *n*	......	2000 *n*
a Beauvoisin.	15 *n*	......	300 *n*
a Geneyrac........	120 *n*	......	300 *n*
a Aubort.	3 *n*	......	150 *n*
a Aiguesvives...................	25 *n*	......	1135 *n*
a Mur (Mus)....................	25 *n*	......	175 *n*
a Condougnan................ ..	40 *n*	......	260 *n*
a Vergese.......................	40 *n*	......	570 *n*
a Uchaud...............····..	45 *n*	......	450 *n*
a Vestric.......................	18 *n*	......	35 *n*
au Caylar.	30 *n*	......	500 *n*
a Bernis.	150 *n*	......	600 *n*
a Calvisson.....................	400 *n*	......	3000 *n*
a Congenies....................	6 *n*	......	500 *n*
a Maruejols en Vaunage.........	10 *n*	......	100 *n*
a St Cosme.	10 *n*	......	200 *n*
a Clarensac.....................	35 *n*	......	750 *n*
a Caveyrac.....................	30 *n*	......	750 *n*
a Langlade.....................	10 *n*	......	220 *n*
a St Denis......................	4 *n*	......	175 *n*
a Nages........................	20 *n*	......	280 *n*
a Boissieres....................	8 *n*	......	200 *n*
a Millau.......................	240 *n*	......	400 *n*
a Cinsens......................	3 *n*	......	150 *n*
a Sauve........................	150 *n*	......	3000 *n*
a Durfort......................	40 *n*	......	500 *n*
a Ceyrac.......................	30 *n*	......	15 *n*

Communautés	Catholiques	Huguenots
a Agusan...	2 »	15 »
a Conqueyrac...	10 »	30 »
a Pompignan...	000 »	65 »
a Ferrieres...	60 »	20 »
a La Cadiere...	10 »	125 »
a Baussiet...	35 »	20 »
a St Jean de Roques...	4 »	50 »
a Quissac...	50 »	1200 »
a Bragassargues...	20 »	115 »
a Puechredon...	10 »	50 »
a Lougrian...	15 »	100 »
a Rauret...	10 »	10 »
a Ortoux...	15 »	50 »
a Lioux...	10 »	60 »
a Brouzet...	74 »	38 »
a Vacquieyres...	200 »	15 »
a Montolieu...	50 »	10 »
a la Salle...	60 »	1100 »
a Ste Hipolite...	80 »	4000 »
a Cros...	3 »	600 »
a Monoblet...	35 »	200 »
a Colognac...	»	300 »
a Thoiras...	15 »	200 »
a St Croix de Caderle...	1 »	300 »
a Sodorgues...	10 »	900 »
a St Martin de Corconac...	3 »	200 »
a Peyrolle...	2 »	100 »
a Saumane...	5 »	300 »
a St Marcel de Fontfouillouze...	9 »	200 »
a St André de Valborgne...	50 »	1800 »
a St Bonnet...	6 »	300 »
a Alés...	2800 »	2800 »
a St Illaire...	6 »	300 »
a Vesenobre...	60 »	600 »
a Cassagnolles...	15 »	200 »
a Maruejols...	10 »	100 »
a Ribaute...	80 »	100 »
a St Christol...	40 »	225 »
a Arens (Arennes)...	15 »	40 »

PIÈCES JUSTIFICATIVES.

Communautés	Catholiques	Huguenots
au Pin	45 "	70 "
a Cendras	250 "	250 "
a Soustelle	35 "	150 "
a St Paul de la Coste	15 "	400 "
a St Martial	750 "	210 "
au Vigan	100 "	3500 "
a la Rouviere	350 "	30 "
a Valeraugue	15 "	2000 "
a St André de Maruejols	237 "	185 "
a Mandagours	400 "	400 "
a Aulas	25 "	900 "
a Moulieres	12 "	300 "
a Arre	137 "	5 "
a Avese	20 "	400 "
a Pommiers	165 "	70 "
a Bressou	150 "	50 "
a Roquedur	25 "	260 "
a St Laurens le Minier	40 "	800 "
a Sumene	900 "	1600 "
a St Julien de la nef	1 "	200 "
a St Roman	200 "	300 "
a Cesar	60 "	60 "
a Alson	700 "	"
a Rogues	200 "	180 "
a Aumessas	22 "	700 "
a Arigas	485 "	50 "
a Montdardié	160 "	400 "
a Sommieres	200 "	1200 "
a Leques	40 "	80 "
a St Estienne d'Escate	24 "	56 "
a Sauvignargues	70 "	160 "
a Villevielle	62 "	200 "
a Aujargues	14 "	370 "
a Gaillan	125 "	40 "
a Gallargues	20 "	1000 "
a Villetelle	40 "	55 "
a Aubaix	500 "	500 "
a Junas	20 "	480 "
a St Amans de pont de Sommieres	35 "	110 "

Communautés	Catholiques	Huguenots
a Gavernes	25 "	25 "
a Salinelles	40 "	175 "
a Montpesat	70 "	129 "
a Parignargues	50 "	150 "
a Asperes	62 "	80 "
a St Clemens	92 "	5 "
a St Martin de Montels	"	40 "
a Anduse	160 "	1300 "
a St Jean de Gardonenque[1]	75 "	500 "
a St Felix de Paillieres	35 "	100 "
a Courbes	15 "	60 "
a Mialet	60 "	490 "
a Lesan	35 "	500 "
a St Jean de Serres	300 "	60 "
a Generargues	15 "	475 "
a Bagars	10 "	35 "
a Canaule ou St Nasaire de Gardies	15 "	200 "
a St Sebastien Dayrefueil	5 "	435 "
a Tournac	10 "	150 "
a Gaujac	15 "	60 "
a Boissel	20 "	100 "
a Cardet	10 "	240 "
a Ledignan	20 "	500 "
a St Martin de Vibrac	20 "	400 "
a St Pierre de Cucignac	15 "	200 "
a Meyrueys	200 "	1800 "
a Lanuejols	400 "	30 "
a Galusieres	30 "	200 "
a Dourbie	600 "	80 "
a Sauveur des Pourcils	235 "	100 "
a Bonheur	"	50 "

1. Erreur probable. St Jean du Gard ou de Gardonnenque compte, en 1685, 2,105 religionnaires. Cf. *Bullet.* de la Soc. de l'Hist. du Protest. français. Tome XXXIV (1885), pp. 306-307.

PIÈCES JUSTIFICATIVES. XXXV

DIOCEZE D'USEZ.

Communautés	Catholiques		Huguenots
St Ambroix	250 //	....	500 //
a Alson	120 //	....	50 //
a Avejan	70 //	....	75 //
a Arlendes	34 //	....	18 //
a Barjac	1087 //	....	189 //
a St Denis	77 //	....	155 //
a St Estienne	12 //	....	19 //
a St Florent	610 //	....	1 //
a St Jean des Agneaux	265 //	....	326 //
a St Jean de Valeriscle	312 //	....	390 //
a St Jullien de Cassagnas	45 //	....	12 //
a Mannas	50 //	....	80 //
a Meyrane	140 //	....	90 //
a Rivieres	415 //	....	74 //
a Roubian	825 //	....	195 //
a St Sauveur	500 //	....	6 //
a Taraux	50 //	....	160 //
a St Victor de Malcap	140 //	....	136 //
a St Esprit	4000 //	....	20 //
a St Gervais	185 //	....	7 //
a Laudun	1800 //	....	3 //
Le Pin	80 //	....	80 //
a St Pons	193 //	....	30 //
a St André de Roquepertuis	400 //	....	33 //
a Cornillon	485 //	....	40 //
a Camelieres	116 //	....	57 //
Dugard de Pardieu	130 //	....	//
a Godargues	180 //	....	40 //
a Montelier	115 //	....	65 //
a St André d'Oterargues	150 //	....	4 //
a Orgnac	233 //	....	7 //
a Verfeuil	280 //	....	14 //
a St André de Capcezes	312 //	....	4 //
a Beaulieu	330 //	....	5 //
a Berrias	820 //	....	12 //
a Chambonnas	1000 //	....	100 //

Communautés	Catholiques	Huguenots
a Concoules	568 //	103 //
a Naves	200 //	60 //
a Pontels	1015 //	18 //
a Villefort	1711 //	9 //
a Vans	658 //	1050 //
a St Auban	38 //	5 //
a Bouquet	6 //	250 //
a Brouset	22 //	100 //
a Desplans	19 //	33 //
a Fons sur Lussan	70 //	180 //
a St Hipolite	7 //	50 //
a St Jean de Seyrargues	14 //	160 //
a St Just	35 //	102 //
a St Jullien de Valgalgue	300 //	15 //
a Lussan	40 //	310 //
a Mons	115 //	53 //
a Monteils	68 //	180 //
a Mejanes	33 //	105 //
a St Martin	337 //	11 //
a Navacelles	125 //	360 //
a St Privat des Vieux	167 //	4 //
a Rousson	260 //	85 //
a Servas	70 //	80 //
a Salindres	150 //	2 //
a Seynes	7 //	144 //
a Valcrose	25 //	388 //
a Yoset	2 //	130 //
a Doumassan	400 //	//
a Colias	360 //	9 //
a Montfrin	//	13 //
a Cournes	280 //	15 //
a St Hilaire	220 //	115 //
a St Privat	24 //	2 //
a Pousillac	290 //	1 //
a Remoulins	300 //	12 //
a Vers	560 //	14 //
a Aquellan	5 //	20 //
a Agremont	8 //	170 //
a Boucoirand	20 //	230 //

PIÈCES JUSTIFICATIVES. XXXVII

Communautés	Catholiques	Huguenots
a St Bausille	12 //	132 //
a Brignon	30 //	240 //
a La Calmette	400 //	240 //
a Combas	120 //	230 //
a Cruvieres	6 //	60 //
a Chasteauneuf	13 //	81 //
a St Cesaire	30 //	154 //
a Cannes	33 //	233 //
a Crespian	124 //	122 //
a Dions	180 //	300 //
a Domessargues	//	110 //
a Deaus	100 //	73 //
a St Estienne de Lourme	10 //	100 //
a Pons	35 //	212 //
a Fontanes	45 //	30 //
a St Genyes	120 //	1200 //
a Gajans	40 //	250 //
a Jousfle	24 //	32 //
a St Mamet	65 //	305 //
a Molesan	120 //	30 //
a Montagnac	45 //	50 //
a Moussac	25 //	300 //
a Martignargues	14 //	41 //
a St Maurice de Casevielless	90 //	250 //
a Nausieres	//	20 //
a Ners	9 //	53 //
a Rouvieres	100 //	100 //
a Sauset	3 //	350 //
a Savignac	8 //	92 //
a St Theodorit	3 //	240 //
a Vic	18 //	180 //
a Vallence	10 //	200 //
a Aujac	750 //	8 //
a Blannave	50 //	400 //
a Castagnolz	70 //	20 //
a Chaussy	210 //	120 //
a Ste Cecille	350 //	80 //
a Genoillac	200 //	700 //
Laval	500 //	150 //

Communautés	Catholiques	Huguenots
a St Maurice	10 //	285 //
a Peyremale	357 //	88 //
Des Sorset (St Etienne des Sorts)	208 //	4 //
a Seneshas	800 //	50 //
a Aubussargues	24 //	150 //
a Aureillac	49 //	27 //
a St Anastasie	1260 //	2 //
a La bastide d'Engras	450 //	75 //
a Barron	2 //	138 //
a Bourdiguet	90 //	50 //
a Blausac	60 //	600 //
a La chapelle	130 //	2 //
a Colorgues	28 //	302 //
a St Chapte	50 //	600 //
a St Dresery	30 //	165 //
a St Estienne	1220 //	1930 //
a Flaux	100 //	18 //
a Fontaresches	60 //	45 //
a Belueset	260 //	85 //
a Foissac	2 //	100 //
a Garrignan	27 //	100 //
a Gatignon	40 //	20 //
a St Hipolite de Montegut	120 //	1 //
a St Jullien d'Usez	745 //	625 //
a St Laurens de la Vernede	200 //	150 //
a Masmoulene	140 //	9 //
a St Maximin	280 //	8 //
a Montarene	227 //	444 //
a Stes Ouilles	115 //	235 //
a Arpaillargues	22 //	2150 //
a St Quintin	700 //	300 //
a Sagriés	20 //	30 //
a Senillac	115 //	235 //
a Serviers	40 //	132 //
a Valabris	300 //	50 //
a Valleytargues	12 //	206 //
a St Victor des Oules	200 //	11 //
a St Siffroid	180 //	20 //
à Labruguiere	227 //	60 //

PIÈCES JUSTIFICATIVES. XXXIX

DIOCEZE DE VIVIERS.

Communautés	Catholiques	Huguenots
Meysse	90 "	10 "
Bays	56 "	104 "
Le Pousin	5 "	115 "
La Voute	200 "	49 "
Royas	6 "	49 "
St Vincens de Barres	6 "	54 "
St Martin le Superieur	49 "	20 "
St Pierre la Roche	38 "	2 "
St Baudile	1 "	29 "
St Leger	8 "	33 "
St Simphorien	5 "	45 "
Chomerac	20 "	140 "
Rochesaure	33 "	77 "
Alissas	6 "	54 "
St Brieyt	42 "	39 "
Fressinet	31 "	9 "
Veyras	5 "	26 "
Privas	126 "	115 "
Tournon les princes	"	60 "
Lias	7 "	29 "
Pourcheres	1 "	24 "
Ajoux	2 "	33 "
Creisseilles	3 "	32 "
Pranles	12 "	188 "
St Vincens de Durfort	20 "	40 "
Lubillac	7 "	113 "
Flaviac	4 "	36 "
St Jullien sous St Alban	1 "	21 "
Creyssac	"	45 "
Rompon	7 "	73 "
St Cierge la serre	6 "	64 "
St Fortunat	26 "	318 "
St Jullien le rout	5 "	44 "
Vernoux	116 "	174 "
St Apolinaire de Rias	8 "	90 "
Silhac	22 "	177 "

Communautés	Catholiques	Huguenots
St Maurice sous Chalencon	2 "	50 "
St Michel Chabrillanoux	13 "	97 "
Chalancon	200 "	95 "
St Jean Chambre	14 "	80 "
St Jullien la brousse	73 "	85 "
Les Nonieres	69 "	6 "
St Cierge du Cheylar	13 "	11 "
St Jean Roure	64 "	6 "
St Agreve	161 "	289 "
Devesset	27 "	25 "
Les Vastres	127 "	232 "
St Romain le desert	13 "	62 "
St Jullien de Botieres	103 "	88 "
St Martin de Valamar	217 "	3 "
Jaunac	28 "	12 "
Le Cheylar	108 "	103 "
Arle	24 "	21 "
St Christol	14 "	70 "
St Michel le Rance	15 "	48 "
St Barthelemy le meil	16 "	45 "
St Laurens le montaigu	1 "	80 "
Gluyras	87 "	356 "
St Genyex la cham	28 "	92 "
Marcols	22 "	98 "
St Pierre ville	39 "	35 "
Serre	12 "	83 "
Issamolenc	7 "	52 "
Le Gua	8 "	53 "
Ginestelle	199 "	1 "
Antraigues	145 "	3 "
Aissas	60 "	1 "
Tueyts	395 "	5 "
Valz	108 "	186 "
Aubenas	500 "	20 "
St Estienne de Fontbellon	138 "	2 "
Mirabel	94 "	10 "
St Pons	63 "	28 "
Villeneuve de Berg	345 "	59 "
St Germain	36 "	1 "

Communautés	Catholiques	Huguenots
St Maurice d'Ible..................	50 "	11 "
La Gorce.......................	13 "	87 "
Vallon.........................	47 "	206 "
Salavas........................	12 "	50 "
Labastide de Virac...............	16 "	43 "
Vagnas.........................	45 "	18 "
Bannes.........................	396 "	3 "
Courry.........................	115 "	3 "
Tine...........................	119 "	1 "
Senilhac.......................	146 "	4 "
Mesillac.......................	81 "	18 "
Charmes........................	8 "	3 "

PARTIE DU DIOCEZE DE VALENCE EN VIVAREZ.

	Catholiques	Huguenots
Soyon..........................	246 "	271 "
Charmer........................	183 "	253 "
Toulaud........................	126 "	342 "
St Marcel......................	88 "	126 "
St George......................	243 "	87 "
Guilloc........................	587 "	490 "
St Silvestre...................	464 "	127 "
St Didier......................	120 "	583 "
Boffre.........................	110 "	501 "
Champis........................	211 "	346 "
Le Crestet.....................	233 "	5 "
Château de Vernoux.............	90 "	293 "
Colombier le jeune.............	1065 "	33 "
Monteil annexe de Macheville...	382 "	53 "
Macheville.....................	610 "	635 "
St Prix........................	114 "	316 "
St Laurens de beauchatel.......	215 "	661 "
St Barthelemy le plain.........	514 "	16 "
Monens.........................	130 "	107 "
Desaignes......................	755 "	1485 "
Le Pousat......................	112 "	11 "
St Barthelemy le Pin...........	378 "	207 "
Chasteaubout...................	122 "	"
St Romain de lers..............	235 "	31 "

Communautés	Catholiques	Huguenots
Cornas	1005 //	42 //
St Peray	750 //	191 //
St André des essengeas	550 //	60 //
Boffre et St Martin ou Peyregourde	57 //	1411 //
Tournon	2303 //	4 //

DIOCEZE D'AGDE.

Communautés	Catholiques	Huguenots
Villemagne	350 //	350 //
Pomerolz	557 //	48 //
Flourensac	2600 //	142 //
Montagnac	1525 //	1225 //

DIOCEZE DE SAINT-PONS.

Communautés	Catholiques	Huguenots
St Pons	3720 //	16 //
La Bastide Roueroux	1230 //	315 //
Angles	1650 //	648 //
Margnez	515 //	15 //
Rioussec	406 //	48 //
Ferrals	984 //	26 //
La Salvetat	//	8 //
St Chinian	//	1 //

DIOCEZE DE CASTRES.

Communautés	Catholiques	Huguenots
Castres	3900 //	3000 //
a St Jullien	400 //	500 //
a St George	230 //	600 //
a Lacaunes	250 //	230 //
a Vianne	120 //	120 //
a La Capelle	300 //	100 //
a Prades et Esperausses	40 //	650 //
a St Jeandelfreich et La Case	250 //	800 //
a Senegats	60 //	200 //
a Montredon	150 //	800 //

Communautés	Catholiques	Huguenots
a Vabre	200 "	400 "
a Ferrieres	100 "	400 "
a Roquecourbe	100 "	200 "
a Berlan	150 "	200 "
a Burlats	300 "	80 "
a La Crousette	400 "	200 "
a St Baudile et le Pont de Larn	700 "	132 "
a Augmontel et le Linas	300 "	65 "
a St Amans de Valtoret	500 "	200 "
a Rouvairoux	200 "	400 "
a Lacapelle et Lamlatte	150 "	100 "
a Briateste	200 "	250 "

DIOCÈSE DE MIREPOIX.

Communautés	Catholiques	Huguenots
a Masères	140 "	1280 "
a La Bastide de Congoust	36 "	327 "
au Peyrat	127 "	83 "
a Leran	351 "	70 "
a Limbrassac	207 "	27 "
a Gibel	310 "	112 "
a Calmont	858 "	453 "

DIOCEZE DE LAVAUR.

Communautés	Catholiques	Huguenots
a Puylaurens	1770 "	1600 "
a Revel	830 "	900 "
a Sorèse	315 "	451 "
a Cuc, Cadis Estampes	1270 "	150 "
a St Amans	684 "	952 "
a Haupoul	17 "	200 "
a Masamet	297 "	732 "
a Auxillon	276 "	5 "
a St Pierre de Frouze	370 "	1 "
a St Paul	150 "	"

DIOCEZE DE MONTAUBAN.

Communautés	Catholiques	Huguenots
a Villemur	2000 »	150 »
a Verlhac	800 »	29 »
a Beauvais	100 »	4 »
a Varenes	500 »	13 »
a Montgaillard	260 »	5 »
a St Naufary	300 »	110 »
a Corbarieu	120 »	80 »
a Requier et Moulis	850 »	80 »
a Montbetton	350 »	12 »
a Meusac	212 »	552 »
a La Garde	14 »	16 »
a Villebermis	500 »	20 »
a Montbartier	400 »	5 »
a Ventillac	70 »	800 »

DIOCEZE DE BÉSIERS.

Communautés	Catholiques	Huguenots
Besiers	»	330 »
Casouls	1062 »	29 »
Montblanc	461 »	17 »
Corneillan	432 »	3 »
Murviel	810 »	10 »
St Bausile	371 »	6 »
Plaisan	150 »	7 »
Alignan	550 »	7 »
Pouget	510 »	8 »
Faugeres	124 »	232 »
Roujan	555 »	42 »
Gignac	1597 »	215 »
Boujan	780 »	48 »
Graissesac	143 »	801 »
Vendemian	385 »	125 »
Cardonnet	70 »	4 »
Belarga	160 »	13 »
Vendres	669 »	6 »

Communautés	Catholiques	Huguenots
Tressan	201 "	22 "
S¹ Pargoire	623 "	206 "
Thesan	750 "	1 "
L'Espignan	400 "	2 "
Lunas	365 "	15 "
S¹ Xist	322 "	4 "
S¹ Estienne de Mursan	150 "	50 "
Bedarrieux	875 "	882 "

DIOCEZE DE VIENNE EN LANGUEDOC.

Communautés	Catholiques	Huguenots
Bonlieu	1270 "	101 "
Tournon	1910 "	1200 "

DIOCEZE DE MENDE.

Il ni a dans ce diocèze que 400 huguenots, dont le plus grand nombre est à Clermont et à S¹ André et le reste est respandu dans les autres lieux du diocèze.

20.

12 février — 30 décembre 1665. — Interdiction aux catholiques d'abjurer demandée par les Etats[1].

Du jeudi, 12 febvrier, président M⁹ʳ l'Archevêque de Tolose. . .
. . . .
Les Estats, voyant avec douleur le desordre que commettent ceux de la R. P. R., lesquels par argent, sous promesse de mariage et autres choses illicites, séduisent les pauvres catholiques ignorants et les obligent d'abjurer scandaleusement leur religion pour embrasser la P. R., ont desliberé que Mʳˢ les Deputez du pays en cour seront chargés de soliciter, conformément à l'art. du cahier de doléances,

---

1. *Arch. départ. de l'Hérault*, C, Etats. Proc. verb. des séances (4 déc. 1664 — 13 fév. 1665, à Béziers.) Origin. fol., 127-128.) — *Arch. départ. de l'Hérault*, C, Etats. Proc. verb. des séances (23 nov. 1665 — 27 fév. 1666). Origin., fol. 58 rᵒ — 60 rᵒ.

l'expédition de l'arrest qui a esté desia demandé à S. M^{té} pour defendre aux catholiques d'abjurer leur religion et que, pour l'obtenir avec plus de facilité, les dits sieurs Desputez inviteront M^{grs} de l'Assemblée générale du Clergé de France qui se doibt tenir à Paris au moys de may prochain, de joindre leurs remonstrances et leurs suplications pour obtenir de S. M^{té} ledit arrets, et pour d'autant mieux faire voir à S. M^{té} que tous les catholiques de la province souhettent avec passion que la faculté de se faire de la R. P. R. qui a esté soufferte par abus et contre les Edictz soit retranchée, les scindicz généraux, chascun dans son despartement sont chargés d'envoyer la presente desliberation aux scindicz des diocèses pour estre prins dans les Assiettes prochaines une semblable desliberation.

Du mercredy 30 décembre [1665], president Mgr l'Evesque de Viviers. . . . .
Lecture a esté faite de la desliberation du 12 febvrier dernier. . . . .
Sur quoy la vérification a esté faite sur les Procez-Verbaux des assiettes dernières que la desliberation susdite y a esté executtée unanimement et que les actes de renoncement à ce grand abus ont esté connus du Roy, à quy mesme Mgr l'evesque d'Usez l'a représenté dans sa remonstrance et qui a tesmoigné en estre satisfait. L'assemblée neanmoings a jugé qu'il estoit encore nécessaire de faire ratifier la mesme desliberation par touttes les communautés de la province pour consommer la preuve du desir commun que touts les catholiques ont que ce n'est point pour eux que cette fausse liberté de changer de religion a esté introduicte soubz pretexte de l'edit de Nantes; que non seulement ils n'ont pas demandé, mais auquel au contraire ils se sont opposés quant à cet article, comme mesme le justifient les historiens de la R. P. R. qui rapportent l'opposition de l'agent général du Clergé de France faite à Nantes en la présence du roy Henry le Grand estant en son conseil; que, pour cest effect, l'on pourroit proposer aux communautés catholiques, en se conformant aux desliberations des Estats et des Assiettes de desadvouer par un acte public ceste prethendue et fausse liberté que ceux de la R. P. R. supposent qu'ils ont demandée quoy que contraire au droit divin et humain qui n'a jamais souffert ny toléré que les catholiques se pervertissent sans chastiment; que mesme cet acte portast en tant que de besoing une expresse renonciation à une telle licence avec soumission aux justes paines que le Roy voudroit imposer à ce crime; et, afin d'engager d'une manière non seulement politique, mais encore religieuse les

catholiques à prendre une si sainte resolution, que M^{grs} les Evesques
de la province seroient priés de juger et d'examiner entre eux s'il
seroit utile et raisonnable que de leur part les catholiques de leurs
diocèses y fussent exhortés par les curés et vicaires des paroisses, y
aiant lieu d'espérer que comme M^{grs} les Evesques du Royaume firent
promettre et jurer, il y a quelques années, par les gentilshommes et
autres faisant profession des armes de ne se battre jamais en duel et
de renoncer à la réparation des injures par une voie si détestable, ce
quy a servi beaucoup à faire cesser un si meschant usaige, les mesmes
Evesques, entreprenant de faire prendre la rezolution d'une
action sy conforme à l'esprit chrestien de perseverer jusques à la
mort dans la foy, mesme par renoncement à cet abus de liberté qui
se commet lorsqu'on abandonne la religion catholique, pourroient
beaucoup ayder à une œuvre si nécessaire au salut des âmes et à la
tranquillité publique, en ce que ce seroit un remède très seur pour
fortifier les faibles et les ignorans contre les artiffices et les tentations
employés à les corrompre.

Laquelle proposition a esté agréée et accueillie par mesdits seig^{rs}
les Evesques presens à ceste Assemblée, lesquels ont unanimement
approuvé et loué cette pensée et se sont offerts avec grand zèle de
faire réussir ce bien, et mesme d'envoyer aux curés ou vicaires et
prédicateurs de leurs diocèses, s'il en est de besoin, un mémoire des
raisons qui pouroient fonder cette résolution, de quoy toute l'assemblée
les aiant remerciés, il a esté desliberé que conformément aux
desliberations des Estatz et Assiettes cy devant prises, les catholiques
de toutes les communautés de la province seront exhortés de faire
une renonciation expresse par acte public, dans les Assemblées que
M^{rs} les Evesques ordonneront aux curés de tenir à cet effet, à la
prethendue et fausse liberté de changer de religion, et se soumettront
aux peynes qu'il plaira au Roy d'ordonner contre ceux qui tomberont
à l'advenir en ce crime; que mes ditz seig^{rs} les Evesques seront
suppliés d'employer leur autorité pour faire réussir ce dessein par les
voyes d'instruction et d'admonition qu'ils jugeront utiles et nécessaires,
et que les actes qui se feront dans lesdites assemblées par leurs
exhortations et sermons seront remis dans leur ordre entre les mains
des syndics des diocèses qui les envoyeront aux syndics généraux de
la province ausquels il est ordonné de les envoyer à M^{rs} les Depputez
de ceste Assemblée en Cour, qui seront priés de les présenter au
Roy, pour obtenir de Sa Majesté la défense aux catholiques de changer
de religion sous les peines qu'Elle verra bon estre.

A esté aussi délibéré que Mgrs les Prelatz de l'Assemblée générale du Clergé de France qui tient présentement à Paris seront suppliés par lettre d'employer leur recommandation à ce dessein, comme aussi d'appuier la poursuite que font les Estats pour obtenir la réunion de la Chambre de l'Edit de Castres au Parlement de Toulouse, l'execution (c'est-à-dire l'exclusion) de l'exercice de la R. P. R. des villes où il y a Evesché, et le jugement des partages intervenus entre les Commissaires des affaires de la Religion en ceste province selon l'advis de M. de Bezons, commissaire catholique. Mgr l'Evesque de Cumenge a esté prié d'en faire la lettre et les syndics généraux chargés de l'exécution de la présente deslibération.

21.

11 novembre 1666 — 14 septembre 1667. — Situation du commissaire protestant de l'Edit, de Peyremales, à l'égard de la chancellerie.

Lettre de Bezons au chancelier Séguier, en date du 11 nov. 1666, appuyant une demande de Peyremales qui désire résigner son office à son frère et invoquant une lettre antérieure pour le même objet [1].
Suit un placet pour Peyremales au chancelier [2] :
Le sr de Peyremalés faisant profession de la R. P. R. fut pourveu de l'office de conseiller et lieutenant particulier en la sénéchaussée et siège présidial de Nismes, sur la résignation de son père le 6 avril 1630, receu et installé dans ledit siège. ！ . . (sic)
Depuis ce temps là il en a faict comme il faict encore la fonction et exercice avec tout l'honneur et l'intégrité possible, et s'est toujours bien conduit dans les emplois les plus importans et sur tout lorsqu'il s'est agi du service du Roy. C'est un tesmoignage qui a esté rendu en sa faveur par Mr de l'Auvrillière (La Vrillière), secrétaire d'Estat, Mrs les Intendans de la province de Languedoc, et Mr l'Evesque de Nismes. . .
Mais parce que se voyant desja dans l'aage il desireroit de laisser après lui un successeur pour continuer les mesmes services, il a faict choix du sieur de Dieusse de Peyremalés, son frère, quy est de la

---

1. *Bibl. Nat.*, f. fr. 15832, fol. 67.
2. *Bibl. Nat.*, f. fr. 15832, fol. 69.

qualité requise et de plus, converty à la Religion cath. apost. et rom.; mais avec cette condition toutesfois qu'il pleust à Sa Majesté en consideration de ses services et de ceux qu'il espère encor de rendre, qu'il luy sera permis de jouyr et exercer ledit office pendant sa vie, et qu'en cas que ledit de Dieusse son frère vinst à deceder avant luy ou qu'il prist autre establissement ou quittast ledit office pour quelque cause que ce fust, que ledit sieur de Peyremales ne sera tenu ny obligé de prendre aucunes nouvelles provisions et pourra jouyr de sondit office tout ainsin qu'il faisoit avant sa demission en vertu des provisions qu'il en a, qui demeureront en leur force et valeur, et qu'il luy sera permis et loisible de payer indifferemment avec le sieur de Dieusse son frère le droict annuel pour la conservation dudit office, et que ledit office ne pourra estre vacquant par la mort de l'un d'eux, ains au contraire qu'il sera conservé en la personne du survivant; et soubz ces conditions il consent lesdites provisions estre expédiées en faveur de sondit frère et non autrement...

Pour obtenir ces graces le Revᵈ pere Anat en a parlé au Roy qui les luy a accordées et a mesmes informé Mgʳ le Chancelier de l'intention de Sa Majesté.

Ledit sieur de Peyremale supplie tres humblement Mgʳ le Chancelier de vouloir accorder le sceau desdites provisions en faveur dudit sieur de Dieusse son frère aux susdites conditions, ce qu'il espère de sa Bonté, et en consideration de son long et fidelle service et de son aage de soixante six à soixante sept ans...

11 septembre 1667. De Bezons à Séguier [1].

Monseigneur

Les services que Mʳ de Peyremalez Lieutenant particulier de Nismes rend au Roy dans toutes les occasions et particulierement dans les affaires de la religion où il travaille actuellement me donnent la liberté de vous supplier très humblement de luy accorder la survivance de sa charge pour son frère qui est catholique, avec la rétention de l'exercice pour luy sa vie durant. Je scay, Monseigneur, que cette clause paroist presentement extraordinaire; mais, oultre qu'il s'en est cy devant expédié de la sorte, il semble qu'oultre son service il peut meriter quelque grâce particulière puisque cet un homme de la Religion qui remet un office au profit d'un catholique, et cet ce qui faict craindre au sieur de Peyremalez que s'il n'avoit que la faculté

1. *Bibl. Nat.*, f. franç. 17411, fol. 121.

d'exercer pendant cinq ans, on luy en refusait la continuation lorsqu'ils seroient expirez. M. de la Vrillière de qui il a l'avantage d'estre fort connu vous rendra sans doute des tesmoignages avantageux de luy, et je puis, Monseigneur, vous assurer avec vérité que sa conduite l'a mis mal dans l'esprit de ceux de sa religion. J'ay cru, Monseigneur, que ces considérations le rendroient digne de l'honneur de votre protection et cet ce qui m'a donné la liberté de vous en escrire et de vous protester qu'il n'y a personne qui soit avec plus de respect, de reconnaissance et de soumission,

Monseigneur, vostre tres humble, tres obéissant et tres obligé serviteur.

De Besons.

A Thoulouse ce 14 septembre 1667.

Suit un placet analogue au précédent et se terminant ainsi, après la mention de la démarche du P. Annat[1] :

Le sieur de Paremales supplie tres humblement M⁰ le Chancelier de vouloir accorder le seau des provisions en faveur du sieur de Dieuce son frère aux susdites conditions. Mr l'evesque et tous les catholiques de Nismes qui y reçoivent un grand advantage en ce que cest office qui est considerable dans ladite ville passe des mains d'un homme de la R. P. R. à celle d'un catholique converty luy demandent tres instamment la mesme grâce et l'espèrent de sa bonté.

22.

1667. — Réduction du nombre des Réformés dans les maîtrises d'arts et métiers demandée par les États[2].

Article III. — Les maistrises de tous les mestiers et arts sont sy fort à la disposition des habitans de la R. P. R. dans les villes et communautez où ils sont en plus grand nombre que ceux de la religion catholique, apostolique, romaine qui se presentent sont le plus souvent rejettez quoyque capables, et ceux de la R. P. R. toujours admis, en sorte que dans lesdites villes il ne s'y trouve pas de mais-

1. *Bibl. Nat.*, f. franç. 17111, fol. 128.
2. *Archiv. départ. de l'Hérault*, C, États. Cah. de dol., Reg. 1667. Répondu le 6 septembre 1667, art. 3, fol. 83 v°. Copie.

tres catoliques et grand nombre de la R. P. R. Ceste remontrance, Sire, ayant esté faite à Vostre Majesté par les marchands orpheuvres et par les maitres grossiers merciers de la ville de Rouen, elle a donné les ordres necessaires pour remédier à cet abus et renvoyé les parties par des arrests de son conseil rendus le xxie septembre 1663; et xxe octobre 1664 au parlement de Rouen, où il seroit interveneu deux autres arrests sur le dit renvoy, du xve juillet 1664 et xiiie juillet 1665 par lesquels il se fait deffences aux Maistres des dits estatz et mestiers de recevoir aucunes personnes de la R. P. R. jusques à ce que le nombre en fust réduit à la quinziesme partie de ceux quy composent les dits mestiers, et ordonné qu'aucun d'eux ne pourroit estre receu garde et qu'il n'en pourroit assister qu'un seul des dits Maistres faisant profession de la dite R. P. R. avec quatorze de ceux de la religion catolique, apostolique et romaine aux assemblées qui se seroient (tenues) pour les délibérations des affaires des dits mestiers. A ces causes, Sire, et conformément aux sus dits arrestz du parlement de Rouen, plairra à Vostre Majesté ordonner que dans les lieux et communautez de la province de Languedoc où il y a des maitrises des mestiers et artz dans lesquelles vos sujets de la R. P. R. ont esté admis il n'en pourra estre receu aucun jusques à ce que le nombre en soit réduit à la quinzieme partie de ceux quy composent chaque mestier et art; qu'aucun d'iceux ne pourra estre gardé dans son mestier, et qu'il n'assistera qu'un seul des maistres faisant profession de la R. P. R. avec quatorze de ceux de la religion catolique, apostolique et romaine aux assanblées qui se feront pour les délibérations des affaires des dits mestiers et artz.

Réponse : — Sa Majesté ordonne qu'aucunes personnes de la R. P. R. ne seront receues ny admises dans toutes sortes d'artz et mestiers jusqu'à ce que le nombre des dits de la R. P. R. soit réduit au tiers et que les deux autres tiers ne soint remplis des personnes de la religion catholique, apostolique et romaine. Et sera le mesma ordre observé pour les gardes des dits mestiers, comme aussy dans les assemblées qui se feront pour les affaires des dits artz et mestiers les sus dits de la R. P. R. ne pourront avoir que le tiers des voix délibératives et les catoliques y auront les deux autres tiers.

23.

Juin 1667[1]. — Des arrests donnés au Puy et à Nismes par la cour des grands jours en faveur des catholiques contre les prethandus Reformés[2].

La cour des grandz Jours n'a point connu ny du droict d'exercice public de la R. P. R., ny de la demolition des temples, Sa Majesté ayant faict entendre qu'elle vouloit que la connoissance de ces deux choses, qui sont les plus importantes et de plus grande consequence, fust laissée aux commissaires exécuteurs de l'Edit de Nantes dans le gouvernement du Languedoc. Ainsy les P. R. ne pouront point avancer que la cour des grandz Jours ayt faict desmolir aucun de leurs temples ni qu'elle leur ayt osté l'exercice en aucun lieu.

Non seulement ladicte cour n'a donné aucun arrest portant desmolition de temple ou interdiction d'exercice, mais encore elle n'a donné aucun arrest qui contienne aucun nouveau regleman pour les prethandus Resformés, ayant tenu ceste maxime de n'ordonnés rien de nouveau, mais seulement de faire executer et confirmer par ses arrests ce qui est coutumé. On trouve express dans l'eedit de Nantes, dans l'eedit de Nismes de l'an mil six cens vingt neuf et dans les declarations un arrest du conseil donné en consequence, et particulierement dans les declarations et arrests du Conseil donnés après les partages intervenus en Languedoc et dans les autres provinces entre les commissaires exécuteurs de l'eedit de Nantes.

Ces deux veritées qui font assés voir que les plaintes de la chambre de l'eedit de Castres et des colloques que les P. R. ont dans le ressort des grands Jours, sont mal fondées et fort injustes demandent, affin qu'icelles(?) deviennent esvidentes et incontestables, que l'on raporte icy les editz, declarations et arrests du Conseil sur lesquels les arrests donnés par la cour des grandz Jours sont fondés et

---

1. Cf. *Arch. Nat.*, TT 247 (*olim* TT 322), pièce 143 : *Memoire des arrests rendus par les grands jours de Languedoc envoyés par M. le p^r president de Tholose avec sa lettre du 1er juin 1667, et le Journal de J. Baudouin sur les Grands Jours de Languedoc*, publié par P. Le Blanc. Paris 1869.
2. *Arch. Nat.*, TT 247 (*olim* TT 322), pièce 119.

sur lesquels les requestes qui luy ont esté presantées ont esté dressés, parcourant les ditz arrests :

Arrest portant deffances aux P. R. de cottiser les Catholiques pour les affaires qui concernent la R. P. R. Cest arrest est fondé sur l'article 40e des particuliers de l'eedit de Nantes par lequel il est porté que les P. R. s'assembleront pardevant le Juge royal pour égaler lors sur eux la somme des deniers qui leur seront necessaires pour la paie de leurs sinodes, etc.; sur l'arrest du Conseil d'estat du cinquiesme octobre mil six cens soixante trois donné sur le partage intervenu en Languedoc entre les commissaires, contenant le mesme régleman; sur l'arrest du mesme conseil du 18esme septembre mil six cens soixante quatre portant que les reglemens qui y sont contenus serviront pour tout le royaume et contenant le mesme régleman, article 22; et sur la declaration du Roy du second avril mil six cens soixante six contenant le mesme reglemant, art. 37.

Arrest portant que le premier magistrat royal sur ce requis mettra les Catholiques en possession des cimetierres contigus aux esglizes.

Cest arrest est fondé sur l'arrest du Conseil d'Estat du cinquiesme octobre mil six cens soixante trois donné sur le partage intervenu en Languedoc, par lequel il est dit que les cimetierres occupés par ceux de la R. P. R. et qui tiennent aux Eglises seront randus aux Catholiques nonobstant tous actes et transactions contraires, et qu'il sera permis aux prethendus R. d'en achepter d'autres à leurs fraix et depens en leur commode. Le mesme regleman est contenu dans l'arrest du mesme conseil du 18me septembre mil six cens soixante quatre, donné sur les partaiges intervenus en Dauiné, art. 35, et dans la declaration du second avril mil six cens soixante six, art. 25.

Mr Pellot, intendant de Guienne et commissaire exécuteur de l'eedit [a] donné à Bourdeaux le dixiesme novembre mil six cens soixante cinq une ordonnance portant la mesme chose que l'arrest des grandz Jours. En vertu de cette ordonnance les catholiques se sont mis en pocession desditz cimetierres en tous les lieux des generalités de Guiene où ils avoient esté usurpés par les P. R., lesquels ont hobéy à l'ordonnance et n'en ont point faiet de plainte.

Arrest portant qu'avant la distribution des ausmones il sera faict un estat des véritables peauvres sans distinction de religion, et qu'à ladite distribution ne seront receus que les peauvres qui se trouveront dans ledit estat.

Cest arrest, quant au lieu où la distribution doibt estre faite, est fondé sur les arrests du Conseil du cinquiesme octobre mil six cens soixante trois et dix-huitiesme sep^bre mil six cens soixante quatre, desja mantionnés, qui marquent ledit lieu, et sur la declaration du second avril mil six cens soixante six, laquelle, art. 51, marque aussi ledit lieu. Et quand à l'estat des veritables peauvres que l'arrest de la cour des grands Jours veut que l'on fasse avant ladite distribution, le motif qu'elle a eu c'est qu'elle a esté informée qu'ez lieux où les pretendus Refformés sont les plus fortz et en plus grand nombre, quand la distribution des aumosnes se faisoit, ou en grain, ou en pain, ceux qui estoient aisés, et mesmes les ministres envoyoient leurs enfans, leurs vallets et leurs servantes pour prendre ce qui n'est deub qu'aux veritables pauvres, et mesme les consuls prenoient de ces faveurs (?) pour payer le ministre, le diacre du consistoire et le maistre d'escolle faisant profession de la R. P. R.

Arrest portant que les aumosnes et rentes des hospitaux seront administrés par les catholiques, conformement à leurs fondations et concessions desdites aumosnes et rentes. Cest arrest est fondé sur le regleman contenu dans les arrests desja mentionnés du cinquiesme octobre mil six cens soixante trois et 18me septembre mil six cens soixante quatre, art. 14, et dans la declaration du second avril mil six cens soixante six, article 31, où il est dict que les charges uniques municipales ne pourront estre remplies que par des Catholiques, et la charge d'administrateur de l'hospital est, dans tous les lieux du ressort de la cour des grands Jours, municipale et unique, donnée ordinairement à un des consuls; l'on ni parle que des hospitaux quy doivent estre administrés par les consuls, et qui sont de fondation de communauté, qui pour cette raison, ainsy qu'il est dit dans les arrests desjà allégués et mesme dans la declaration du second avril mil six cens soixante six, art. 52, doivent estre régis par les consuls des lieux. Car pour les hospitaux fondés par les ecléziastiques, et qui doivent estre régis par eux, les P. R. ne peuvent pas demander d'en avoir la direction et l'administration. Les edicts ne souffrent point que dans le Royaume les P. R. ayent aucun hospital qui soit à eux. Mais par l'art. 22 de l'Edit de Nantes, les pauvres qui font profession de leur créance doivent estre receus dans tous les hospitaux; ne pouvant point avoir aucun hospital, ils ne peuvent point donc en avoir l'administration. La raison veut que les hospitaux fondés par les Catholiques et les rentes et aumosnes qu'ilz ont laissés en faveur des pauvres soient administrées conformemant à l'intention de leurs fondateurs. Or les fondateurs catholiques n'ont jamais préthendu qu'au lieu que les Catholiques administrassent les hospitaux, ni les rentes et les ausmones qu'ils fondoient (*sic*); l'on ne trouvera point que les P. R. ayent fondé des hospitaux. Quel droit ont-ils donc de demander l'administration des hospitaux dont ils ne sont pas les fondateurs? Les consistoires ez lieux où les P. R. sont les plus forts avoient usurpé l'administration des hospitaux et des rentes et aumosnes des pauvres, employoient lesdites rentes et aumosnes pour les gaiges de leurs ministres et pour les frais de leurs sinodes; la cour informée de cet abus a esté obligé de leur oster ladite administration.

Arrest portant deffance de travailler les jours de feste et d'exposer de la viande les jours deffandus. Cest arrest est fondé sur l'art. 20 de l'eedit de Nantes, et sur divers arrests du conseil et particulièrement sur celluy du cinquiesme octobre mil six cens soixante trois, sur celluy du dix huitiesme septembre mil six cens soixante quatre, art. 17 et 18, et sur la déclaration du second avril mil six cens soixante six, art. 53 et 54, où l'on voit les mesmes déffences.

Arrest portant déffence aux P. R. de Saint Rome de Tarn, diocèze de Cabrierre, de se servir de la maison commune de ladite ville pour y faire leurs presches ny de la cloche de l'horloge pour appeller à leurs presches.

Arrest portant déffence aux prethendus Refformés de Saint Jean de Breuil et autres lieux du ressort de la cour des grands Jours de s'assembler pour y faire le presche dans la maison de ville.

Ces deux arrests sont fondés sur ce que la maison de ville n'a point esté bastie pour y faire le presche; et les P. R. n'ont pas droict de l'usurper pour y faire un temple. L'art. 16 de l'eedit de Nantes leur permest de bastir un lieu pour l'exercice public de leur créance aux villes où il leur est accordé; mais il ne leur permet pas d'usurper la maison de ville. La communauté est catholique et de la religion de son prince, et déclarée telle par l'arrest du Conseil d'Estat du dix septiesme novembre mil six cens soixante quatre. Quoy que le plus grand nombre des habitans fasse profession de la R. P. R., la maison de ville donques apartenant à la communauté doict estre censée catholique, et, par conséquant, un lieu où les consuls ne peuvent point souffrir que les prethandus Resformés s'assemblent pour y faire le presche.

Arrest portant deffences aux P. R. de se servir pour appeler à leurs assemblées de la cloche de l'horloge public, ny de celle de l'esglize, ny de ne faire marcher aucune par le lieu, ny d'en employer d'autre que celle qu'ilz auront placée sur deux pilliers, tenuz sur une des murailles de leur temple.

Cet arrest laisse aux P. R. toute la liberté que l'art. 34 des particuliers de l'eedit de Nantes leur donne touchant l'usaige des cloches, et ne faict qu'oster les abus.

Les cloches de l'esglize n'apartenant pas aux P. R., elles ne peuvent pas estre employées pour appeler à leurs presches.

La cloche de l'orlhoge apartient à la communauté qui, ainsy qu'il a esté desjà dit, est censée et declarée catholique.

Il n'y a que les Catholiques qui ayent droict de faire marcher une cloche pour les processions, pour les enterremens et devant le saint sacrement lorsqu'on le porte aux malades. Les P. R. abusant du pouvoir que l'art. 34 des particulhiers leur donne font faire en plusieurs lieux de grandes tours et a grand cloches et ont, comme à Uzès et à Nismes des cloches d'une grandeur extraordinaire quy par leur son troublent les offices divins. Le consul mesme a esté contraint par son arrest du cinquiesme octobre mil six cens soixante trois d'ordonner que la cloche des P. R. d'Uzes seroit portée en autre lieu esloigné de la cathedralle. La cour des grandz Jours s'est contentée de remedier pour l'advenir à cet abus par son arrest.

Arrest portant que les esglizes ruinées seront rebasties dans deux ans, sçavoir : celles qui ont esté demolies despuis l'an mil six cens vingt six par les P. R. à leurs fraix et depens ; celles qui ont esté démolis avant l'an 26 aux frais et depens de tous les habitans tant catholiques que de la R. P. R.; ceux qui ont esté ruinés par la négligance d'un bénéficiaire, aux frais et despens de leurs heritiers; et, au cas que les héritiers soint décédés insolvables, aux fraix et despens de tous les habitans, tant catholiques que de la R. P. R.

Cet arrest, quand au premier chef, est fondé sur l'article 4e de l'eedit de Nismes, lequel donne aux P. R. absolution des esglizes par eux démolies depuis l'an mil six cent vingt six pour le cinquiesme seulement, renvoyant pour l'intherest civil les ecclézastiques et les religieux pardevant la Chambre de l'eedit. Or la cour des grands Jours avoit pouvoir de connoistre de toutes les affaires qui pouvoient estre portées pardevant la Chambre de l'eedit.

Quand au second chef et mesme au troizieme que les P. R. prestendent estre contraire à l'art. second des particuliers de l'eedit de Nantes, l'un et l'autre sont fondés sur la responce de sa majesté à l'article 13e du cayet qui luy fust presenté par la dernière assemblée du clergé, et sur l'art. 59 de la déclaration du second avril mil six cens soixante six où il est dict que ceux de la R. P. R. payeront par impositions ordonnées tant pour la reedification et reparation des esglizes parochialles et maisons curialles entretenant des maistres d'escolle et régens catholiques, sans neanmoingz qu'ils puissent estre cottizés en des capitations suivant l'art. second des particuliers.

Arrest par lequel les P. R. de Saint Affrique sont condemnés à rebastir l'églize parrochialle, sy mieux ils [n']ayment donner à cet effect la somme de dix mille livres.

Cest arrest est fondé aussy bien que le précédant quand au premier chef sur l'art. 4e de l'edit de Nismes, par ce que le scindic des catholiques prouvoit par bons actes qu'en l'année mil six cens vingt huit les P. R. avoient desmoly l'esglize et par le contract qu'ilz avoient passé avec ceux qui avoit entrepris de fortiffier leur ville, ils luy permettoient de prendre la pierre de l'église pour faire le bastion qu'ils appelloient de Concouroncon ; et parce que la cour des grands Jours ne pouvoit connoistre que de la somme de dix mille livres, et que les P. R. eussent peu soubstenir que la Cour estoit incompetante, le sindic par requeste le reduisit à la dicte somme.

Arrest portant que les charges uniques et municipalles de la ville de Nismes et autres lieux du ressort ne pourront estre remplies que par des Catholiques. Cela estoit desjà ordonné par les arrests du Conseil du cinquiesme octobre mil six cens soixante trois, et dix huitieme septembre mil six cens soixante quatre, art. 14, et par la déclaration du second avril mil six cens soixante six, art. 31. Les prethendus Refformés se plaignent de ce que la cour des grands Jours a mis la charge de portier parmy les uniques municipalles, et par ce moyen de six portiers qu'il y a dans Nismes leur en a osté trois, y metant des portiers catholiques. Ce mot de portier est dans l'art. 31e de ladite declaration.

Arrest qui enjoint aux P. R. de vuider la ville de Privas et la taillabilité d'ycelle. La cour des grands Jours avant que donner cest arrest voulut sçavoir les volontés de Sa Majesté, laquelle fit répondre qu'elle vouloit que la declaration du mois de juin mil six cens vingt neuf, divers arrests donnés en consequence et particullierement celuy du trantiesme septembre mil six cens soixante quatre qui enjoint ausdits P. R. de sortir incessamment de lad. ville et de sa taillhabilité fussent executés.

Arrest portant deffence aux P. R. de faire baptiser dans leurs presches les enfans des pères catholiques et de enseigner dans leurs escolles autre chose que lire, escrire et chifrer.

Arrest portant qu'en tous les lieux du ressort une maistre d'escolle catholique sera establye, aux gaiges de cens livres, deffendant aux peres, meres et tuteurs d'anvoyer les enfans des pères catholiques aux presches et aux escolles de la R. P. R., et aux maistres d'escolles de ladite religion de les y recevoir ny dogmatiser ny d'y faire chanter les psaumes de Marot.

Toutes ces choses estoient desja ordonnées par l'art. 18e de l'ecdit de Nantes : par l'arrest du Conseil du sixiesme febvrier mil six cens soixante trois, par celuy du cinquiesme octobre mil six cens soixante deux, par celuy du dix huitiesme septembre mil six cens soixante quatre, art. 20, art. 32, art. 31, et par la declaration du second avril mil six cens soixante six, art. 45, art. 46, art. 47.

Arrest portant deffences à tous ministres, à la reserve de ceux du lieu où l'assemblée se tient, de prescher durant la tenue des sinodes et colloques. Cest arrest est fondé sur la déclaration du second decembre mil six cens soixante quatre, registré en la Chambre de Castres, par laquelle il est deffendu en termes express aux ministres de faire le presche ny autre exercice de leur R. P. R. sinon aux lieux de leur demeure ordinaire : or les villes et lieux où l'on tient les sinodes ou les colloques ne sont pas les lieux de la demeure ordinaire des ministres quy y viennent discourir et qui exercent ailleurs leur ministère; sur l'arrest du Conseil d'Estat du onziesme janvier mil six cens cinquante sept donné en conséquence de la dite declaration par lequel Sa Majesté deffend aux ministres de prescher en plus d'un lieu soubz quelque pretexte que ce soit : ils ne peuvent donc pas soubs pretexte de sinodes et colloques prescher en divers lieux; sur l'arrest du vingt deuxiesme febvrier mil six cens soixante quatre par lequel un ministre qui presche en divers lieux est condemné en cinq cens livres d'amande.

Arrest portant deffences aux P. R. de célébrer leurs mariages au temps deffendu par l'Eglize. La mesme deffence estoit desjà faicte par les arrests du Conseil du seizième janvier mil six cens soixante deux donné sur le partaige intervenu entre les commissaires exécuteurs de l'ecdit de Nantes dans le pays de Gex, et par l'arrest du mesme Conseil du douziesme may mil six cens soixante quatre confirmant la sentance du sénéchal de Portieres (?) du huitiesme mars de la mesme année qui faisoiet les mesmes deffenses, de laquelle les P. R. avoient appellé.

Arrest portant deffences aux habitans d'Anduse de tenir les foires et marchés dans les places des esglizes ruinées et dans les cimetières des Catholiques. La justice de cet arrest est assez visible. Il est conforme à l'art. 3e de l'eedit de Nantes, et il a esté necessaire particulièrement pour Anduse, par ce que la place de l'église ruinée et le cimetière des Catholiques estant devant la porte du lieu qui leur sert à presant d'esglize, à raison du bruit de la foire et du marché, il estoit impossible d'y célébrer l'office divin ; et il y avoit plusieurs années que les Intendans avoient donné ordonnance portant que le marché seroiet transporté ailleurs.

Arrest portant que tous croix seront placées dans toutes les villes et lieux du ressort. Les villes, bourgs et villages, quelques remplis qu'ilz soient de P. R., estant censés catholiques, ainsi qu'il a esté desja dit, il est juste que l'on y voye des marques publiques de la Religion catholique, et que les croix qui y ont esté abatues par les P. R. soient rellevées.

Arrest portant deffences aux prethendus Réformés du lieu de Valls de continuer le bastiment qu'ilz ont commencé proche de l'esglize parrochialle pour en faire un temple, et de s'y assembler pour l'exercice public de leur créance, les renvoyant quant à la demolition de ce qui est desja basty pardevant Sa Majesté. La Cour des grands Jours a traitté concernant les dits P. R. de Vals qui, ayant un lieu où ils font le presche et ne pouvant ignorer que les temples bastis proche des Esglizes doivent estre desmolis en vertu de l'art. 3e de l'eedit de Nantes par lequel il est deffendu de troubler les divins offices, entreprennent de bastir un temple qui n'est pas à dix pas de l'esglize parrochialle. Feu Monsieur le prince de Conty, gouverneur de Languedoc, leur deffendit par une de ses ordonnances de continuer les bastimans et de s'y assembler. Soudain après sa mort, ils y ont contrevenu. Ce bastiment merite d'estre desmoly ; mais la cour des grands Jours, voyant que Sa Majesté tient qu'on laisse la desmolition des temples aux commissaires, n'a pas voulu toucher à ladicte desmolition.

Arrest portant la verification des inscriptions de gravure des cloches possédées par les P. R. Cella estoit desja ordonné par l'arrest du Conseil d'Estat du quatriesme may mil six cens soixante trois donné sur les partages intervenus en Provence, art. premier. Les Catholiques ont droict par l'eedit de Nantes de demander les cloches qui leur ont esté enlevées pour les reconnoistre. La verification des inscriptions et des gravures est absolument necessaire.

Arrest portant deffances aux advocats de la R. P. R. du siège de Villeneufve de Berg d'y faire la fonction de procureurs. La cour des grands Jours, voyant que le Conseil suprime autant qu'il se peust les procureurs et nottaires de la R. P. R., a creu qu'elle ne devoit pas souffrir que les advocatz faisant profession de ladite Religion fissent la fonction de procureur. Cette deffiance a esté particulierement necessaire dans ledit siége, par ce que luy estant commendé de faire chasque année une séance de deux mois à Privas pour y rendre justice et estant deffendu d'ailleurs aux P. R. d'habiter dans Privas ny dans la taillabilité, il a esté nécessaire d'oster ce prétexte aux advocats de la R. P. R. pour y aller habiter.

Arrest donné en faveur du prieuré de La Salle. Il ne faut que lire ledit arrest pour estre convaincu de sa justice. En effect l'eedit de Nantes donne bien abolition tant pour le criminel que pour le civil des enlèvemens faicts des meubles de l'esglize, mais non pas des depotz, le depost estant une chose sacrée. Et, par les inventaires mentionnés dans l'arrest, il appert que les meubles sacrés de l'esglize de La Salle avoient esté donnés en depost et que l'on estoit chargé de les rendre.

Arrest portant deffences aux P. R. de faire sequestres les Catholiques.

Le Conseil, sur la requeste du sindic général de la province de Languedoc, avoit desja donné arrest du sixiesme aoust mil six cens soixante six par lequel il est deffendu aux P. R. d'establir les nouveaux convertis sequestres, la cour a rendu la bulle(?) du Roy en faveur de tous les Catholiques. Voyant que par le moyen des sequestres particulierement ez lieux où lesd. P. R. sont les plus forts et où ils taschent d'empescher que le nombre des Catholiques ne devienne plus grand, la vexation est sy grande que le Curé de Chasteauneuf, proche de Vernoux en Vivarez, diocése de Viviers, voyant qu'il ny avoit aucun catholique dans ledit lieu et y en ayant faict venir un, les P. R. pour le forcer de déserter, le firent dans moins d'un mois seize jours sequestre.

Arrest donné par provision [de] l'union de l'hospital des P. R. de Nismes à celluy des Catholiques.

La cour des grands Jours avant que donner ledit arrest voulut sçavoir la volonté de Sa Majesté, laquelle, informée des raisons contenues dans le règlement presenté par le procureur general pour ladicte union fit respondre par Mr de La Vrillière que la requeste estoit juste, qu'elle vouloit qu'on jugeast ceste affaire et que cest hospital fust uny à celuy des catholiques. En effect il n'a jamais esté permis aux P. R. d'avoir des hospitaux séparés, tous les eeditz de pacifficalion, et particulierement celuy de Nantes, art. 22, portant que les peauvres de la R. P. R. seroient reçus sans differance ny distinction de religion dans les hospitaux. Il faut inférer par une conséquence necessaire que l'intention de nos Roys n'a jamais esté que les P. R. eussent des hospitaux separés. Ils avoient taschés d'en establir un à Paris dans le fauxbourg Saint Marceau; mais par arrest du Conseil Privé du dernier juin mil six cens trante sept, tous les pauvres et tous les meubles qui s'y trouvoient furent transportés tant dans l'hospital de la ville qu'en l'hospital de la Charité du fauxbourg Saint Germain.

Arrest portant que le consulat et le conseil politique de la ville de Saint Jean de Sauve[1] seront my parties et que le premier consul sera, suivant l'ancien usaige, sindic de ladite viguerie.

Les Catholiques pourroient se plaindre de cest arrest, par ce que la déclaration du Roy et les arrests donnés en consequence ne portent pas ainsy quil est dict dans cet arrest des grands Jours que le consulat et le conseil politique sera my party, mais ils portent que du moins la moitié du consulat et du conseil politique sera catholique, ce qui laisse les communautez dans le droict et le pouvoir de faire non seuleman la plus grande partie, mais encore tout le consulat et tout le conseil politique catholique; et quand à la charge de sindic de la viguerie, estant unique et municipalle, elle ne peut estre remplie que par un catholique. — Arrest portant que le conseil politique de Saint Ypolite sera my party et les charges uniques et municipalles remplies par les Catholiques.

La mesme chose que du precedant arrest est donné pour Saint Jean de Sauve[2]. Il est consacré aux mesmes termes quant au premier chef.

24.

1608. — Menus emplois réclamés par les Etats pour les catholiques[3].

Article IV. — Par l'article XXXI de la déclaration de Vostre Majesté du deux avril 1666, elle a adjugé à ses sujets catholiques toutes

1. Erreur du copiste. Il s'agit de deux villes : Saint-Jean (de Gardonenque) et Sauve. — Cf. *Arch. Nat.*, TT 217, pièce 143. (Liste des arrêts des Grands Jours envoyée par le premier Président de Toulouse.)
2. Cf. *supra*, note 1.
3. *Arch. départ. de l'Hérault.* C, Etats. Cah. de dol., Reg. 1668. Répondu le 26 octobre 1668. Art. 3, fol. 91 v°, origin.

les dites charges des greffiers consulaires secrétaires des communautez, horlogers, portiers et autres uniques et municipalles à l'exclusion de ceux de la religion prétendue réformée. Cette grâce engage l'assemblée des Estats à supplier très humblement Vostre Majesté d'affecter aussy à vos sujets catholiques toutes les charges des commis aux bureaux des courriers et messagers ordinaires (sans préjudice à ladite province de se pourveoir contre l'arrest intervenu au Conseil l'an 1666 pour les messageries de Languedoc) et toutes autres charges de commis au maniement des deniers publics pour le bien de la religion et l'avantage des catholiques.

Réponse : Sur les plaintes particulières qui seront portées à Sa Majesté contre les dits commis, elle y pourvoira ainsy que de raison, et cependant veult et entend qu'il ne se soit commis aucun abbus à la distribution des lettres.

25.

12 févr. — 2 mars 1668. — Exemple d'allocation des États à un nouveau converti[1].

Mᵉ le fermier général de l'Equivalent de la province de Languedoc, Mᵉ Jean Astruc, nous vous mandons et ordonnons que des premiers deniers de votre afferme et sur la somme de deux mil livres ordonnée en ausmosnes suivant l'antienne coustume vous payiez et deslivriez comptant la somme de trois cens livres au sieur Bezesses, nouvellement converty à la Religion catholique, à lui accordée en ausmonne ; et en rapportant le présent, endossé de quittance, ladite somme vous sera passée et allouée dans la despense des comptes que vous rendrez aux Estatz sans difficulté.

Fait à Montpellier le 12ᵉᵐᵉ du mois de febvr. 1668.

E. d'Anglure, arch. de Tholose, président

Du mandement de mesdits seigneurs des Estats

Mariotte.

Au dos : Quittance du 2 mars 1668 signée : Bezesse.

1. *Arch. départ. de l'Hérault.* C, États. Comptes du Trésorier de la Bourse. Carton 1668.

26.

23 novembre 1668. — La surveillance des malades de la religion réformée[1].

Extrait du registre du Conseil d'Estat.

Sur ce qui a esté représenté au Roy estant en son Conseil que, bien que par les arrests des xviii° septembre 1664, et xxii° may 1665, et déclaration du deux avril 1666, il ayt esté ordonné que les curez, religieux ou autres ecclésiastiques des lieux, assistés d'un magistrat ou consul, pourront visiter les malades de la R. P. R. pour sçavoir d'eux en quelle religion ils veulent mourir, pour suivant leurs déclarations leur donner les assistances dont ils auroient besoin, néantmoins au mespris des dits arrests et déclaration vériffiée au parlement de Thoulouze, le sieur Jean Puech, prebtre et prébandier de l'église cathédralle de Castres et secondaire de la paroisse de Nostre Dame de la Platé estant adverty que le sieur Delager de la R. P. R., cornette de la compagnie du vicomte de Monfa, avoit esté, griefvement blessé et en danger de mort, porté dans la maison du dit sieur Ducros, il y seroit allé assisté du sieur Foulquier, troisiesme consul de la dite ville, pour sçavoir du dit Lager s'il vouloit changer de religion ou demeurer dans la prétendue refformée, avec d'autant plus de fondement qu'il avoit déclaré quelque temps auparavant à des personnes de qualité qu'il se vouloit faire catholique. Mais estant arrivez à la dite maison, ils auroient trouvé le sieur Delager, conseiller en la chambre de l'Edit de la dite ville, avec le sieur Dumas, cy-devant advocat au Conseil, tous deux de la R. P. R., sur la porte, qui leur auroient empesché l'entrée de la dite maison, disans qu'ils n'y avoient rien à faire, sous prétexte qu'il seroit intervenu partage sur la dite déclaration, encore bien qu'elle ayt esté enregistrée purement et simplement au parlement de Thoulouze qui en auroit ordonné l'exécution dans tout son ressort. Les dits vicaire et consul voyant l'empeschement qui leur estoit fait d'entrer dans la dite maison par le dit Lager et Dumas, après plusieurs instances et requisitions qu'ils auroient faictes de leur en permettre l'entrée, ils se seroient retirés sur leur

---

1. *Arch. départ. de l'Hérault*. A 1°. Recueil de lettres patentes, provisions et arrests, fol. 237 v°-238 v°.

reffus; et le dit Puech, vicaire, auroit requis le consul d'en dresser son procès-verbal pour leur servir ce que de raison et d'autant que le dit partage ne peut pas empescher l'éxécution de la dite déclaration, attendu que par icelluy il est dit par les conseillers de la R. P. R. qu'il sera fait très humbles remonstrances à Sa Majesté sur icelle, lesquelles n'ayant pas esté faites jusques à present et dans le délay porté par la nouvelle ordonnance, la dite déclaration doibt suivant icelle sortir son effet et estre mise à exécution. Surquoy estant nécessaire de pourvoir, ouy le rapport du sieur Poncet, conseiller ordinaire de Sa Majesté en ses Conseils, commissaire à ce député, et tout considéré, le Roy estant en son Conseil, sans aucun égard à l'arrest de partage de la dite chambre de l'édit de Castres, a ordonné et ordonne que la déclaration du deux avril 1666 sera exécutée en tous ses chefs selon sa forme et teneur, et en conséquence fait Sa Majesté deffences ausdits Delager, Damas et tous autres d'y apporter empeschement sous peine de désobeissance, Enjoignant aux procureurs généraux du dit parlement et de la dite chambre de l'édit de tenir la main à l'exécution d'icelle. Laquelle sera registrée sans difficulté. Fait au Conseil d'Estat du Roy, Sa Majesté y estant, tenu à Paris, le XXIIIe jour de novembre mil six cens soixante huit. Signé : Phelypeaux.

27.

Janvier 1670. — Les Etats de Languedoc, contre le Parlement de Toulouse, veulent assurer aux Catholiques le monopole de charges municipales vénales [1].

Les Estatz ayant esté informés que le Parlement de Toulouse a registré au mois de décembre dernier des lettres patentes portant que les offices de greffiers consulaires creez par édit du mois de novembre 1668 seroient vendus à toute sorte de personnes indifféremment sans distinction de religion contre les termes de l'art. 20^{esme} de la déclaration du mois de febvrier de l'année dernière par laquelle Sa Majesté ordonne par exprez que les charges de secretaires et greffiers des Hostels de Ville et Maisons consulaires ne pourroint estre possedez que par des catholiques seulement, attendu que toutes les com-

---

1. Arch. départ. de l'Hérault. C. Etats. Proc.-verb. des séances (nov. 1669-nov. 1670), fol. 115.

munautez du royaume sont reputées catholiques, et considérant le préjudice nottable que les Catholiques recevroient par l'execution de cette déclaration dans laquelle la religion de Sa Majesté a esté surprise, A esté deslibéré que M⁰ˢ les deputez en cour feront toute sorte d'instances pour obtenir de la bonté du Roy la revocation desdites lettres patentes; ce faisant, que lesdites charges ne pourront estre possedées que par des catholiques seulement, à l'exclusion de ceux de la R. P. R.: et qu'ils solliciteront Mʳˢ les Agents généraux du Clergé de France de vouloir entrer dans ceste poursuite qui regarde l'avantage de la R. catholique; Enjoignant au Syndic général de former toute sorte d'oppositions partout où besoin sera, en cas les Commissaires deputez pour la vente desdites charges en feroient l'adjudication à quelque particulier faisant profession de la R. P. R.

28.

Avril 1670. — Extrait de requête générale au Roi par les Réformés : articles visant l'état des religionnaires de Languedoc[1].

Après un article concernant la dépendance des commissaires catholiques de l'Edit à l'égard du clergé catholique :

[En marge : Consulatz]. — Il n'y a pas moins de sujet de se plaindre à l'esgard des consulatz. Car ceux de la R. P. R. avoient lieu de croire qu'on ne penseroit jamais à les en priver, après les seuretez quy leur avoient esté données sur cette matière. Non seulement l'Edit de Nantes, dans son art. 27, déclare ceux de ladite Religion capables de tenir et exercer tous estalz, dignitez, offices et charges publiques quelconques royales, seigneuriales ou des villes, et veut qu'ils y soient indifferemment admis, mais de plus la déclaration de 1629, de laquelle V. Maté ordonne l'observation aussi exactement que de l'Edit de Nantes, porte dans l'art. 17 que l'ordre gardé d'ancienneté dans les villes tant pour le consulat que pour la police sera gardé et observé comme il estoit auparavant les mouvemens. Par la paix mesme particulière de Montauban, art. 11, il est dit expressement qu'il ne sera fait aucune innovation en l'hostel de ville. Cependant, contre des dispositions si formelles, non seulement les consu-

---

1. *Arch. Nat.*, TT 431 (olim TT 268), pièce 122.

lats qui estoient possedez tous entiers par ceux de ladite Religion ont esté mi-partis, mais ils leur ont esté entièrement ostez en plusieurs villes par de simples arrests donnez sur requeste, ou seulement par des ordonnances des Gouverneurs et des Intendants, comme à Montauban, Montpellier, Milhau, Réalmont, Saverdun, Mauvezin, Casteljaloux, Castelsacrat et plusieurs autres. On ne sauroit exprimer l'étonnement non plus que le déplaisir qu'un changement de cette nature a causé dans toutes ces villes, parce que la fidélité exemplaire que ceux de la R. P. R. y ont tesmoignée dans les derniers troubles de l'Estat sembloit leur promettre un tout autre sort. Après les marques qu'ils y ont données de leur zèle inviolable au service de S. M^{té} dans des occasions de la dernière importance, ils ne s'imaginoient pas que leurs ennemis peussent entreprendre de leur faire perdre leurs anciens privilèges et de les dépouiller d'un avantage qui leur est d'autant plus cher et plus precieux que, dans les provinces où ils avoient l'honneur d'en jouir, il s'appelle *La Livrée du Roy*; tellement, qu'en le perdant, ils semblent estre descheus de la qualité de vos sujets, et par là tombez dans la dernière infamie. C'est à quoy V. M^{té} est instamment suppliée de remédier en remettant selon sa justice les choses dans leur estat légitime, et en rendant à ceux de ladite Religion les consulats, sinon tous entiers selon les Edits et declarations, au moins mi-partis, conformément à la Déclaration de 1631, puisque sans cela, dans les provinces de Guienne et de Languedoc, ils souffriroint une oppression inevitable; qu'ils ne pourroint esperer ni de tranquillité pour leurs personnes, ni de seureté pour leurs biens, et que dans le despartement des tailles et des autres charges publiques dont ils portent la plus grande partie, ils se trouveroint infailliblement accablez.

[En marge : Artisans]. — Les suppliants se trouvent forcés de recourir encore à V. M^{té} sur un autre interest dont ils ne sauroient se taire. On peut l'étendre à tous les artisans de la R. P. R. Car, bien que V. M^{té} ordonne par sa nouvelle déclaration du mois de febvrier qu'ils seront receus aux arts et aux mestiers dans les formes ordinaires des apprentissages et des chefs-d'œuvres (*sic*), cependant leur réception ne laisse pas d'estre rendue impossible par le refus que les juges font d'admettre comme auparavant les M^{es} de ladite Religion dans la fonction et dans la qualité de Gardes des Mestiers. Ce qui en ferme la porte aux apprentis de la mesme communion, parce que si tous les gardes sont nécessairement d'une religion contraire, comme ils auront en main le pouvoir de l'exclusion, ils leur formeront des difficultez insurmontables sur leurs apprentissages et sur leurs chef-d'œuvres. On peut encore representer icy l'extrême misère où les artisans de cette religion se trouvent en Languedoc par la nouvelle nécessité qui les a réduits au tiers. C'est mettre à l'aumosne la plus part des habitans de cette province, où l'on sait que le nombre de ceux de la R. P. R. excède de beaucoup en plusieurs lieux celuy des catholiques. C'est les chasser mesme et les bannir de leur pays, puisque n'y pouvant plus trouver les moyens de gagner leur vie, ils seront contraints d'aller chercher du pain ailleurs. V. M^{té} peut avoir esté desjà informée de ces deux articles, et l'on espère de sa justice qu'Elle y pourvoira pour sauver de la faim et de la disette une infinité de personnes qui ont l'honneur d'estre ses sujets.

Au dos : Requeste de ceux de la R. P. R. que les depputez voulloient présenter en avril 1670, dont ils ont esté deboutez attendu que ledit cahier est contre la déclaration de 1669 poursuivie par ceux de la R. P. R. et enregistrée en tous les parlemens. — La requête est signée Ruvigni (signat. autogr.).

29.

Août 1673. — Les synodes et le Roi. — Requête au Roi au sujet du synode de Castres[1].

Les ordres sur lesquels il a esté sursis à la tenue du synode du haut Languedoc ont esté d'autant plus surprenans que la convocation en avoit esté faite par d'autres ordres précédens de S. M. donnés par M^r le marquis de Calvisson; et que ce sursis est arrivé à la veille de l'ouverture de l'Assemblée qui devoit se faire le lendemain, de sorte que M^r le Commissaire et les depputez ont esté obligés de se retirer.

Il a esté pleinement obéi à ces ordres tant par l'Église de Castres que par les autres Églises lesquelles ont fait des frais considérables, toutes nécessiteuses qu'elles sont, pour l'envoy de leurs depputez afin de pourvoir à leurs affaires par le Synode, suivant la permission qu'il avoit pleu au Roy de leur en donner.

L'Église de Castres a fait aussy de notables frais tant pour obtenir la liberté de convoquer le Synode que pour en faire la convocation,

---

1. *Arch. Nat.*, TT 217 (*olim*, TT 322), pièce 171.

Mgr le lieutenant de Roy à qui il faloit recourir se tenant au bas Languedoc, et les Églises estant esloignées les unes des autres et dispersées dans les divers quartiers dont elle est composée, qui sont le haut Languedoc, la haute Guyenne et le païs de Foix, de sorte que l'Église de Castres de mesme que les autres en reçoit une grande incommodité. Les ordres pour lesquels la tenuë du Synode a esté différée semblent faire une différence desadvantageuse à la Province du haut Languedoc entre elle et les autres Provinces qui jusqu'icy ne sont point tombées dans le mesme inconvenient.

Cependant tout se passe, dans ces assemblées, conformément aux intentions de S. M., et les verbaux de Mrs les Commissaires en font foy suffisamment.

La mesme différence semble estre plus desadvantageuse à l'Église de Castres laquelle devoit recevoir le Synode suivant l'usage de nos Églises permis par le Roy, et laquelle ne se peut voir privée de cette liberté sans une sensible douleur.

Il n'y a aucune affectation à l'esgard du lieu en la convocation du Synode, la permission de le convoquer n'ayant esté demandée que parce que c'est précisément le tour de Castres. Outre que le Synode s'y tient après de si grands intervalles qu'il y a vingt années entières qu'il ne s'y est point tenu, ce qui oste toute apparence de soubçon tant à l'esgard du lieu que de tout le reste.

La condition de l'Église de Castres ne doit pas devenir plus mauvaise que celle des autres Églises, ny estre privée d'une liberté dont elle a jouy jusqu'icy, sur tout puisqu'elle se comporte suivant les Édits et qu'il n'y a rien en elle qui la rende moins digne que les autres des grâces du Roy.

Sy on considère la qualité de la ville de Castres, elle ne doit pas estre distinguée des autres bonnes villes où se tiennent les Synodes, notamment en Languedoc, comme sont les villes de Montpellier, Nismes et Usez qui reçoivent ordinairement ces assemblées.

S'il faut considérer toutes choses de plus près, il se treuvera qu'il est plus à propos que les Synodes se tiennent dans les lieux les plus considérables où nous avons l'exercice public. D'autant que ces assemblées y sont plus esclairées et plus observées, et que le tumulte y est beaucoup moins à craindre. D'ailleurs elles y font fort peu d'esclat estant comme confondues dans la multitude, outre qu'elles ne sont pas fort nombreuses et qu'elles sont composées presque toutes de gens de peu d'apparence, et qui ne sont guère remarqués.

Il est à propos d'observer que nos Synodes ne durent que huict ou dix jours, qu'ils s'assemblent sans esclat et sans fasson, qu'on n'y traicte que de la provision des Esglises et de ce qui regarde les mœurs et la discipline, qu'on y empesche soigneusement que les ministres et les autres deputés ne preschent, ne disent et ne fassent aucune chose qui choque les oreilles et les yeux de qui que ce soit, et que leur simplicité et leur conduite sont telles qu'elles ne peuvent donner le moindre ombrage à ceux qui leur sont tesmoins affectionnés.

On y faict sur tout des prières ardentes et continuelles pour la conservation de la personne sacrée du Roy et de la maison Royale et pour la prospérité de ses conseils et de ses entreprises.

Tous ceux qui ont donné jusqu'icy les ordres pour le Roy dans le Languedoc et qui cognoissent particulièrement nostre estat et nostre conduitte lui peuvent rendre tesmoignage de tout ce quy vient d'estre représenté. Aussy osons-nous espérer que Sa Maté aura la bonté de remettre les choses dans leur premier train, et qu'elle permettra que le Synode du haut Languedoc se tienne dans la ville de Castres suivant les ordres qu'il a desja pleu en donner et comme nous l'en supplions, avec l'ardeur et le respect de ses tres humbles et tres fideles subjects.

Au dos : 1673 R. P. R. haut Languedoc. Sinode.

Suit (même cote, pièce 175) la permission donnée par le roi, contresignée Phelypeaux, en date de Nancy, 12 aoust 1673, de tenir le synode à Castres pour le 13 septembre suivant « à la charge qu'il ne s'y traitera d'autres matières que de celles qui regardent la discipline et qui sont permises par les edicz et qu'il n'y entrera ny sera admis aucun ministre des lieux où l'exercice de ladite Rel. prét. Reff. a esté interdict et les temples desmolis par arrest du Conseil. »

Cf. *ibid.*, pièce 166, commission de même date donnée à M. de Bornier, commissaire du roi au futur Synode.

30.

20 octobre 1673. — Demande par les États d'exclure totalement les consuls réformés des assiettes, ou, tout au moins, de les priver d'indemnité[1].

Article VI. — Vostre Majesté, par sa déclaration du premier de février 1669, article 27, a accordé l'entrée dans les assiettes des diocèzes de la dite province à ses sujets de la religion prétendue refformée, et comme cette grâce ne pouvoit s'entendre que pour les consuls des lieux qui ont droit d'y assister et qui auroint les qualités requises, sur les remonstrances des Estats de la dite province il fut donné arrest au Conseil le IIIIe octobre 1670 par lequel, conformément à leurs règlements faits pour les assietes des vingt deux diocèzes de la province et à leurs délibérations, il est ordonné qu'aucuns consuls n'auront entrée dans les dites assiettes que ceux qui auront la quallité requize pour entrer en l'assemblée des dits Estats. — Les consuls de la R. P. R. qui prétendoient entrer en vertu de la dite déclaration s'en virent exclus par cet arrest à cauze qu'ils n'ont point l'entrée dans les dits Estats, et s'estant plaints de cet arrest général qui n'auroit pourtant rien en soy qui ne fut juste, les assiettes des dits diocèzes n'estant purement qu'une représantation des dits Estats, et se trouvant, de mesme que les dits Estats, composées des trois ordres, il fut donné un second arrest au Conseil, Vostre Majesté y estant, et de son mouvement, par lequel, sans préjudice du dit article 27 de la dite déclaration du premier février 1669, il est ordonné que doresnavant il n'y aura que les premiers consuls des villes et lieux de la dite province qui auront entrée es dites assiettes, et en cas d'absence ou de maladie le second consul, soit qu'il fut catholique ou de la R. P. R., auroit la même entrée et voix dans les dites assiettes que le premier, en sorte qu'il n'y auroit qu'un consul des dites villes et lieux qui ont accoustumé d'y entrer. — L'exécution de ce dernier arrest quoyque conforme à la dite déclaration se trouve contestée dans les diocèzes où il y a des consuls de la R. P. R. et particulièrement dans le diocèze de Castres. — Et bien que la province eut sujet de s'en plaindre et de

---

1. *Arch. départ. de l'Hérault*, C, Etats. Cah. de dol., 1673. Répondu le 20 octobre, fol. 121 v° sqq. Copie.

demander l'exécution du premier, néantmoins l'avantage qui lui en revient par la diminution des frais d'assiette, dans un temps qu'elle se trouve chargée d'impositions extraordinaires, la fait soumettre quand à présent sans se plaindre à l'exécution de la dite déclaration et du dit arrest du seizieme mars mil six cent soixante et unze. Mais elle supplie très humblement Vostre Majesté pour evister toute contestation d'en voulloir donner un second, en mesmes termes qui leur déclare que c'est sa vollonté, et d'y adjouter que la taxe qui estoit accordée auparavant à un second député suivant l'estat de l'année mil six cent trente quatre sera moins imposée sur le général du diocèze et à sa descharge. Le cardinal de Bonsy, Rebé d'Arques, Trémolet, Rochepierre, de Roux Montbel, sindic général, Mariotte, greffier des Estats, députés signés.

Réponse : Accordé. — Fait et arresté par le Roy estant en son Conseil, tenu à Versailles le xxe jour d'octobre mil six cens soixante et treize. Signé . Louis. — Et plus bas : Phelypeaux.

31.

1674. — Instances renouvelées par les Etats pour la suppression de la Chambre de l'Edit de Castres[1].

Sire, les gens des trois Estats de la province de Languedoc, vos très humbles, très obeissans et très fidelles subjets et serviteurs, renouvellent avec toute humilité leurs instances auprés de Vostre Majesté pour la reunion de la Chambre de l'Edit sceant à Castelnaudary, à vostre cour de parlement de Tolose. — Ils en composent tous les ans le premier article de leur cahier de doléances parce que cette réunion est non seulement le plus ardent de leurs désirs pour la gloire de Dieu, mais est encore l'avantage le plus nécessaire à leur soulagement particulier. — Ils gémissent, Sire, depuis longtemps soubz la juridiction des juges de la R. P. R., et dans l'obligation où ils sont de vivre en commerce avec ceux de ceste religion, il n'est pas dans leur puissance d'avoir justice contr'eux à cause des partages qu'affectent de faire tous les jours dans les chambres my parties les juges de la ditte religion sur les procés qui regardent les particu-

---

1. Arch. départ. de l'Hérault. C. Etats. Cah. de dol., Reg. 1674. Répondu le 28 septembre 1674. Art. 1, fol. 123 r°. Origin.

liers qui la professent. — Vostre Majesté qui cognoist mieux que personne les véritables intérets de son Estat, a déjà eu la bonté de transférer à Castelnaudary ceste chambre séante autresfois à Castres, en exécution de l'Edit de 1580 et de l'article XX des articles secrets de la conférance de Fleix; ainsy vos sujets catholiques de la dite province espèrent de la même bonté de Vostre Majesté qu'elle ne laissera pas l'œuvre imparfaitte, et qu'en exécution de l'article 36 de l'édit de Nantes et de l'ordonnance de 1629, donnée de l'advis des Etats généraux elle accordera la réunion de la dite chambre séante à Castelnaudary à Vostre parlement de Tolose, où les habitans de la dite ville leur donneront toutes les seurettés possibles pour leur establissement ainsy qu'ils l'ont déjà offert par les délibérations qu'ils ont sur ce prises.

Réponse : Sa Majesté pourvoira à la demande du présent article lorsqu'elle le jugera nécessaire pour le bien de son service et de ses sujets.

32.

3 janvier 1676. — Exclusion des Réformés du consulat et conseil politique d'Uzès[1].

Extraict des registres du Conseil d'Estat.

Le Roy ayant esté particulierement informé de l'estat où est présentement la maison de ville d'Uzès en Languedoc, et veu les nominations faites depuis six ans des conseils politiques tant catholiques que de la R. P. R. qui composent le conseil de la dite ville, Sa Majesté auroit trouvé que comme, depuis la mort du sieur de Grignan, dernier évèque de la ville d'Uzès, il n'y avoit personne d'authorité pour maintenir les inthérets des catholiques, ceux de la dite R. P. R. qui y sont les plus puissants et qui sont toujours attentifz à profiter de toutes occasions qui peuvent leur estre favorables, se sont prévalus de cette conjoncture pour faire un changement considérable dans la maison de ville, et au lieu que suivant l'usage des années précédantes on avoit acoûtumé de changer seulement une partie des conseillers politiques et d'en conserver l'autre, en sorte qu'ils servoint ordinairement deux années, et qu'on en renouvelloit seulement la

---

1. *Arch. départ. de l'Hérault*, A 17. Rec. de Lettres patentes, provisions et arrêts. — Reg. fol. 229 r° et v°.

moitié ou environ tous les ans, néantmoins les dits de la R. P. R. afin de se rendre les maîtres du Consulat et d'y mettre des gens dont ils fussent asseurez pour oprimer et vexer les catholiques, ils auroint l'année dernière, contre l'ordre observé, changé presque tous les conseillers politiques, n'en ayant laissé que cinq des anciens pour, avec trante cinq nouveaux qu'ilz y ont mis, faire le nombre de quarante dont le dit conseil politique doit être composé. A quoy Sa Majesté désirant pourvoir afin d'empecher qu'ils n'abusent de l'authorité dans ladite ville, en laquelle voulant d'ailleurs procurer l'avantage de la Religion catholique en n'admettant doresnavant tant au dit consulat qu'au dit conseil politique que des personnes catholiques ainsy qu'il a été fait depuis peu en la ville de Montélimard et en celle de St-Paul-trois-Châteaux où il y a evêché, Le Roy estant en son conseil a ordonné et ordonne que pour toujours les dits de la R. P. R. de la dite ville et banlieue d'Uzés seront exclus du dit consulat et conseil politique d'icelle, ce faisant qu'à l'advenir il ne sera admis au dit consulat et conseil politique d'Uzés que des personnes faisant proffession de la religion catholique, apostolique et romaine et pour la premiere fois Sa Majesté a nommé et nomme pour consulz de la dite ville d'Uzés, sçavoir, pour le premier rang le sieur Jean Tardon; pour le second, Pierre Chambon; pour le troisième, Antoine Fabre et pour le quatrième Jean Serventy, pour entrer et estre admis dans les dites charges de consulz à la place de ceux qui y sont à présent et estre ensuite par les dits Jean Tardon, Pierre Chambon, Antoine Fabre et Jean Serventy, esleu le nombre acoustumé des conseillers politiques tous de la dite religion catholique, apostolique et romaine, et tant les ditz consulz que conseillers politiques exercer la dite charge pendant l'année présente 1676, et la prochaine 1677 qui finira au xxe du mois de novembre au dit an 1677. Veut et entend Sa Majesté que le lendemain, xxie du dit mois de novembre, jour ordinaire pour les dites elections, il soit procédé en la manière acoustumée, suivant l'arrest du Conseil d'Estat du xviiie may 1657, à la nomination de douze personnes lesquelles seront catholiques capables et de qualité requise, et icelle envoyée à Sa Majesté pour par elle en estre choisy quatre qui fairont les fonctions des dites charges consulaires les deux années suivantes 1678 et 1679, et sera continué doresnavant de faire en la même forme que dessus la dite nomination de consulz et conseillers politiques de deux en deux ans. Fait Sa Majesté très expresses inhibitions et deffences aux habitans de ladite Religion prétendue réformée d'Uzés d'y apporter ny donner aucun trouble ny empeschement. Enjoint Sa dite Majesté aux consulz qui seront cy-après esleus de n'admettre dans le dit conseil politique tant ordinaire qu'extraordinaire de la dite ville d'Uzès que des habitans catholiques, et au Gouverneur, ses lieutenans généraux en la province de Languedoc, intendant de justice et tous autres officiers de tenir la main à l'exécution du présent arrest qui sera leu et enregistré dans les registres de la maison de ville d'Uzès pour y avoir recours quand besoin sera. Fait au Conseil d'Estat du Roy, Sa Majesté y estant, tenu à Saint-Germain-en-Laye, le IIIe jour de janvier mil six cens soixante seize. Signé Phelipeaux.

Suit mandement du 3 janvier 1676 à l'intendant Daguesseau.

33.

Après septembre 1677. — La surveillance des synodes. — Rapport d'un commissaire royal protestant analysé et transmis par Daguesseau[1].

Remarques sur le sujet des Synodes de ceux de la R. P. R. du Bas Languedoc et des Cévennes.

1. Il a esté remarqué par le Sr Bornier en assistant en qualité de commissaire du Roy à ces deux synodes que pendant le temps qu'on n'en a pas tenu plusieurs ministres estant décédés en divers lieux, et entr'autres à Usez, Blausac, Genouillac et Aiguesmortes qui dependent du synode du bas Languedoc, et à Aulas qui dépend de celuy des Sévennes, on avoit pourvu des ministres dans lesdites, par l'autorité des Eglises chefs de colloques et à la requisition des consistoires pour y prescher jusqu'au prochain synode.

Cela semble estre de quelque conséquence, et il y a mesme quelque innovation en ce qu'on n'avoit pas accoutumé d'en user de cette manière, mais l'usage estoit, qu'après avoir laissé passer un mois après le décès, longue absence, ou indisposition du ministre, on se retiroit à l'Eglise chef de colloque, et cette Eglise, en conséquence de l'ordonnance de M. de Bezons et de M. de Peiremalés, commissaires exécuteurs de l'Edit, nommoit des ministres du colloque pour y aller pres-

---

1. *Arch. Nat.*, TT 215 (olim 322), pièce 89.

cher par tour, et, pour ce qui est de la conséquence, si on laissoit cette liberté aux Eglises chefs du colloque de pourvoir d'un ministre en cas de decez, outre les autres inconveniens sur lesquels on peut faire reflexion, ce seroit leur donner la mesme autorité qu'aux colloques et synodes; et en effet il résulte des actes du synode comme la chose n'a pas esté approuvée, et qu'elle a au contraire esté censurée par le synode.

[*En marge*: L'art. 16 de la déclaration de 1669 règle ce qui doit estre fait en ce cas; et il est important de ne pas souffrir que ceux de la R. P. R. y contreviennent sous prétexte d'une ordonnance de M. de Bezons et M. de Peyremalés qui est apparemment antérieure à la déclaration, ou, si elle est postérieure, ne doit pas estre considérée comme y estant contraire.]

En 2(e) lieu, il y a divers lieux de la province du bas Languedoc et des Sévennes maintenus dans l'exercice de ladite Religion, dans lesquels pourtant l'exercice ne se fait pas à cause que les habitans de ladite Religion de ces lieux sont dans l'impuissance d'entretenir l'exercice et fournir aux gages des ministres, et il a esté decouvert par le sr Bernier qu'on vouloit l'année prochaine establir l'exercice dans ces lieux suivant le droit qu'ils en ont, et, pour suppléer à l'impuissance dans laquelle les habitans sont d'entretenir d'eux-mesmes l'exercice, ils ont dessein d'obliger les Eglises capitales et celles qui sont le plus fortes et le plus puissantes de donner annuëlement une certaine somme, ou bien imposer et départir sur la province ce qu'on donnera pour ayder à l'entretien des ministres dans ces lieux.

Si on juge qu'à l'avenir, lorsque l'établissement sera fait, il y ait lieu d'y pourvoir, il semble que pour mieux decouvrir les moyens qu'on prendra pour faire subsister l'exercice dans ces lieux, il seroit important de faire exécuter l'art. 35 de la dernière déclaration du Roy du 1er febvrier 1669 qui porte que les deniers que les sujets de ladite Religion ont faculté d'improviser pour les frais des synodes et entretenement de ceux qui ont charge pour l'exercice de leur dite religion seront imposés en présence d'un Juge Royal, conformément à l'art. 14 des particuliers de l'Edit de Nantes. L'exécution de cet article est encore importante pour empêcher qu'on ne comprenne pas dans l'imposition des sommes qu'ils n'ont pas faculté d'imposer. Et, comme dans les lieux il n'y a pas toujours de Juge Royal, et que ce mot *en présence* pourroit les engager en des plus grands frais pour des petites impositions, il semble que l'article s'exécuteroit plus facilement et plus seurement en ordonnant que l'estat des sommes qu'ils imposeront pour ce regard sera remis devant le premier Juge Royal sur ce requis pour estre par luy autorisé.

[*En marge :* On a souvent ordonné par arrests du Conseil que les estats d'impositions seroient remis à M&rs; les Intendants pour estre envoyés à M. le Chancelier; mais cela n'a jamais esté executé par ceux de la R. P. R., quoy que conforme à l'Edit de Nantes; et le seul moyen de les y obliger seroit d'ordonner que les ministres et anciens ne pourront estre receus aus Synodes qu'en raportant pardevant le commissaire un certificat de la remise de l'estat des impositions à M. l'Intendant de la province, si l'on juge que cela se puisse establir dans la conjoncture presente, ce qui semble ne devoir pas recevoir difficulté, puisque ce n'est qu'une précaution pour faire executer l'édit de Nantes.]

En 3(e) lieu dans le précédent synode tenu à Anduse le commissaire qui y assista souffrit que le Synode fist une députation vers M&rs; les Officiers de la dite religion de la Chambre de l'Edit séant à Castelnaudary, comme il résulte des actes du synode. Il est vrai qu'on prit prétexte pour prier M&rs; de la Chambre de l'Edit de vouloir renvoyer la cognoissance des affaires ecclésiastiques ou autres concernant la discipline au Synode. Mais il semble que le commissaire ne devoit pas souffrir ceste députation, parce que cette communication peut servir d'un moyen pour faire des liaisons avec M&rs; les officiers de ladite religion à l'esgard de ceux qui y ont des procès et donner lieu à des arrests de partage. On avoit proposé de faire cette députation dans les synodes précédents, mais le s&r; Bornier s'y estoit opposé, et dès qu'un nouveau commissaire parut dans l'assemblée, on ne manqua pas de prendre ce temps et de se prévaloir du changement du commissaire pour exécuter ce dessein.

[*En marge :* Il paroit très important de faire quelque chose qui marque que le Roy n'a pas eu agréable cette députation et qui serve d'exemple pour en empescher à l'avenir de semblables.]

On prit aussi ce mesme temps pour supprimer les defances qu'on avoit coutume d'insérer dans les actes du synode pour restreindre la liberté de ces assemblées, comme il se voit par les actes du synode tenu à Anduse en 1675; mais la chose a esté rectifiée dans le dernier synode où le s&r; Bornier a fait insérer ces mesmes defenses dans les actes.

4. Dans le synode des Sévennes on produisit un article du dernier

synode du Vivarez tenu à Baix, qui donnoit la liberté au lieu de Meisse qui est un lieu du Vivarez maintenu dans l'exercice de se pourvoir d'un ministre hors la province du Vivarez ; le sr Bornier, qui cognoissoit l'estat des Eglises du Vivarez et qui sçavoit que dans le lieu de Meisse il n'y a que cinq ou six familles de ladite religion, et qu'il n'y avoit pas grande apparence que ce lieu là demandast la permission de se pourvoir hors la province, s'opposa à la demande qui estoit faite [*en marge :* Idem que sur l'art. 2], quoy qu'il ne peut pas sçavoir ce qui s'estoit passé sur ce sujet au synode du Vivarez où il n'a pas esté commissaire, sur ce qu'il soupçonna qu'il falloit qu'il y eût quelque artifice ou qu'on voulût cacher quelqu'autre dessein dont peut estre le commissaire du Vivarez ne s'estoit pas aperceu ; et du depuis il a decouvert que le projet qu'on avoit fait pour establir l'exercice à Meisse estoit que ces cinq ou six familles se devoyent charger de nourrir le ministre qui leur seroit donné, et que l'Eglise de Nismes devoit donner quarante escus pour ayder aux gages du ministre.

Il y a encore dans le procès verbal dudit sr Bornier du synode du Bas Languedoc diverses oppositions qu'il a faites ausquelles on a déféré et particulièrement dans la seance du vendredi 17 septembre sous le titre : Resultat de la conversation concernant des nouveaux establissements de l'exercice de ladite Religion qu'on avoit dessein de faire, dont il importe que le commissaire qui assistera au synode prochain du bas Languedoc qui doit tenir dans la ville de Nismes soit informé, ensemble des remarques ci-devant faites, afin qu'il y tienne la main, parce que l'esprit et la conduite de ces assemblées est, quand elles trouvent quelque resistance de la part du commissaire, d'attendre qu'il y en ayt un autre qui ne soit pas informé de leurs desseins et de leurs interests, pour faire reussir ce qu'ils n'ont pas pû dans les années precedentes.

Au dos : 1677. R. P. R. bas Languedoc.

Mémoire de M. Bornier donné à M. Daguesseau sur les derniers synodes du bas Languedoc.

34.

6 mai 1678. — Acte de notification par les Réformés de Montpellier de la nomination de quatre inspecteurs délégués par eux pour assister à la répartition municipale des impositions. Présenté aux consuls de Montpellier[1].

Du mercredi trentiesme jour du mois de mars 1678 dans la maison de messire Guillaume de Clausel, seigneur de Roqueyrols, conseiller du Roy et doyen en sa cour des Comptes, Aydes et Finances de la presente ville de Montpellier, heure de deux après midy et par devant le dit sieur de Clausel comme plus ancien officier,

Assemblés noble Pierre de Montanhac, Mr Me Pierre Saporta docteur et advocat, Me Pierre Guiberne, bourgeois, intendans et directeurs des affaires des habitans de Montpellier faisant profession de la religion pretendue reffoimée; nobles François de Ricard, seigneur de Saussan et Jean de Clausel seigneur de Fontfroide, conseillers du Roy en sa Cour des Comptes, Aydes et Finances de la ville de Montpellier, Mr Me Jacques Rodil docteur et advocat, Mrs Serres, Fabre, Viel et Lavesque anciens et deputtés tant du consistorial que des habitans.

Sur la proposition faicte par Me Jean Jallaguier nostre sindic que par l'arrest du Conseil d'Etat du 5esme d'octobre 1663 quy casse et supprime les quatorze despartemens dicts de la Chapelle de la presente ville de Montpellier et ordonne que les despartemens de tailles se fairont en la forme ordonnée par icelluy et qu'ausdits despartemens quatre députtés de nostre religion y pourront assister comme inspecteurs et sans fraix et que presentement que nous sommes à la veille que lesdits despartemens et impositions doivent estre faictes, il seroit nécessaire de faire la nomination desdits inspecteurs,

A esté délibéré que Messieurs Gauteron et Merle, bourgeois, Fabre, pourveu d'un office de procureur en la Cour des Comptes, Aydes et Finances de ceste ville, et Viel, marchant, sont nommés et deputtés pour, en conformité de l'arrest du Conseil dudit jour cin-

1. *Archiv. municip. de Montpellier*, GG. Réformés.

quiesme octobre 1663, accister à tous les despartemens et impositions quy se fairont en ladite ville de Montpellier l'année présente.

Clausel et autres signés à l'original. Estant collationné sur l'original estant dans les Archifs du Concistoire par moy secretaire soussigné.

Fabre secrétaire, signé.

35.

1679. — Mémoire de Daguesseau sur les moyens de procurer la conversion des pasteurs et des religionnaires de Languedoc [1].

Quoique ce mémoire regarde principalement les ministres, on ne peut pas s'empescher neanmoins de dire beaucoup de choses qui peuvent contribuer aussy à la conversion des particuliers de la même religion, parce que souvent les mêmes moyens qui peuvent servir pour les uns servent aussi pour les autres [2].

Le principal et le plus sûr de ces moyens est d'exciter par l'autorité du Roy le zèle de Mrs les Evèques pour les obliger d'ajouter aux prières de l'Eglise les instructions, exhortations et prédications qui ne sont pas assez fréquentes, particulièrement dans les Provinces éloignées; car il est certain qu'une des choses qui retient le plus les huguenots dans leur religion est la quantité d'instructions qu'ils reçoivent dans leur religion et le peu qu'ils en voyent dans la nôtre. Car, dans une grande ville où ils sont à peu près en nombre égal avec les catholiques, ils n'ont que trois ou quatre ministres qui preschent presque tous les jours, et souvent même on leur fait plusieurs prédications en un même jour, tandis que dans la même ville où il y aura le chapitre de la cathédrale, une ou deux collégiales, plusieurs paroisses, quantité d'ecclésiastiques, huit ou dix couvents de relli-

---

1. *Bibl. Nat.*, f. franç. 7044, fol. 23 r°, — 29 v° (collection Rulhière). Copie.

Ce mémoire a été brièvement analysé par Ad. Michel dans *Louvois et les protestants* (Paris, 1870, pp. 33 sqq.). — On le donne ici en entier en raison de son importance, de la précision des mesures qui y sont proposées, très exactement appropriées aux usages traditionnels du pays de Languedoc et dont la plupart furent appliquées.

2. Note en marge : « Mémoire de d'Aguesseau. Il n'y a qu'une phrase, la dernière, dans Rulhière, p. 102. » (Ed. de 1788; p. 113 de l'éd. de 1819.)

gieux, tout cela ensemble ne fournit pas quelquefois un sermon en un mois aux catholiques. Le peuple veut être instruit et c'est une plainte générale que les Nouveaux Convertis font de ne pas trouver dans notre religion les mêmes instructions que dans la leur. Il seroit bon même d'éviter dans les prédications toutes les matières de controverse qui irritent les huguenots et les endurcissent au lieu de les convertir et toutes les questions de scholastique qui ne sont bonnes que pour les écoles, se contentant de prescher les vérités morales de l'Evangile; et il ne faut pas douter que si M^{rs} les Evêques vouloient s'appliquer à suivre ces maximes, on verroit en peu de tems un grand changement dans les mœurs des catholiques et beaucoup de conversions parmi les hérétiques qui accourroient en foule à ces instructions et se laisseroient attirer par les bons exemples et par la grâce que Dieu attache à la prédication de sa parole.

Les moyens humains qu'on peut ajouter à ceux que Dieu a mis entre les mains de l'Eglise doivent avoir deux fins en ce qui regarde les ministres : l'une, de leur faire trouver de la difficulté, de l'incommodité et de la peine même à subsister dans leur condition; l'autre, de leur faire entrevoir des avantages plus considérables que ceux dont ils jouissent en changeant de religion. Voici les expédiens qu'on a cru pouvoir contribuer à ces deux vues.

1° Par l'art. 3 des particuliers de l'Edit de Nantes, il est permis à ceux de la R. P. R. d'imposer par devant le juge royal les sommes nécessaires pour les frais des synodes et entretien des ministres et les états de ces impositions doivent être envoyés à M. le Chancelier. En exécution de cet article, il a été rendu divers arrêts pour les obliger d'y satisfaire, et même, pour leur plus grande commodité, il a été ordonné par arrest du Conseil du 3 novembre 1664 qu'ils remettroient les états des impositions entre les mains de l'Intendant de la Province pour être par lui envoyés à M. le Chancelier. Ils n'ont jamais satisfait à cet article ny à ces arrests, en sorte que le Roy pourroit aujourd'huy, pour punition de leur désobéissance, les priver de cette grâce et leur défendre de rien imposer sans lettres patentes de Sa Majesté, scellées du grand sceau, sur les avis, si l'on juge à propos, de M^{rs} les Intendants et Commissaires départis dans les Provinces. C'est la loy générale du royaume dont il n'est pas juste qu'ils soient exempts après avoir abusé, comme ils ont fait, de la permission qui leur avoit été donnée, soit en faisant souvent des impositions de leur propre autorité sans l'assistance d'un juge royal, soit en ne satisfaisant pas aux arrests postérieurs qui les chargent d'envoyer lesdites impositions à M. le Chancelier. On sait d'ailleurs que ces articles particuliers qui n'ont pas été enregistrés dans le Parlement sont fort différents de l'Edit de Nantes et ne contiennent que des grâces que le Roy peut révoquer quand il lui plaira. L'effet que produira cet expédient sera d'assujetir ceux de la R. P. R. à des frais et à des longueurs[1] qui rendront la levée des gages des ministres plus difficile, outre que dans la discussion particulière qu'on feroit de ces impositions avant de les permettre, on trouveroit une infinité d'incidens à former qui contribueroient encore à la fin qu'on se propose.

2º Dans les Cévennes et autres endroits où les huguenots sont les maîtres, ils font faire la levée de leurs impositions par les consuls ou collecteurs qui font la levée de la taille, nonobstant un arrest rendu en l'année 1663 qui le défend. Or il est tres intéressant de faire cesser cet abus qui facilite trop souvent le payement des gages des ministres, parce que ces consuls ou collecteurs se servent, pour les exiger, des mêmes voies et privilèges qui sont destinés pour le recouvrement des deniers du Roy.

3º Les impositions des deniers du Roy se font en Languedoc, ainsy qu'en quelques autres provinces, sur les fonds et biens ruraux. Les huguenots ont suivi cet exemple dans les impositions de leurs dettes et des gages de leurs ministres. Or cette manière de lever est trop facile, et il serait important, dans la fin qu'on se propose, de les obliger à faire des taxes personnelles; car l'art. 43 des particuliers, qui leur permet de départir sur eux, marque l'imposition personnelle et non réelle. D'ailleurs il est impossible qu'ils puissent faire une imposition réelle qui soit équitable; car, comme il n'y a pas partout exercice de la R. P. R., il se trouve que ceux qui habitent dans le lieu où est l'exercice ont souvent leurs biens situés ailleurs pour lesquels ils ne contribuent pas. A quoy on pourra ajouter, pour servir de prétexte, que cela nuit au recouvrement de la taille, et or. rra, si on juge à propos, faire présenter requeste à cet effet par le sindic général de la Province de Languedoc. L'avantage qui en reviendra est que la voie des impositions personnelles sera une semence de procès qui éloigneroient le paiement des ministres, et qui feroient que les pauvres se convertiront si on les charge trop; et si on ne les charge pas, les riches qui porteroient tout s'en ennuyeront à la longue et seront plus disposés par là à se convertir. La résolution que

---

[1]. Note en marge (de RULHIÈRE) : « Rendu le 18 novembre 1680. »

Sa Majesté a prise de rendre tous les consulats catholiques peut encore servir de motif à cela. Enfin on pourroit ne donner hypotèque pour ces impositions personnelles que du jour des lettres qui en accorderoient la permission, afin que non seulement la taille soit prise par préférence, mais encore les dettes passives de ceux de la R. P. R. contractées auparavant.

4° Quoique par l'art. 44 des particuliers de l'Edit de Nantes les ministres ne soient exempts que de la collecte des tailles, néanmoins par quelques arrests du Conseil postérieurs cette grâce a été étendue jusqu'à l'exemption des tailles mêmes. On pourroit révoquer ces arrests ou du moins les interpréter[1], en déclarant que cette exemption n'aura lieu que pour les gages qui leur sont donnés à cause de leur ministère, et non pour les biens, meubles et immeubles de patrimoine ou d'acquest, trafic ou industrie pour raison desquels ils seront imposés aux tailles.

5° Par l'art. 2 des particuliers, ceux de la R. P. R. sont déclarés exempts de contribuer aux réparations et constructions d'Eglise et autres dépenses qui regardent le service divin. Il est juste de les laisser jouir de cette exemption quand à leurs personnes ; mais dans les pays où les impositions sont réelles, il n'est pas juste d'affranchir les héritages des impositions qui se font sur le général des communautés ; or, comme toutes les communautés sont réputées catholiques, particulièrement depuis qu'il a plu au Roy d'exclure ceux de la R. P. R. des consulats et conseils politiques, il est certain que les impositions qui se font pour les constructions d'églises et autres semblables regardent toute la communauté, et il n'y a que la nobilité ou la roture qui fasse distinction entre les fonds et la religion n'en peut faire qu'entre les personnes. En effet, il fut rendu en l'année 1668 arrest contradictoire au Conseil sur un partage entre les commissaires exécuteurs de l'Edit de Nantes qui l'a ainsy ordonné. Mais en l'année 1669, les huguenots trouvèrent moyen d'en obtenir un autre sur requeste qui revoque le premier. Or, outre que cela produiroit un grand bien pour rétablir la religion catholique en beaucoup de lieux où elle n'est presque pas connue, il arriveroit de là que les huguenots de ces lieux-là se trouvant chargés de deux impositions différentes, plusieurs se convertiroient pour ne pas payer celle de leur religion, et qu'ainsy le nombre des contribuables diminuant, le payement des gages des ministres deviendroit plus difficile.

---

1. Note en marge (de RULHIÈRE) : « Rendu le 8 janvier 1685. »

6° Il y a une académie à Puylaurens [1] qui est la pépinière de tous les ministres de Languedoc, et comme l'établissement en a été contesté devant les Commissaires exécuteurs de l'Edit de Nantes, et qu'ils se sont trouvés partagés en opinions, l'instance est pendante depuis longtems au Conseil où il seroit très important de la faire juger. On ne fait pas de doute, sur les mémoires que l'on a vus de cette affaire, que le Conseil n'ordonne la suppression de cette académie, qui sera d'un plus grand fruit que la démolition de plusieurs temples.

7° Dans le même temps qu'on travaillera à diminuer le nombre des ministres et à rendre leur condition et leur subsistance difficile, il est important de leur montrer des récompenses et des avantages qui leur seroient acquis en se convertissant. Ils ne se fieront jamais à des promesses générales ny à des pensions du Roy dont ils appréhendent qu'on ne cesse de faire le fond au bout de quelques années. Il faudroit pour leur donner toute la sûreté qui se peut en une matière de cette gravité(?) que le clergé fît à l'assemblée prochaine un fond de trois cent mil livres par an en faveur des ministres convertis, et que ce fond fût pris sur les gros bénéfices et non sur les petits qui sont desja assez chargés; il seroit bon même, après que le département en seroit fait, d'assigner les ministres convertis sur les bénéfices mêmes, parce que cela leur paroîtroit plus sûr et qu'ils l'aimeroient mieux que de le prendre des mains du receveur général du clergé. On y pourroit ajouter des lettres patentes, des arrests du Conseil, des Brevets du Roy et autres sûretés pour rendre ces pensions irrévocables.

Ceux de la R. P. R. donnent après la mort de leurs ministres une année de viduité à leurs veuves. Il faudroit leur en donner trois à prendre sur ce même fonds.

Les ministres ont le moyen d'établir leurs enfants en les faisant aussy ministres, et comme ils seroient privés de cet avantage en se convertissant, il faudroit trouver quelque expédient pour pourvoir à leur dédommagement. Il semble qu'il n'y en ait point de meilleur que d'assurer à leur aîné ou à celui de leurs enfans qu'ils voudront choisir, leur vie durant, et après la mort des ministres, la même pension que l'on donnera aux ministres.

On pourroit aussi, lorsqu'un ministre converti voudroit marier

---

1. En marge, note (de RULHIÈRE) : « Supprimé le 5 mars 1685. »

ses filles, leur donner sur les mêmes fonds la somme de cinq cent liv. pour chaque fille qu'ils marieront.

Ceux qui ont connoissance des affaires particulières du clergé pourront fournir des expédients pour trouver le fonds à cette somme de 300,000 liv. par an par les moyens qui seront le moins à charge, et pour assurer les pensions en la meilleure manière qu'il se pourra.

8° Il seroit encore très important qu'il plût au Roy de ne plus donner des commissaires huguenots pour tenir les synodes, parce qu'étant de même religion, ils n'y font rien, et qu'on ne peut prendre aucunes mesures avec eux ; ou si Sa Majesté veut leur conserver la grâce qu'elle leur a fait à cet égard par la déclaration du mois d'avril 1623, il faudroit au moins y joindre un commissaire catholique qui présideroit et auroit la préséance. Mais il seroit important que ce commissaire fût choisi par le Roy même, et qu'on n'y mît que des gens de créance et de confiance qui s'appliquassent pendant la tenue des synodes à gagner sous main des ministres, à semer des divisions et des jalousies parmi eux, et à profiter de toutes les occasions qui se présenteroient pour détruire insensiblement cette religion.

9° Par la discipline des Eglises prétendues réformées de France, ceux qui se présentent pour être ministres doivent aporter de bons et valables témoignages des Académies et Eglises particulières, ce qui est confirmé par le synode de la Rochelle 1607, de Vitré 1617, d'Allez 1620, d'Alençon 1637, de Loudun 1639. Or, comme il est important de rendre la réception des ministres difficile, on pourra, par les instructions qui seront données aux commissaires catholiques des synodes, les charger de tenir la main à ce qu'il ne soit reçu aucun ministre sans attestation d'étude suffisante, avec un ordre secret d'incidenter sur la forme et qualité desdites attestations, et de renvoyer au Roy la décision des difficultés qui se présenteront, en sorte que par là on tiendra longtems les proposans au noviciat ; on trouvera ce pendant moyen de les gagner, et on aura lieu de faire divers réglemens au Conseil qui augmenteront tellement les difficultés de réception que peu à peu les aspirans se rebuteront.

10° Il y a dans les déclarations du Roy sur le fait de la R. P. R. divers articles et il a été rendu divers arrests qui règlent la conduite que doivent tenir les ministres dans la prédication et dans leurs autres fonctions. Or, comme ils les observent assez mal, ainsy qu'il paroit par une infinité d'informations et de procédures faites pour les contraventions par eux commises, on pourroit prendre de là occasion pour ordonner qu'après leur réception dans le synode et leur admission dans les Eglises particulières et avant que de pouvoir faire aucunes fonctions, ils seroient tenus de prester serment entre les mains des commissaires du Roy aux synodes, suivant le formulaire qui sera dressé sur les dites déclarations et arrests, et de se soumettre en cas de contravention à la privation du ministère. Cette précaution servira comme d'un frein pour les contenir et pour empêcher qu'ils ne s'emportent, ainsy qu'ils ont accoutumé de faire, en invectives et termes injurieux contre l'Eglise catholique, et qu'ils n'entretiennent par là l'opiniâtreté des huguenots, et s'ils viennent à y manquer, comme il leur sera presque impossible de ne pas le faire, on les privera du ministère, en sorte qu'il n'y aura point apparemment d'année dans laquelle on n'en rende plusieurs inutiles.

11° Il y a dans la discipline de ceux de la R. P. R. plusieurs articles injurieux à l'Eglise catholique qui y est traitée d'idolâtrie, superstition, etc., ou contraires aux lois et déclarations du Roy, et sur ce fondement Sa Majesté pouroit casser les réglemens de cette discipline et ordonner qu'ils nommeront des députés pour en dresser de nouveaux, lesquels seront vus et examinés par les commissaires qui seront nommés par Sa Majesté, et il est moralement impossible qu'on ne gagne quelques uns des députés qui seront employés à dresser ces articles, et par le moyen de ceux qu'on aura gagnés, on fera naître des contestations et des divisions qui mettront le schisme et le désordre parmi les ministres et les particuliers et donneront lieu à beaucoup de conversions.

Ce sont là les pensées qui sont venues pendant le peu de tems qu'on a eu; il en pourra venir d'autres dans la suite, et il n'y a personne qui ne puisse imaginer quelque chose de nouveau sur les vues que l'on a de fatiguer d'un côté les ministres dans leur employ, et rendre leur condition fâcheuse et incommode; et de l'autre de leur faire trouver des avantages en changeant de religion. Il est seulement à observer que quand [on] approuveroit toutes les propositions contenues en ce mémoire, il ne seroit pas à propos de les exécuter toutes présentement, ny à la fois, mais qu'il les faudra prendre les unes après les autres selon que la prudence et les conjonctures l'indiqueront.

En tête : au dépôt du Louvre. Mémoire des moyens dont on peut se servir pour la conversion des ministres de la religion P. R. (donné par Rulhière comme étant de Daguesseau).

36.

Avant mars 1679. — Mémoire de Daguesseau sur l'interdiction de l'exercice de la R. P. R. dans les lieux pris par la force des armes[1].

Il n'y a aucun edit ny aucune déclaration qui porte en termes exprès que les P. R. perdent le droit d'exercice public de leur religion dans les lieux pris par la force des armes sans capitulation; mais c'est une chose qui a esté arrestée au Conseil depuis qu'on y juge des temples, et qui est fondée sur cette maxime incontestable.

Sçavoir, que les rebelles de quelque religion dont ils fassent profession perdent tous leurs privilèges lorsque la ville qu'ils ont jettée dans la rébellion et dans laquelle ils ont soustenu un siège contre les armes du Roy est prise par la force des armes.

C'est sur cette maxime que l'exercice public de la R. P. R. a esté interdit, par arrest du Conseil d'Estat du 18 novembre 1670, à Melgueil, dioc. de Montpellier, conformément à l'avis de M. de Bezons, lequel, dans ledit arrest, est rapporté en ces termes que ceux de la R. P. R. de Melgueil doivent raporter dans quinzaine la capitulation qu'ils disent leur avoir esté accordée lors de la prise d'iceluy; autrement que ledit lieu estoit censé avoir esté pris par force et, par conséquent, que l'exercice leur doit estre interdit et le temple demoly.

Lorsqu'on jugea cette affaire on fit entrer au Conseil, comme on a de coustume, le député des P. R. On ne luy contestoit pas que les preuves qu'il donnoit d'un exercice establly et fait publiquement au temps requis par l'Edit ne fussent convaincantes; mais on luy opposoit la prise de la ville par force sans capitulation. Ils soustenoient qu'il y avoit eu capitulation. On luy dit de la représenter affin qu'on vist s'il y avoit aucun article qui les remist dans le privilège d'avoir l'exercice public de leur Religion, perdu par leur rébellion et pour avoir attendu un siège. N'ayant pu représenter aucune capitulation, l'exercice fut interdit par ledit arrest que l'on trouvera dans le Recueil des edits et déclarations du Roy et arrestz donnes durant la dernière agence (*sic*), p. 9.

[1]. *Arch. Nat*, TT 431, pièce 119.

Sur la même maxime il fut interdit aussi par arrest du même jour à Cournonterrail, au mesme diocèse de Montpellier. Les défendeurs prouvoint fort bien l'exercice estably au temps requis par l'Edit, ainsy qu'on peut voir par le veu des pièces dans l'arrest rapporté dans le mesme Recueil, p. 25; mais lorsqu'on jugea l'affaire, on fit voir par l'histoire que ledit lieu avoit esté pris par la force des armes par feu M. de Mommorency.

Le Conseil est nécessité de juger selon cette maxime parce que nos Roys, lorsque les P. R. se sont jettez dans la rebellion, ont donné des déclarations qui portoient qu'ils estoient descheus de tous leurs privilèges, s'ils persistoient dans leur rébellion et ne rentroient dans leur devoir. Par exemple voicy les termes de la déclaration du 5 aoust 1627 donnée contre Mʳ de Soubize et ses adhérens : Avons dit et déclaré, disons et déclarons par ces présentes signées de nostre main, tous les habitans de nos villes qui adhéreront aux entreprises, rebellion et désobéissance... descheus de tous octroy et honneurs, privilèges, franchises, immunités et droitz qui leur pourroint avoir esté concedez par les Roys nos prédécesseurs ou par nous sans espérance d'aucun restablissement, voulant qu'ils soient descheus du bénéfice de nos edits, mesme du renvoy en nos Chambres créées par iceux.

Ladite déclaration est dans le Recueil des edits de pacification de l'édition de Genève, c'est-à-dire de Castres, p. 123.

Il est à remarquer que le lieu de Sᵗ Paul qui est du diocèze de Lavaur fut véritablement pris par la force des armes en 1625, commandées par Mʳ le mareschal de Themines et sans aucune capitulation, les habitans ayant abandonné la place et s'estans retirez à l'Amiate; mais, pour La Miate, il y eut capitulation, laquelle portoit qu'ils se rendoient à discretion. Ainsy La Miate a perdu le droit d'exercice aussy bien que Sᵗ Paul, parce qu'il n'y a eu aucun art. dans la capitulation qui porte que l'exercice public de la R. P. R. y sera maintenu. Ainsi, par le mesme arrest, on pourroit interdire l'exercice en l'un et l'autre lieu.

Au dos : Mémoire envoyé par M. Daguesseau sur l'interdiction de l'exercice de la R. P. R. dans les lieux pris par la force des armes.

37.

27 nov. 1679. Extrait du discours de Daguesseau aux États[1].

Il y avoit encore quelques restes d'une autre guerre (Daguesseau vient de parler de la guerre de Hollande) d'autant plus difficile à estouffer qu'elle avoit pris sa source des troubles que la différence de religion a excité autrefois dans le royaume. Sa Majesté a effacé par un mouvement de sa piété ce qui restoit de ce malheureux temps en supprimant les Chambres de l'Edit qui conservoient encore l'apparence de parti, de division et d'animosité, et retranchant..... cette diversité de tribunaux où les enfants d'une mesme province..... estoient obligez de recourir, et nous n'aurons qu'à ramener à l'avenir par nos prières, par nos bons exemples et par nos exhortations ceux que le malheur de leur naissance ou leur mauvaise éducation ont engagé dans l'erreur. Vous avez, Messieurs, plus de part que personne à ce grand ouvrage, puisque vous en avez esté les solliciteurs.

38.

9 Décembre 1679. — Procès-verbal constatant le refus par les pasteurs et le consistoire d'Uzès d'ouvrir un synode en présence d'un commissaire royal catholique[2].

L'an mil six cens soixante dix neuf et du sabmedy neufviesme jour du mois de décembre, à Uscz et dans notre maison, deux heures aprez midi, Nous, Rodolphe de Larnac, docteur ez droitz, conseiller du Roy, lieutenant de magistrat en ladjudicateure (sic) royalle de la ville et viguerie d'Uzes et païs d'Uzeige, commissaire député par S. M. pour assister de sa part au synode de ceux de la R. P. R.

---

1. *Arch. départ. de l'Hérault.* C, États, Proc.-verb. des séances (nov. 1679-janv. 1680), fol. 3.
2. *Arch. Nat.*, TT 247 (*olim* TT 322, pièce 172). Cf., même cote, lettre de Poncet de La Rivière, évêque-comte d'Uzès, en date du 11 décembre 1679, envoyant le précédent procès-verbal et contestant les allégations des Réformés (pièce 167).

qui se doibt tenir demain en cette ville, Avons, en cette quallitté, faiït apeller chés nous par M⁶ François Boucarut, notre greffier, en la présence du sieur Montelz, docteur et advocat de la ville de Nismes, commissaire aussy deputé par sadite M^(té) au mesme effect, le s^r Jacques Manuel, le plus ancien ministre de ceux de ladite R. P. R. de cette ville, lequel nous auroit fait respondre par ledit Boucarut que n'estant pas libre dans ce rencontre, il alloit assembler le consistoire pour luy regler sa conduitte, et estant venu environ une heure apres, nous luy aurions donné cognoissance de notre commission et demandé le lieu et le temps auquel nous devions nous assembler le lendemain, de laquelle nous ayant demandé copie nous l'aurions renvoyé à l'assemblée pour en voir faire la lecteure et le registre, et en se retirant auroit dict qu'apres en avoir communiqué audit consistoire, il viendroit demain en dire les raisons, ce qu'il auroit faict environ les dix heures du matin, accompagné des sieurs Larnac et Vigne, anciens dudit consistoire, et auroit dict de l'ordre d'icelluy que par les Editz et desclarations du Roy et suivant l'uzaige observé despuis l'année mil six cens vingt trois ne devant assister audit synode qu'un seul commissaire faisant profession de la R. P. R., attendu qu'il n'y est traitté que des chozes qui concernent la discipline de ceux de la R. P. R., de laquelle discipline S. M. a permis l'exercisse à sesditz subjetz comme il est expliqué dans l'art. 31^(esme) des particuliers de l'Edit de Nantes, confirmé par plusieurs declarations du Roy, ledit Sr Manuel nous declaire au mesme nom que dessus qu'on sursoira la convocation dudit synode provincial jusqu'à ce qu'on aura le moyen de savoir précisement l'intention de S. M., après les tres humbles remonstrances qui luy seront faictes de l'impossibilité qu'il y a d'exercer la discipline de sesdits subjetz de la Religion dans un sinode, s'il y assiste un commissaire faisant profession de la Religion cathol., ap. et rom., d'aultant qu'on rendroit publicques les confessions volontaires, censures et admonitions de ceux de ladite R. P. R., de mesme que les absolutions des innocens et pecheurs repentens, quy sont des chozes secretes et que les ministres et anciens qui composent ledit sinode ne sont pas mesme obligés de declairer devant les magistratz, ainsi qu'il est porté expressément par l'art. 35 des particuliers dudit Edit. L'intention de S. M. expliquée par ses editz et declarations ayant toujours esté de maintenir et conserver sesdits subjetz de ladite Religion en la liberté d'exercer leur discipline, n'ayant rien fait qui doive faire soubçonner leur zèle pour le service du Roy et leur attachement inviolable au bien de l'Estat, protestant qu'ilz ne se despartiront jamais de cette fidellité qui fait une partie essantielle du debvoir de leurs consciences. C'est pourquoi ledit S⁺ Manuel a bien voulen nous faire la presente et sincere declaration, affin que nous ayons une parfaite et veritable cognoissance des raisons quy obligent ledit consistoire à différer la convocation dudit sinode, et qu'il nous plaize, au cas nous serions en volonté de dresser un proces verbail au subjet de nostre commission, d'y vouloir incérer la presente declaration, de laquelle a demandé acte que nous luy avons octroyé.

Ainsi par nous procédé. Larnac, commissaire.

39.

20 mai 1680. — Restriction aux droits des seigneurs réformés ayant haute justice [1].

Extraict des registres du Conseil d'Estat.

Sur ce qui a esté representé au Roy estant en son Conseil que dans les villes et lieux de la province de Languedoc dans lesquels les seigneurs et hauts justiciers et autres font profession de la religion pretendue refformée, les nouveaux convertis y reçoivent journellement des mauvais traitemens soit par eux mesmes et leurs domestiques, soit par le moyen des officiers de leurs justices qui leur suscitent perpétuellement des procès tant civils que criminels dans lesquels ils leur font des injustices et des vexations extraordinaires non seulement affin de les obliger de quitter les lieux et d'abandonner leurs biens ainsy qu'il s'est pratiqué dans le lieu de S⁺ Estienne Descatte où la dame du lieu avec ses officiers se sont portez à telle extremité que de faire commandement à une nouvelle convertie de sortir du lieu, autrement qu'elle passeroit mal son temps, ce qui est justifié par des informations en bonne forme. A quoy estant nécessaire de pourvoir, ouy le rapport et tout consideré, le Roy estant en son Conseil; a faict et faict très expresses deffences aux seigneurs haulz justiciers faisant profession de la religion pretendue refformée et à leurs officiers de connoistre à l'advenir de tous les procès et différends civils et criminels tant en demandant que deffendant ou autrement meus et à mouvoir, dans lesquels les nouveaux convertis ou qui se conver-

---

[1]. *Arch. départ. de l'Hérault*, C, Intendance, 159. Liasse.

tiront cy-après à la religion catholique auront interest, à peine de nullité, cassation, quinze cens livres d'amende et de tous despens dommages et interets, et ce pendant le temps de trois ans à compter du jour de leur conversion. Desquels procès Sa Majesté a renvoyé et renvoye la connoissance durant ledit temps aux plus prochains juges royaux des lieux, leur en attribuant à cet effet toutte jurisdiction et connoissance en premiere instance et icelle interditte aus dits seigneurs hauts justiciers de la religion prétendue refformée et à leurs officiers, à la charge de l'appel qui sera relevé par devant les juges et cours qui en doivent connoistre. Ordonne Sa Majesté que le présent arrest sera leu, publié et affiché dans tous les bailliages, sénéchaussées et sieges présidiaux de la dite province de Languedoc. Faict au Conseil d'Estat du Roy, Sa Majesté y estant, tenu à Fontainebleau, le xxe jour de may mil six cens quatre vingts.

PHELYPEAUX.

Suit « Commission sur arrest pour deffendre aux Seigneurs hauts justiciers de la R. P. R. ou à leurs officiers de connoistre des procès des nouveaux convertis. »

40.

13 juillet 1680. — Extrait d'ordonnance de Daguesseau sur le paiement des intérêts de la dette des Réformés de Nîmes[1].

Henry Daguesseau, chevalier, conseiller du Roy en ses Conseils, M^e des requestes de son hostel et president au Grand Conseil, intendant de justice, police et finances en la province de Languedoc, commissaire en cette partye par arrest du Conseil du 18e novembre 1679.

Veu la requeste à nous presentée par Pierre Condamine, scindic des habitans de la R. P. R. de la ville de Nismes, tendant à ce que pour les causes et raisons y contenues il nous plust leur permettre d'impozer les interestz de la somme de vingt trois mil quatre vingt cinq liv. douze solz neuf deniers, verifiée depuis l'année 1637 jusques à present au profit de leurs creanciers, sçavoir : aux Frères Prescheurs de Nismes cinq mil livres; aux P. Augustins de ladite ville,

---

1. *Arch. municip. de Nîmes*, NN 10, 2me partie.

quatorze cens l.; à Jean Fournier, procureur, cinq cens quatorze l. dix neuf solz six deniers; à François Daunant deux mil trois cens soixante neuf l. quatorze sols sept deniers; à Pierre Granerat deux cens l.; à François Nerse deux cens l.; à Paul Veyres trois cens l.; à Jean Audiffret deux cens l.; à Jean Audemard trois cens l.; à Gaillard de Guiran trois cens l.; à Jean Desautiere cens l.; à Jean Roy trois cens l.; à Louis de Roure deux mil trois cens quarante et une livre 10 solz; à Michel Payan six cens l.; à Diane de Broye quatre cens deux l. dix huict solz un denier; au sieur Basille Fonfroide treize cens septante trois livres dix sols; au sieur Caveirac deux mil six cens l.; à Pierre Grenier cinq cens l.; aux hoirs de Catherine de Legal quatre cens soixante deux livres dix huict solz sept deniers; à Pierre Fauquier cinq cens l.; au Sr de Sauset cent l.; à Suzanne de Montelz deux mil deux cens sept livres douze solz, et aux hoirs du Sr Ducray mil livres; comme aussy de leur permetre d'imposer partye desdits capitaux verifiez; et à l'esgard de la somme de dix neuf mil trois cens nonante huict livres par eux deue et quy n'a point esté verifiée surseoir le payement du capital et intherestz d'icelle jusqu'à ce qu'il ait esté par nous procédé au restablissement d'ycelles; et que defences seront faictes aux Srs de Carlot, Moinier, Granier, Lalliaud, du Roure, Nory, Pontaud et de Roure à quy ladite somme est deue d'user d'aucune execution contre eux pour le payement d'icelle, attendeu qu'ils ont remis les actes pour estre procédé au restablissement d'icelle; la requeste à nous presentée par Anthoinette Moinier veufve de Jacques Ricard tendante à ce qu'il nous plust ordonner que lesditz habitans de la R. P. R. de Nismes luy imposeront les intherestz de la somme de cinq cens quarante trois livres seize solz six deniers de capital qu'ils doibvent pour l'année 1679 et 1680, attendeu qu'elle n'a autre chose pour sa subsistance; estats et addition des debtes desdits habitans avec les ordonnances de verification depuis l'année 1637 jusques en l'année 1670; estat du département et imposition des intherestz de ladite somme de l'année 1678 fait par le sieur de Rochemore, juge-mage de Nismes; nostre ordonnance d'authorisation pour les partyes verifiées; autre estat et despartement de l'année 1679 faict devant ledit sieur juge mage de Nismes; arrest du Conseil du 18esme novembre 1679 par lequel S. M. ordonne que les dits habitans remettront, un mois après signification dudit arrest, devant nous, un Estat de leurs debtes avec les justifications; ensemble les impositions faictes sur eux en l'année 1629 et autres suivantes avec les comptes qui en ont esté rendeus, pour le tout veu et examiné, estre par nous donné advis à S. M. sur la verification desdites debtes et cependant surseoir à la levée des despartements et impozitions jusqu'à ce qu'autrement en ait esté ordonné; nostre ordonnance du 4esme décembre 1679 portant que ledit arrest seroit exécuté, signifié le 7 dudit mois; desliberation prise par lesdits habitans le 27 juin 1680 par laquelle le Sr Ducamp, secretaire, e[s]t deputté pour venir en ceste ville nous presenter requeste et demander permission d'imposer les intherests la *presente année* et partye des capitaux des sommes verifiées, et qu'à l'esgard des autres il sera surcis jusques à ce qu'il ait esté procédé au restablissement d'icelles; veu aussy les autres pièces qui ont esté produites et tout considéré,

Nous ordonnons que dans quinzaine les habitans de la R. P. R. de la ville de Nismes satisferont à l'arrest du Conseil du 8esme novembre 1679; à nostre ordonnance du 4 decembre audit an, et, ce faisant, remetront par devant nous un estat de leurs debtes avec les pièces justifficatives, ensemble les impozitions faictes sur eux en l'année 1629 et autres suivantes avec les comptes quy en ont esté rendus pour, le tout veu et examiné, estre par nous donné advis à S. M. ainsi qu'il appartiendra; et cependant permettons ausdits habitans de la R. P. R. d'imposer la presente année, en la manière accoustumée, les intherestz de la somme de vingt trois mil quatre vingt cinq livres douze solz neuf deniers verifiée, ensemble les intherestz de la somme de cinq cens quarante trois livres quinze solz six deniers deue à ladite Marie Moynier pour les années 1679 et presente 1680, auquel effet le greffier consulaire de ladite ville de Nismes sera tenu de leur exhiber le cadastre, compoix ou livre sur lequel on faict les impozitions, au premier commandement quy luy sera faict, à la charge que les intherestz demeureront entre les mains du collecteur ou receveur quy en fera le recepte, lesquelz ne pourront estre delivrés qu'en conséquence de nos ordonnances; faizons defences aux creantiers desdits habitans de la R. P. R. dont les partyes n'ont point esté verifiées d'user d'aucunes contraintes et exécution ny se retirer ailleur que par devant nous pour raison desdites debtes à peine de mil livres d'amande et de tous despens, dommages et intherestz; mandons à tout huissier de faire tous exploits. Fait à Tholoze le 13 juillet 1680. Daguesseau. Par mondit seigneur, Cristol, signé. Collationné sur l'expédition de ladite ordonnance estant devers moy comme secrétaire desdits habitans

Ducamp.

41.

21 novembre 1680. — Exemple d'abjuration notable[1].

Nous, Pierre de la Broue, evesque de Mirepoix, par la permission de Mgr l'evesque de Montpellier avons ce jourdhuy receu M. Me Guillaume Clausel, doyen de la Cour des Comptes, Aydes et Finances de Montpellier, dans le sein de l'Eglise catholique, apostolique et Romaine, apres luy avoir fait faire abjuration des erreurs de Calvin dont il avoit fait jusqu'icy profession.

Fait en présence de Mr Daguesseau, intendant en Languedoc, et de Mr Azemar conseiller en la Cour des Comptes de Montpellier le 21 novembre 1680.

        Clausel. Pierre Ev. de Mirepoix. Daguesseau. Azemar.

42.

24 déc. 1680-1681. — Exemple d'allocations diverses à des nouveaux convertis[2].

Ce 21 décembre 1680.

Mr Melon délivrera s'il luy plaist à Mr de la Sablière la somme de six cens livres ordonnée par un article du comtereau à une femme de qualité nouvellement convertie; Son Eminence m'a chargé de le dire à Mr Melon.

                                                      Mariotte.

Extraits du comptereau (compte des avances faites) de Penautier, trésorier de la Bourse, pour 1681 :

. . . .

---

1. *Arch. départ. de l'Hérault*, G. IV, 7. Fonds de l'Evêché. Nouveaux Convertis.
2. *Arch. départ. de l'Hérault*, C. Etats. Comptes du Trésorier de la Bourse. Carton. 1681.

A une femme de qualité nouvellement convertie la somme de six cents livres à elle accordée pour luy aider à se marier. . cy : 600 l.
(En marge : payé au sr de la Sablière).

. . . .

Pour une aumosne ordonnée à un Nouveau Converti par Mgr le Cardinal de Bonsy la somme de trois cens liv. . . . . . cy : 300 l.
(En marge : S. E.).

. . . .

A une famille nouvellement convertie a esté accordé en aumosne la somme de quatre cens livres. . . . . cy : 400 l.
(En marge : S. E.).

43.

1681. — Les Etats demandent la suppression du Collège et de l'Académie protestante de Puylaurens[1].

Article III. — Quoyque par les loix du royaume les collèges ne puissent estre establis qu'en vertu des lettres pattentes de Vostre Majesté et qu'à l'esgard des collèges et accademies de ceux de la R. P. R. cette maxime ayt esté confirmée par l'édit de Nantes au 37e article des particuliers, les prétendus refformés ont un collège et une academie à Puilaurens pour l'establissement duquel ils n'ont obtenu aucune permission, ce qui a obligé le scindic du clergé du diocèse de Lavaur à présenter requeste devant le commissaire exécuteur de l'édict de Nantes pour en demander la supression sur laquelle il est intervenu partage. Comme la province de Languedoc a tousjours un intérest particulier à tout ce qui regarde le bien de la religion, elle a creu qu'elle en devoit faire un article de son cahier. A ces causes, Sire, il plaira à Vostre Majesté d'ordonner que le dit partage sera raporté au Conseil pour y estre jugé. Signé : Charles de Pradel, evesque de Montpellier, député en cour. Crussol Sainct Suplice Damboise, député de la noblesse. Montredon, député en cour. Chassaing, député en cour. De Boyer scindic général du Languedoc, député en cour.

Réponse : Le Roy fera procéder au jugement dudit partage, lorsque Sa Majesté le jugera à propos, et [aura] considération sur les raisons contenues au présent article.

1. *Arch. départ. de l'Hérault*, C, Etats. Cah. de dol., Reg. 1681; sans date de réponse. Art. 3, fol. 149 ro. Copie.

44.

Entre le 29 décembre 1681 et le 31 août 1682. — Notes pour projet d'instruction, de Châteauneuf (?) à Daguesseau. — Hésitation devant certaines exécutions de procédure[1].

1° Laisser les escoles où ils (*sic*) sont, bien que l'on transfère les temples.

2° Que lors des procès verbaux des proximitez vous ayez esgard en mesme temps à la proximité et incommodité, parce que s'il y avoit des murs ou maisons qui empeschent entierement le bruit qui cause du scandale, il ne seroit pas juste de desmolir pour cela et compter les cent pas à travers des maisons et des murs.

Que cette proximité ne doit s'entendre que pour les esglises parroissiales et maisons religieuses estallées (installées) auparavant que les religionnaires y ayent basty leur temple. Pour Realmont, S¹ Jean du Breuil, S¹ᵉ Affrique, Puylaurens, etc., il y a des partages qui sont jà au Conseil tant pour l'exercice que pour la proximité. Il ne faut rien prononcer sur ces quatre temples. Pour S¹ Antonin, comme il y a des ordonnances qui ont esté rendues de 1623, par M. Seguyer, 47, par M. de la Marquerie, et 1664, par M^rs. . . . . (*sic*), le roy désire que vous ayez à surseoir l'execution dudit arrest 21 febr. à cet esgard.

A l'esgard de Mazères son intention est que l'on marque la distance, non pas des mazures où estoit autrefois l'église paroissiale, mais où elle est presentement, pour transférer le temple au cas qu'oultre la proximité (*sic*)... Et comme je vous ay desja dit, il faut que la proximité se trouve avec l'incomodité.

Pour ce qui est de Sauve, comme il y a eu des ordonnances de Mrs de Bezons et de Peyremales, de 1664, qui ordonne (*sic*) qu'un commissaire se transportera sur les lieux pour juger de la proximité, et 1667 qui le maintient, en bouchant quelques portes, vous ne statuerez rien sur celuy-là.

J'escris en conformité à M. le premier président.

— Opposition générale à l'arrest du Parlement de Toulouse qui

1. *Arch. Nat.*, TT 247 (*olim* 329), pièce 152.

PIÈCES JUSTIFICATIVES.

defendoit de faire l'exercice dans les temples qui ne sont pas eloignez de cent pas des églises paroissiales[1].

Arrest de 1665. Renvoy aux Commissaires pour ce qui regarde les temples et les cimetieres.

Declaration de 1669 qui règle toutes choses à l'esgard de ce qui doit estre observé par les Religionnaires :

Qu'on ne peut les condamner sans les entendre.

Maintenue des temples ou partages sur ce subjet.

Faire une expedition en pr. (*sic*).

45.

5 septembre 1682. — Note de Daguesseau sur les magistrats réformés de Languedoc[2].

Mémoire des officiers de la R. P. R. qui restent en Languedoc

A Toulouse :

Thomas de Scorbiac et Samuel son fils receu en survivance. Jacques de Lager. Pierre Rosel. Salomon de Faure. François de Faure St Maurice. (En marge de ces noms : conseillers de la Chambre de l'Edit réunie au Parlement. Rien pour ceux-là.) Pierre de Moncamp de St Veran. Louys Brun. Laurens Bosc. Jacques Paul.

Izarn, greffier en chef criminel (Souligné avec ces mots : Un mémoire à Mr Colbert).

Montpellier :

Cour des Comptes, Aydes et Finances :

François Ricard, conseiller vétéran avec lettres, Jean Antoine Thomas, conseiller (Noms barrés. En marge : à les faire cependant interdire).

Jean Clausel, sieur de Fontfroide, conseiller. Charles Capon, auditeur (Noms barrés. En marge : Oster).

Présidial :

Le sieur Bornier (En marge : a eu ordre de se défaire de sa charge et a cessé d'exercer).

Ressort du présidial de Nismes :

Le sieur Barnier, conseiller au présidial de Nismes. Le sieur Gui-

---

1. *Arch. Nat.*, TT 217 (*olim* 322), pièce 153.
2. *Arch. Nat.*, TT 217 (*olim* TT 322), pièce 62.

ran, prevost. Le sieur Dalbenas, viguier. (En marge : se défaire. Ils ont eu ordre de se deffaire de leurs charges.)

A Meyrueis :

Le sieur Valdeyron, lieutenant de viguier royal (barré. En marge : Item).

Au Vigan :

Le sieur Valamon, lieutenant de juge royal (barré. En marge : Item).

A Beziers :

Le sieur de Montaigne, conseiller au présidial. (En marge : Item.)

Au dos : R. P. R. Languedoc. Noms des officiers de la R. P. R. en Languedoc. *Lege*. Envoyé par M. Daguesseau le 5 septembre 1682.

46.

1682. — Demande des Etats sur l'exercice de la religion réformée dans les villes épiscopales; la contribution des Réformés aux constructions d'églises et bâtiments ecclésiastiques; l'Académie de Puylaurens[1].

Article 1er. — Les gens des trois Estats de vostre province de Languedoc vos très humbles, très obéissants et très fideles sujets et serviteurs, représentent avec humilité à Vostre Majesté que, les villes où il y a archevesché ou évesché et les lieux et seigneuries appartenant aux eclésiastiques aiant esté reservées et exceptées pour n'y pouvoir estre faict aucun exercice de la religion prétendue réformée, particulièrement par l'Édict de Nantes qui marque expressement que les dites villes et lieux ne pourront servir pour le second lieu de baillage accordé par le dit édict, il semble qu'ils les devroient estre aussy pour l'exercice qui leur a esté permis par les édicts précedens, attendu qu'il n'a esté estably dans ces mesmes villes et lieux que dans les premiers temps de leur rebellion et des mouvemens des guerres civiles. — A ces causes, Sire, il plaira à Vostre Majesté faire deffenses à ceux de la R. P. R. de faire aucun exercice dans les villes de Montpellier, Nismes, Usez, Castres et Montauban, mesmes dans

___
1 *Arch. départ. de l'Hérault.* C, Etats. Cah. de dol., Reg. 1682. Répondu le 15 septembre 1682. Art. 1, 2, 3, fol. 153 r° sqq. Origin.

les lieux et seigneuries appartenant aux eclésiastiques dans vostre province de Languedoc, sauf à estre pourveu d'un lieu qui soit proche de ces mesmes villes et commode aux habitans de la dite R. P. R. ainsy qu'il seroit ordonné par Vostre Majesté.

Réponse : Ceux de la religion prétendue refformée seront tenus dans trois mois pour touttes prefixions [de] delais, de prouver par titres en forme probante et authentique par devant les commissaires exécuteurs de l'Edit de Nantes en la province de Languedoc que l'exercice de la dite religion prétendue refformée s'est faict en 1577 dans les villes de Montpellier, Nismes, Usez, Castres et Montauban et dans les lieux appartenans aux ecclésiastiques; autrement et à faute de ce faire, le Roy pourvoira sur la demande du présent article ainsi qu'il apartiendra.

2ᵉ *article*. — Les églises et les maisons presbytérales des lieux où les habitans de la R. P. R. sont en plus grand nombre ne peuvent se restablir, parce que les catholiques de ces mesmes lieux n'en sçauroient faire la dépense ainsy qu'ilz y sont obligez, à cause de la décharge accordée à ceux de la R. P. R. par l'article 31 de la déclaration de Vostre Majesté de l'année 1669. Cependant on voit avec confusion dans ces mesmes lieux que leurs temples sont très bien batis et reparez, et on peut mesme dire que cette considération du lieu où l'exercice de religion se doit faire, et de la charge imposée aux seuls catholiques, sont de puissants motifs pour les faire persister dans leur erreur, et empêche bien souvent des conversions que l'on feroit infailliblement si l'on pouvoit prendre le mesme soin pour les églises paroissiales, et si l'on chargeoit ceux de la R. P. R. d'y contribuer suivant leur compoids. Mais outre ces considérations il semble que touttes choses concourent pour obtenir cette grâce de la justice de Vostre Majesté. Ceux de la R. P. R. ont abbatu et destruit les églises dans le temps de leur rebellion; touttes les communautés sont censées catholiques pour touttes sortes d'affaires, et pour touttes les impositions les tailles sont réelles en Languedoc, et comme la depense de la construction des dites églises et maisons presbytérales ne peust estre faite que par les habitans contribuables des lieux, elle ne sçauroit estre suportée par les catholiques seuls, d'autant qu'ilz sont en tres petit nombre dans la pluspart des dits lieux et sont d'ordinaire les plus misérables et ceux qui possèdent le moins de bien. A ces causes, Sire, il plaira à Vostre Majesté d'ordonner que ceux de la R. P. R. contribueront suivant leurs compoids aux dépenses qu'il conviendra faire, tant pour la construction des églises que pour celle des maisons presbytérales, nonobstant l'article 36 de la déclaration de l'année 1669.

Réponse : Le Roy fera considération sur la demande du present article, et en attendant, veult Sa Majesté que l'article deux des particuliers de l'Edit de Nantes, ensemble l'article 36 de la déclaration de 1669, soient executez.]

3e article. — Bien que par les loix du royaume les collèges et académies ne puissent estre establis que par lettres patentes de Vostre Majesté et que cette maxime ait esté confirmée par l'article 37 des particuliers de l'Edict de Nantes, néantmoins le scyndic du clergé du diocèse de Lavaur aiant presenté requeste à Messieurs les commissaires exécuteurs du dit édict pour demander la suppression de l'académie establie à Puylaurens, il seroit intervenu partage qui est encore à juger. A ces causes, Sire, il plaira à Vostre Majesté d'ordonner que le dit partage sera rapporté au Conseil pour y estre jugé separement et sans attendre le jugement des partages de la mesme qualité.

Réponse : Le Roy se fera raporter incessamment le partage de l'accademie de Puylaurens faict par les commissaires executeurs de l'Edit de Nantes en Languedoc pour estre jugé ainsi qu'il appartiendra.

47.

29 septembre 1682. — Rapport de Daguesseau à Châteauneuf sur l'affectation aux hôpitaux des legs faits aux réformés[1].

Monsieur,

Il y a beaucoup de legs qui ont esté faicts en cette Province par les habitans de la Religion pret. refformée aux pauvres de la mesme Religion; ces legs sont valables sans difficulté et permis par l'Edict de Nantes. Mais comme il n'y a guère de communautés qui n'ayent de petits hospitaux où les pauvres et les malades tant catholiques que de la R. P. R. sont receus, il semble, Monsieur, que le Roy pourroit avec justice unir par une déclaration tous ces legs à ces hospitaux. Ce seroit un fonds que l'on osteroit par ce moyen aux huguenots qui s'en servent pour entretenir les pauvres dans leur Religion, et pour procurer par conséquent la conversion de ceux-ci : voicy un préjugé que

---

1. *Arch. nat.*, TT 217 (*olim* TT 322), pièce 70.

le Parlement de Thoulouse a rendu en pareil cas en maintenant l'hospital de Montpellier dans tous les biens de cette qualité, mesme ceux aliennés depuis le mois de juin 1662 qui est la datte de la première déclaration du Roy pour l'establissement des hospitaux. Je ne doute pas que le Parlement de Thoulouse ne rendit de pareils arrests en faveur des autres hospitaux, s'ils s'y pourvoyent; mais la plus part ont si peu de revenu qu'ils ne peuvent pas soutenir des procès contre ceux de la R. P. R. qui se prévaudroient des moyens que l'on n'a que trop facilement dans les voyes de la justice ordinaire pour user de chicane et de retardement, et pour consommer les directeurs des hospitaux en frais et les rebutter par là de cette poursuite. Mais une déclaration du Roy portant réunion de tous ces legs aux hospitaux dans les lieux où il y en a, à la charge d'y recevoir indifféramment les pauvres de la R. P. R., remedieroit à tous ces inconveniens.

Je suis avec le respect que je dois, Monsieur, votre tres humble et tres obéissant serviteur,

Daguesseau.

A Thoulouse le 29 septembre 1682.

M. le marquis de Chasteauneuf.

Au dos : M. Daguesseau, du 29 septembre 1682, touchant les legs faits aux pauvres de la R. P. R. par des habitans de la dite religion pour les unir aux hospitaux. *Vide* mémoire. Faire en déclaration.

Résumé et commentaire du rapport précédent émanant des bureaux de Châteauneuf[1].

M. Daguesseau, du 29 septembre 1682.

Beaucoup d'habitans en Languedoc de la R. P. R. ont fait des legs aux pauvres de leur religion.

Ces legs sont permis par l'art..... de l'Edit de Nantes, par conséquent valables.

Mais il n'y a guère de communautés dans la province qui n'ayent de petits hospitaux. Les pauvres de ladite religion y sont receus comme les catholiques. Cela, conformément à l'art. 42 de la déclaration de 1669.

Proposition d'unir par une déclaration tous ces legs aux hospitaux dans les lieux où il y en a, à la charge d'y recevoir indifféremment les pauvres de l'une et de l'autre religion.

---

1. *Arch. nat.*, TT 217 (*olim* TT 322), pièce 71.

Par ce moyen on osteroit un fond aux huguenots qui s'en servent pour entretenir les pauvres dans leur religion et on procureroit leur conversion.

Préjugé. En pareil cas le Parlement de Thoulouze a rendu arrest le 12 décembre 1681[1], contradictoire avec les anciens du concistoire de Montpellier, les scindics et directeurs de l'hospital général et quelques particuliers, pour raison des biens leguez par disposition entre vifs ou dernière volonté aux pauvres de la R. P. R. ou aux anciens pour estre distribuez ausdits pauvres, dont quelques uns avoient esté allienez à des particuliers. Le procés avoit commancé au Présidial de Montpellier et il y avoit eu apel au Parlement de Thoulouse où bien des gens furent intervenans, principalement les acquéreurs des dits biens.

L'arrest ordonne que les scindic et intendans de l'hospital général de Montpellier auront la possession et jouissance de tous les biens immeubles, rentes et pensions données ou léguées par dispositions entre vifs ou de dernière volonté aux pauvres de ladite religion ou aux anciens du concistoire pour leur estre distribuez, lesquels biens se trouvent présentement possedez par ledit concistoire ou allienez depuis le mois de juin 1662[2]; condamne les possesseurs à en faire le délaissement audit hospital; ordonne que le scindic des habitans de ladite religion et anciens du concistoire indemniseront quelques acquéreurs du délaissement des dits biens, à la charge de recevoir dans ledit hospital les pauvres de ladite religion comme les catholiques sans user envers eux d'aucune contrainte pour raison de leur religion.

Si d'autres hospitaux se pourvoyoient audit Parlement, il rendroit de pareils arrests. Mais l'inconvénient : peu de revenu; ne peuvent soutenir des procés. Les religionnaires feroient des chicanes pour retarder et consommer en fraix des directeurs qui se rebuteroient de cette poursuite.

Lorsque l'art. 42 de la déclaration de 1669 a voulu que les pauvres de la R. P. R. fussent receus indifferamment dans les hospitaux, on n'a pas osté aux concistoires les biens leguez aux pauvres de ladite R. P. R. Possible que la raison a esté que aucun religionnaire ne laisseroit plus rien aux pauvres de sa religion, voyant que cela est pour

---

1. Voir la teneur de cet arrêt dans CORBIÈRE, *Hist. de l'Égl. réform. de Montpellier*, pièces justificat., p. 536.

2. En marge : Nota que la première déclaration du Roy pour l'establissement des hospitaux est de juin 1662, les patentes en faveur de l'hospital general de Montpellier est (*sic*) de may 1678.

PIÈCES JUSTIFICATIVES.

l'hospital où les catholiques auroient part, et où ceux de la R. P. R. ne seroient pas moins soignés, quoy qu'il n'y soit rien donné ni légué par les religionnaires, de sorte que les hospitaux seroient encore plus surchargés. Mais aussy cela augmenteroit en beaucoup d'endroits le revenu des dits hospitaux si on y joignoit lesdits legs. Sçavoir si on y comprendroit non seulement les legs possédés présentement par lesdits concistoires ou allienez depuis juin 1662 en faisant droit par les Parlements, chacun dans son ressort, aux particuliers qui seroient obligez de délaisser les biens de cette nature par eux acquis.

Au dos : R. P. R. Mémoire touchant les legs donnés aux pauvres de la R. P. R., 1682. Languedoc.

48.

28 décembre 1682. — Restriction aux subventions votées par les synodes pour les pasteurs et veuves de pasteurs[1].

Extrait des registres du Conseil d'Estat.

Le Roy ayant esté informé qu'encore que par arrest de son Conseil d'Estat du sixieme novembre mil six cent soixante cinq, deffenses ayent esté faictes aux consistoires de ceux de la religion prétendue reformée de faire aucun département pour la subvention d'autres ministres que de celuy qui sert le lieu de leur establissement, suivant la forme prescrite par les édits et arrêtés du Conseil, à peine de désobéissance, néantmoins ceux de la dite religion des Cevenes et Gévaudan, dans le sinode tenu par permission de sa Majesté en la ville d'Allez au mois de septembre dernier, ont desliberé qu'il sera payé par les consistoires de la province les sommes qui y sont marquées pour l'entretien de quelques ministres des lieux dépandans du dit sinode; Et de plus que doresnavant ce qui se donnoit aux veuves des ministres seroit imposé sur tous les consistoires de la dite province, indiferemment, nonobstant l'usage contraire de tout temps observé, ce qui est entierement opposé à la disposition du dit arrest, tant à l'egard de la contribution pour les ministres, que pour les veuves dont la pention ne peut estre non plus payée par d'autres consistoires que ceux où les ministres sont décedez; Et comme il est important de

1. *Arch. départ. de l'Hérault*, C., Intend., 159. Liasse.

pourvoir à cette entreprise, et d'en arrester les suittes pour les conséquences qui en pourroient arriver, Sa Majesté estant en son Conseil, a cassé et casse les dites délibérations, fait défenses de les executer, et à ceux qui composent les synodes d'en prendre à l'avenir de semblables, comme aussy à tous consistoires de contribuer les uns pour les autres, soit à l'entretien des ministres, payement des années de viduité de leurs veuves, ou pour quelqu'autre chose que ce puisse estre, à peine aux consistoires qui auront contribué aux charges d'un autre de désobeissance et interdiction de l'exercice. Enjoint sa Majesté au sieur Daguesseau, conseiller en ses Conseils, maitre des requestes ordinaires de son hostel et intendant de justice en Languedoc, de tenir la main à l'exécution, et d'informer des contraventions au présent arrest, et aux commissaires qui assisteront de la part de sa Majesté dans les sinodes d'empescher qu'on ne prenne et qu'on n'exécute aucune deslibération contraire, et sera le dit arrest leu, publié et enregistré partout où besoin sera, afin que personne n'en prétende cause d'ignorance. Faict au Conseil d'Estat du Roy, Sa Majesté y estant, tenu à Versailles le 28e jour de décembre mil six cens quatre vingts deux.

Phélypeaux.

49.

1682-1683. — Quelques libéralités à des nouveaux convertis ou à des œuvres de conversion[1].

Extraits du comptereau du Trésorier de la Bourse, Pennautier, pour 1682-83.

A une femme de qualité nouvellement convertie............ 600 l.
(En marge : la Sablière, païé.)

Pour une aumosne ordonnée à un nouveau converty par Mgr le cardinal de Bonsy la somme de trois cents livres...... 300 l.
(En marge : S. E., païé.)

A la Congrégation de la propagation de la foy establie à Montpellier la somme de trois cens trente liv. pour contri-

---

1. *Arch. départ. de l'Hérault*, C, Etats. Comptes du Trésorier de la Bourse. Carton, 1683.

buer aux frais qu'elle est obligée de faire pour procurer la conversion des hérétiques, cy.................................. 330 l.
(En marge : M. l'Ev. de Montpellier, paié.)

A une famille nouvellement convertie a esté accordé en aumosne la somme de quatre cens livres, cy................. 400 l.
(En marge : S. E., payé.)

A divers particuliers N. C., pour leur estre distribué par M^{grs} les Evesques de Nismes et d'Usez, la somme de trois cens soixante livres, cy... 360 l.
(En marge : paié.)

Pièces annexes :

Je déclare avoir receu de M. de Pennautier la somme de trois cens soixante livres qui a esté employée dans le comptereau de l'année présente pour estre distribuée à divers particuliers nouveaux convertis.

A Montpellier, ce xii^{esme} décembre 1682.

   Poncet de la Rivière, Evesque comte d'Usez.

Je Anth. Rey, tresorier de la congregation de la propagation de la foy establie à Montpellier, ay receu de Mr de Puinautier, tresorier de la bourse, la somme de trois cens trante liv. qui a esté accordée à ladite congrégation par nosseigneurs des Estats dans un article du contereau de la presente année pour les frais que ladite Congrégation est obligée de faire pour procurer la convertion des heretiques.

A Montpellier, le 16 decembre 1682.

           A. Rey.

Je certifie que Mr Rey, M^e apoticaire de Montpellier, est actuellement en exercice de la charge de thresorier de la congregation de la propagation de la foy establie en ladite ville.

Fait à Montpellier, ce 16 décembre 1682.

   Courdures, secrétaire de ladite congrégation.

50.

1683. — Mesures diverses proposées par les Etats contre les Réformés[1].

Article III. — Les soins continuelz que Vostre Majesté prend pour réunir tous ses sujets à la religion catholique ont succédé si heureusement, qu'ils ont procuré un nombre considérable de conversions. Mais on reconnoit, Sire, que le nombre en seroit encore plus grand si les particuliers de la R. P. R. n'estoient retenus dans l'erreur par le crédit que les ministres s'acquièrent sur leurs esprits lorsqu'ils sont residents depuis longtemps dans un mesme lieu, en quoy ilz abusent non seulement de la crédulité des peuples, mais encore ils s'opposent par ce moyen aux desseins de Vostre Majesté.

A ces causes, Sire, il plaira à Vostre Majesté rendre les ministres de la R. P. R. ambulatoires, en sorte qu'ils ne puissent demeurer plus de trois ans dans un mesme lieu.

Réponse : Sa Majesté prendra résolution sur le contenu au présent article.

Article IIII. — Votre Majesté n'a pas voulu souffrir que ses sujets fussent jugés par des juges de la R. P. R., ayant pour cet effect incorporé les chambres my-parties aux Parlemens et ayant ordonné à plusieurs officiers faisans professions de la dite religion de se defaire de leurs offices. Il arrive néantmoins que vos sujets catholiques sont tous les jours exposez aux jugemens de ceux de la R. P. R. lorsqu'ils sont pris pour experts, les juges ne pouvant que se conformer à leur relation. A ces causes, Sire, il plaira à Vostre Majesté ordonner que ceux qui font profession de la R. P. R. ne pourront estre nommez experts par les parties ny pris d'office par les juges à peine de nullité et de cinq cens livres d'amende.

Réponse : Sa Majesté fera considération sur ce qui est contenu au présent article.

Article V. — Par arrest du Conseil du 24e octobre 1667, Votre Majesté a eu la bonté de réduire au tiers le nombre des artisans et des maistres de la R. P. R.; on n'a pu néantmoins venir à bout de cette

---

1. *Arch. de l'Hérault*, C, Etats. Cah. de dol., Reg. 1683. Répondu le 13 septembre 1683. Art. 3, 4, 5, 6, fol. 178 r° sqq. Copie.

réduction jusqu'à présent par la complaisance que les juges ont à les recevoir et par les frais extraordinaires qu'il faut faire pour faire casser leur réception; d'ailleurs les veuves des maistres, tant catholiques que de la R. P. R., vendent le droit qu'elles ont de faire travailler à leur nom, à des aprentifs de la R. P. R., ce qui empesche leur conversion et prive les catholiques de la réduction qui leur a esté accordée. A ces cauzes, Sire, il plaira à Vostre Majesté renvoyer au sieur Daguesseau, intendant en vostre province de Languedoc, toutes les instances meues et à mouvoir en exécution de l'arrest du Conseil du 24e octobre 1667; Et faire très expresses deffences à tous officiers de recevoir aucun maistre de la R. P. R. au-dessus du tiers, à peine de nullité et d'interdiction de leurs charges, comme aussy aux veuves des artisans, tant catholiques que de la R. P. R., de céder leurs privilèges à ceux de la dite religion prétendue réformée à peine d'en estre descheus.

Réponse : En raportant les Edits, déclarations, arrestz du Conseil et du Parlement de Toulouze, et justifiant des contraventions, Sa Majesté pourvoira au présent article ainsy qu'elle estimera à propos.

Article VI. — Il y a plusieurs enfans de famille de la R. P. R. qui diffèrent de se convertir parce qu'ils seroient deshérités par leurs parents, et comme Vostre Majesté a desjà pourveu à leur subsistance pendant la vie desdits parents, il est de la piété de Vostre Majesté d'empescher qu'en haine de leur conversion ils ne soient pas privés des biens que la nature et les loix leur adjugent, et que ce motif ne les empesche pas de se convertir. A ces cauzes, Sire, il plaira à Vostre Majesté ordonner que les enfans de la R. P. R. qui se convertiront auront après la mort de leurs parents de la R. P. R. la mesme portion dans leurs biens qu'ils auroient eue si les dits parents estoient décédez à l'intestat.

Réponse : Le Roy y pourvoira en connoissance de cause.

51.

1683. — Placet des Réformés de Languedoc au roi sur un arrêt du Parlement de Toulouse relatif à la restriction de leurs droits dans les corporations d'arts et métiers[1].

Au Roy,

Sire, vos sujets de la R. P. R. de la province de Languedoc remontrent humblement à V. M. que le Parlement de Tholose a donné un arrest de règlement le 22 décembre 1683 portant que le nombre de ceux de ladite religion pour les arts et mestiers sera reduict au tiers dans toutes les villes et lieux de ladite province, soit qu'il y ait maistrise ou non, ce faisant que ladite reduction sera faite par les juges des lieux avec defences à ceux qui ne seroient pas receus de s'immisser sous de grandes peines, ce qui est une extention visible de l'art. 30 de la declaration du 1er febv. 1669 : 1° en ce que ce reiglement ne pouroit estre que pour l'avenir, et pour empescher que ceux de ladite religion ne fussent admis aux arts et mestiers jusques à ce qu'ils ayent esté réduits au tiers, n'estant pas juste d'oster à une infinité de pauvres gens l'establissement qu'ils ont pour subsister, souvent avec de grandes familles ; 2° en ce que ce reiglement ordonne [que] cette reduction sera faicte soit qu'il y ait maistrise ou non, ce qui est visiblement injuste et presque impossible d'exécuter dans une infinité de villages dont les habitans sont presque tous de la dite R. P. R.; on n'a pas veu que jusqu'icy les reiglemens pour les arts et mestiers ayent eu leur estendue dans les lieux où il n'y a point de maistrise ; ce seroit oster le pain à une infinité de personnes qui seroient forcées de sortir du royaume pour aller chercher leur vie ailleurs, contre les deffences portées par les déclarations de V. M. et le debvoir à quoy leur naissance les oblige. *A ces causes, Sire,* plaise à V. M. ordonner que lesdits de la R. P. R. ne soient admis aux arts et mestiers jusques à ce que leur nombre soit reduict au tiers, et non pour destituer ceux qui ont desja esté receus en la forme ordinaire, et que ledit arrest sera seulement exécuté en touttes les villes et lieux où il y a maistrise jurée, et où l'admission et reception aux artz et

---

1. *Arch. Nat.*, TT 217 (*olim* 322), pièce 69.

mestiers a esté nécessaire jusques icy, et non ailleurs; Et les suppliants continueront leurs prières pour la santé et prospérité de V. M.

Au dos : Languedoc. Arts et mestiers. Pour les habitans de la R. P. R. du Languedoc.

52.

21 janvier 1683. — Contribution imposée aux Réformés pour les écoles communes, avec présentation préalable des maîtres aux évêques [1].

Extrait des Registres du Conseil d'Estat.

Le Roy ayant esté informé de l'arrest rendu au Conseil d'Estat le dix huit septembre mil six cens soixante cinq, par lequel il auroit esté ordonné que les consuls des parroisses dépendantes des diocèzes de Vienne, Viviers, Valence et le Puy presenteroient aux sieurs archevesques et évesques des dits diocèzes, chacun à leur esgard, des maîtres d'escoles capables d'instruire la jeunesse, lesquels lesdits consuls seroient tenus de payer, Sa Majesté leur permettant d'imposer à cet effet sur tous les contribuables des parroisses ce qui seroit nécessaire pour estre employé au payement des dits maîtres d'écoles et que ceux de la religion prétendue réformée y contriburoient comme les catholiques, à l'exception touttesfois de ceux des lieux où ils avoient exercice public, où les habitans de ladite religion prétendue reformée en demeureroient exempts, attendu la permission qui leur est donnée par les édits d'y entretenir des maîtres d'écolles; et comme Sa Majesté se seroit fait représenter les dits édits, et veu que l'article trente sept des particuliers de celuy de Nantes qui a accordé aux dits de la religion prétendue reformée la permission d'avoir de petites escolles dans les lieux où l'exercice public de leur religion est estably ne les exempte pas néantmoins de contribuer à l'entretien de celles de la communauté, et que cette exemption n'est point comprise dans les charges de communauté auxquelles les dits de la religion prétendue réformée ont esté deschargez de contribuer par le deuxiesme article des particuliers du dit édit et trente six de la déclaration du mois de febvrier mil six cent soixante neuf; Tout considéré, Sa Majesté estant en son Conseil a ordonné que les habitans de la reli-

1. *Arch. départ. de l'Hérault*, C, Intend. 150, liasse.

gion prétendue réformée des lieux dépendans des dits diocèses où il y a exercice public de ladite religion contribueront à l'entretien des écoles de la communauté des dits lieux qui y ont esté establis et où il sera nécessaire d'en establir comme aux autres charges publiques, nonobstant ce qui est porté par l'arrest du Conseil du dix huictiesme septembre mil six cent soixante cinq; dans lesquelles escolles les enfants des dits de la religion prétendue reformée qui y voudront aller seront enseignez avec le même soin, sans les contraindre en aucune manière sur le fait de la religion, Permettant néantmoins aus dits de la religion prétendue réformée d'entretenir en leur particulier un maître d'école dans chacun des dits lieux, conformément à ce qui est porté à l'article trente sept des particuliers de l'édit de Nantes et par les arrest du Conseil d'Estat des neuf novembre mil six cent soixante dix, quatre décembre mil six cent soixante unze et unze du présent mois, et sera le présent arrest exécuté, nonobstant oppositions ou appellations quelconques, Enjoignant Sa Majesté au sieur Daguesseau, conseiller en ses Conseils, maître des requestes ordinaire de son hostel et intendant de justice en Languedoc, d'y tenir la main. Fait au Conseil d'Estat du Roy, Sa Majesté y estant, tenu à Versailles le XXIe jour de janvier mil six cent quatre vingt trois.

Phélypeaux.

53.

18 juillet 1683. — Rapport de Daguesseau sur la situation à Montpellier et dans le Languedoc[1].

Depuis la démolition du temple de Montpellier, les huguenots de cette ville et des environs s'assemblent à la campagne, chés la présidente de Vignoles et chés le marquis du Cayla à Saint-Jean-de-Vedas, qui est à une lieue de Montpellier. Le seigneur de ce lieu a fait abattre le dedans de sa maison pour faire une salle propre à contenir 3,000 personnes, et, dans les assemblées qui s'y font, ils font une espèce de serment d'union de n'abandonner jamais la cause de Dieu.

On a souffert que le ministre Bourdieu fils allat de tems en tems à Montpellier pour voir sa famille et son bien, affin d'avoir occasion de

---

1. *Arch. Nat.*, TT 247 (*olim* TT 322), pièce 177.

négocier à sa convertion. Mais, comme il n'écoute plus aucune proposition parce qu'on luy fait espérer un employ au prochain synode, il est à propos de l'éloigner.

Il est important que les ministres interdits par l'arrest du Parlement de Toulouse n'ayent point d'église. On a disposé les choses de manière que le commissaire catholique qui assistera au synode ne manquera pas de moyens légitimes pour en exclure quelques-uns.

Sa Majesté ne voulant pas deffendre absolument les synodes, ne pouvait rien faire de plus utile pour la religion que d'ordonner qu'il y aurait un commissaire catholique; mais, pour en tirer tout l'avantage qu'on a lieu d'en espérer, il est d'une extrême importance que Sa Majesté fasse choix d'un homme très habile, et qu'il ayt des instructions secrètes de désunir les principaux du consistoire qui sont déjà en jalousie pour le gouvernement, qu'il les laisse disputer sur les matières qui les divisent, qu'il tasche de les gaigner par des offres qu'il fera à chacun en particulier des avantages temporels, et enfin qu'il profite de toutes les conjonctures pour l'avantage de la religion.

Il y a deux ministres dans les Cévennes, décrétés au Parlement de Toulouse, qui estoient entrés en négociation pour leur conversion; mais du moment qu'ils ont vu cesser les poursuites, ils n'en ont plus voulu entendre parler. Un ordre à M. le procureur général dudit Parlement de reprendre les poursuites les feroit revenir.

(En marge : Nismes). Nismes et Usez sont comme le centre de l'hérésie en Languedoc. La véritable religion y est opprimée par les huguenots qui y sont en grand nombre et qui y sont les maîtres.

Ces deux consistoires, particulièrement celui de Nismes, qui donnent le mouvement à tous ceux de la province, envoyent des émissaires partout pour destourner ceux qui sont dans des dispositions de se convertir. Ils leur inspirent d'emprunter à concurrence de leur fonds, et puis de l'abandonner et passer dans des pays étrangers, où ils leur promettent de grandes assistances. Le consistoire de Nismes a fait une queste qu'ils disent n'estre qu'un essay de leur charité, qu'on dit aller à 30,000 l. Il y a outre cela les charités ordinaires qui se donnent au bassin qu'on dit aller à plus de 20,000 l. par an pour Nismes seul. Il est certain qu'ils assistent ceux de leur religion et préviennent mesme dans leurs besoins, tant spirituels que temporels, avec une charité qui ne se peut imaginer. Et c'est leur moyen le plus efficace pour les affermir dans leur religion. Les nouveaux catholiques se plaignent qu'on les néglige après qu'ils ont fait abjuration, et les ministres ne manquent pas de prendre occasion de là, *de destourner ceux qui sont dans de bonnes dispositions.*

Le Parlement de Toulouse a donné un arrest du 28me de mars 1681 qui deffend aux ministres de recevoir au temple les enfens impubères, sçavoir les masles au-dessous de quatorze ans et les filles au-dessous de douse, lorsque les pères sont catholiques. Cet arrest a esté signifié aux consistoires de Languedoc, mais il reste sans effet, parce que les ministres ne reconnaissent d'autres deffenses que celles qui sont portées par les édicts, déclarations ou arrests du Conseil.

Sa Majesté a ordonné aux officiers, procureurs et notaires de la R. P. R. de se démettre de leur charge. Les huguenots s'appliquent avec un soin extrême et des artifices incroyables à s'attirer la connoissance et la décision des affaires, en qualité d'arbitres ou de prudhommes experts, et de cette manière ils éludent l'exécution des déclarations de Sa Majesté et arrests du Conseil.

Sa Majesté, par arrest de son Conseil du 21esme d'octobre 1667, a réduit au tiers le nombre de ceux de la R. P. R. pour les arts et mestiers des villes et lieux de la province de Languedoc, ce qu'elle a confirmé par sa déclaration du 1er de février 1669 en l'art. 30esme. Ceux de la religion continuent non seulement d'estre en plus grand nombre que le tiers reiglé par Sa Majesté, mais encor, après leur mort, leurs veufves arrentent leurs facultés à des compagnons huguenots et mesme souvent ceux de la R. P. R., se prévalant de la facilité ou avarice des veufves de maitres catholiques, font arrenter leurs facultés à des garçons de ladite religion qui en donnent une plus grande somme que les catholiques, estans aydés par les anciens de leur consistoire, et éludent ainsy l'exécution de l'arrest, ce qui cause un grand dommage aux pauvres artisans catholiques, qui est encor extrêmement augmenté depuis la démolition du temple de Montpellier, les huguenots cessant de faire travailler les artisans catholiques et n'employant que ceux de leur religion.

Il serait à souhaiter que Mrs les Evesques secondassent le zèle de Sa Majesté pour la religion, et qu'ils usassent de leur costé des moyens spirituels qui conviennent à leur caractère, et que Dieu leur a mis en main, pour tascher de ramener ses sujets dans le sein de l'Eglise, c'est-à-dire des missions, des exhortations fréquentes, etc. Une lettre du Roy sur ce sujet à Mrs les Evesques de Languedoc feroit un effet merveilleux dans les Cévennes, qui est le siège de l'huguenotisme. Les catholiques n'y sont point instruits et les ecclésiastiques y sont presque tous ignorants et peu capables de travailler avec fruit à la conversion des âmes. On dit qu'il y a en Poitou des missionnaires qui travaillent avec grande bénédiction; on en pourroit faire un détachement pour le Languedoc où les bons ouvriers sont extrêmement rares.

Il est absolument nécessaire d'establir dans quelques seneschaussées du Languedoc, mais particulièrement dans le Vivarets, des prevosts indépendants avec des forces suffisantes pour tenir la campagne, affin d'arrester le cours d'une infinité de meurtres et de brigandages qui s'y commettent impunément depuis longtems, parce que les prevosts diocésains, estans dependens des évesques et des barons dont ils sont toujours domestiques, n'ont ny l'autorité ny le pouvoir de faire leur charge. Depuis le commencement de cette année, il s'est commis dans la ville du Puy divers meurtres et assassinats, mesme avec de violentes présomptions de duel; tout demeure impuny et homme qui vive n'y a vu un exemple de justice que sur des misérables qui ont manqué de protection ou d'autres moyens de se procurer l'impunité de leurs crimes.

Le sieur marquis de La Fare a envoyé un procès-verbal fait par le juge du comté d'Allais contenant la déclaration d'un bourgeois de Sisteron, comme il auroit esté obligé de contrefaire l'huguenot pour esviter d'estre massacré dans le lieu de Coulet, dans les Cévennes, diocèse de Mande, et, qu'estant entré par cette feinte dans la confidence des habitants dudit lieu, l'un d'eux luy auroit dit qu'il avoit eu intention de le tuer du mesme poignard dont il en avoit déjà tué d'autres; que le Roy estoit bien end... (sic) contre eux, mais qu'ils y mettroient bon ordre si on leur donnoit temps jusques à la récolte; que des ministres et d'autres personnes des plus considérables de leur religion estoient venus dans ce lieu, et ayant trouvé le poste fort avantageux, avoient résolu d'y mettre des vivres pour dix ans pour 20,000 hommes; qu'il y avoit un fonds en Languedoc de 400,000 l. pour des munitions de guerre et de bouche; qu'ils devoient bientôt surprendre un fort en Dauphiné qui estoit une place importante, etc.

Le ministre Bertaud, qui avoit esté choisi pour rester à Montpellier comme estant le plus sage et le moins dangereux, pour baptiser les enfans de ceux de la religion, est devenu si ardent et si zélé que *peut estre* (en surcharge) il seroit bon d'en mettre quelqu'autre à sa place qui feroit moins de mal.

Au dos : Mémoire sur plusieurs choses à faire en Languedoc. Envoyé par M. Daguesseau le 18 juillet 1683.

54.

20 septembre 1683. — Sentiments de fidélité des Réformés ; leurs réclamations pour leurs libertés et notamment pour le rétablissement du culte à St-Hippolyte [1]. *(St-Hippolyte-du-Fort, Gard.)*

Mémoires de M^{rs} les depputés quy vont à Nismes vers Mgr le comte du Roure, lieutenant général des armées du Roy et de sa province de Languedoc, de la part de l'assemblée tenue à Anduze le 20^{esme} septembre 1683.

Lesdits s^{rs} depputtés assureront Mgr le comte du Roure des respects de la compagnie et de l'inviolable fidelitté que toutes les Esglizes de cette province et en particulier les habitans de St Hipolite ont pour le service de Sa Majesté, et le supplieront très humblement d'agir et d'intercéder envers Sa Majesté en faveur de ceux de nostre Religion pour nous faire obtenir la révocation des édits, declarations, arrestz et ordonnances quy nous privent de la liberté de conscience, quy interdisent nos exercices publicz, quy nous hostent les moyens de gaigner nostre vie, quy expozent nos biens et nos vies entre les mains des juges quy sont nos parties, et quy anéantissent tous les privilèges quy nous sont accordés par l'Edict de Nantes, quoy qu'il ayt esté donné pour estre perpetuel et irrévocable ; sans la révocation desquels édits, arrestz et declarations nostre condition est extrêmement déplorable, nous jette dans le désespoir et nous fait trouver la vie plus amère que la mort mesme.

(Suivent des réclamations d'ordre général, puis) : Lesdits s^{rs} depputés supplieront encore mondict seigneur d'obtenir de S. M. le restablissement de l'exercice public de nostre religion dans le lieu de St Hipolite, attendeu qu'il ne leur a esté hosté que pour un cas quy ne regardoit que quelques particuliers et que ce lieu est composé de 4 ou 5,000 âmes quy ne peuvent pas vivre sans consolation et sans exercice public de leur religion. . . . .
. . . .

Extraict des actes de l'assemblée de direction des Esglizes des

---

[1]. *Arch. Nat.*, TT 231, pièce 103.

Sevenes et Gevaudan tenue à Anduze sur la lettre de Mgr le comte du Roure, le 20ᵉˢᵐᵉ septembre 1683.

D'Olimpies, m[inistre] et secrétaire.

Au dos : Instruction pour les députés de l'assemblée d'Anduse vers M. le comte du Roure.

1683. It. P. R. Anduze (en marge).

55.

26 juin 1684. — Projet d'arrêt sur l'admission des nouveaux convertis dans les corporations d'arts et métiers envoyé par Daguesseau[1].

Nouveaux convertis.

Sur les avis qui ont esté donnez à S. Mté que dans plusieurs villes de la province de Languedoc, où il y a des habitans de la R. P. R., les N. C. qui ont fait leur apprentissage dans les arts et mestiers desdites villes ont des peines et des difficultés extrêmes à se faire recevoir dans lesdits arts et mestiers pour les troubles et les empeschemens qui leur sont suscitez en haine de leur conversion par ceux de ladite R. P. R. et à cause des droits excessifs que lesdits de la R. P. R. trouvent moyen d'exiger desdits N. C., à quoy estant nécessaire de pourvoir et de faire qu'à l'avenir lesdits N. C. puissent facilement estre receus dans lesdits artz et mestiers dont ils auroint fait aprentissage sans aucune difficulté,

Le Roy en son Conseil a ordonné et ordonne que les N. C. qui voudront se faire recevoir dans les arts et mestiers desdites villes de la province de Languedoc dont ils auroient fait aprentissage, y seront receus sans aucuns droitz ny frais, faisant Sa Mté très expresses inhibitions et deffenses aux maistres desdits arts et mestiers tant catholiques que de la R. P. R. d'exiger aucune chose pour leur réception à peine de 500 l. d'amande et de tous despens, dommages et interests, à la charge neanmoins par lesdits N. C. de satisfaire aux statuts et réglemens desdits arts et mestiers. Enjoignons aux officiers de police et consuls desdites villes de faire exécuter le présent arrest

---

1. *Arch. Nat.*, TT 217 (*olim* TT 322), pièce 180.

sans souffrir qu'il y soit contrevenu et au sieur Daguesseau d'y tenir la main.

Au dos : 1684. R. P. R. Envoyé par M. Daguesseau le 20 juin 1684.

56.

21 août 1684. — Preuves d'exercice de la religion réformée en 1577, exigées pour Nimes, Uzès et Castres[1].

Extraict des Registres du Conseil d'Estat.

Veu par le Roy estant en son Conseil arrest rendu en iceluy, le XVIII septembre 1682, sur l'article premier du cahier présenté à Sa Majesté en la dite année par les gens des trois Estatz de la province de Languedoc, par lequel en conséquance de la demande portée par le dit article à ce que défenses fussent faictes à ceux de la religion prétendue refformée de faire aucun exercice de leur religion dans les villes de Montpellier, Nismes, Usez, Castres et Montauban, Sa Majesté auroit ordonné conformément à la response faite sur le dit cahier que ceux de la religion prétendue refformée seroient tenus dans trois mois du jour de la signiffication du dit arrest de prouver par devant les sieurs commissaires exécuteurs de l'Edit de Nantes en la dite province que l'exercice de la dite religion s'est faict en 1577 dans les dites villes et dans les lieux appartenans aux ecclésiastiques, autrement que Sa Majesté pourvoiroit sur le dit article ainsi qu'il appartiendroit, Veu aussy l'article premier du cahier présenté par les dits Estats en 1683 contenant leur demande de l'interdiction du dit exercice seulement aux villes de Nismes, Usès et Castres, attendu la démolition des temples de Montpelier et Montauban, ordonnée par arrest du Parlement de Thoulouze, avec la responce que lorsque les productions auroient esté remises suivant le susdit arrest, Sa Majesté feroit raporter les partages, et pareille demande aussy faicte par le premier article du cahier des dits Estatz de la présente année, Ouy le raport et tout considéré, Le Roy estant en son Conseil, conformément au dit arrest du XVIII septembre 1682 et aux reponses faictes sur les dits cahiers des Estatz de Languedoc, a ordonné et ordonne que ceux de la religion prétendue réformée seront tenus dans deux

1. *Arch. départ. de l'Hérault*, C, Etats. Reg. des Ordonnances et Arrests, A 1. Tome 16.

mois du jour de la signification du présent arrest de prouver par titres en forme probante et authentique devant les sieurs commissaires de l'Edit de Nantes en la dite province de Languedoc comme l'exercice de la dite religion prétendue refformée s'est faict dans les villes de Nismes, Usez et Castres en l'année 1577 et dans les lieux appartenans aux ecclesiastiques, et à faute de ce faire dans le dit temps il en sera donné advis à Sa Majesté pour en suite estre par elle ordonné sur la dite demande ce qu'il appartiendra. Faict au Conseil d'Estat du Roy, Sa Majesté y estant, tenu à Versailles le XXIe aoust mil six cens quatre vingts quatre.

PHELYPEAUX.

57.

21 décembre 1684. — L'occupation militaire avant la Révocation. Extrait d'ordonnance de Daguesseau.

« Henry Daguesseau, chevalier, conseiller du roy, etc. — Veu les ordres du Roy à nous adressés, par lesquels Sa M^{té} auroit ordonné qu'à commencer du premier janvier prochain la solde des régimens de Provence et de La Ferre, estant en quartier chez les habitans de la R. P. R. du Vivarez et des Sevènes, sera payée ausdits regimens sur le pied porté par son ordonnance du mois de septembre dernier; que dans les communautez où les troupes seront logées, le logement s'y feroit chez les habitans de la R. P. R., et qu'outre la solde payée des deniers de Sa M^{té}, il seroit payé par les lieux où les troupes seront logées deux sols par place d'ustancilles, desquelles places chaque sergent en doit avoir deux; un enseigne, trois; un lieutenant, quatre; un capitaine, six; le major, comme le capitaine; l'ayde-major, comme le lieutenant, et le colonel comme deux capitaines; moyennant lesquelles places Sa M^{té} veut que tant les officiers que les soldats vivent en payant et soient contenus dans la discipline portée par les ordonnances et les reglemens. »

Daguesseau fixe le prêt à donner par les officiers aux soldats à quatre sols par jour, leur faisant aux uns et aux autres « très expresses inhibitions et deffenses d'exiger aucune autre chose de leurs hôtes au delà des deux sols par place » et insistant sur la nécessité de la discipline.

1. *Arch. départ. de l'Hérault*, C, Intendance, 159. Liasse.

58.

1685. — Dernières mesures restrictives proposées par les États de Languedoc contre les Réformés avant la révocation de l'Edit de Nantes[1].

Article Ier. — Les gens des trois Estats de vostre province de Languedoc, vos très humbles, très obéissants et très fidelles serviteurs et sujets, représentent avec humilité à Vostre Majesté qu'ayant pourveu par ses déclarations pour l'intérêt de ceux de la R. P. R. à tout ce qui peut regarder le salut des âmes de leurs enfans par l'administration du sacrement de baptesme, il semble qu'il ne peut estre rien fait de plus important ny de plus digne des soins de Vostre Majesté que de pourvoir à la conservation de leurs biens lorsqu'ils se trouvent sans père et sans mère. Ce qui est d'autant plus juste qu'il arrive souvent que les tutelles de leurs enfans sont mises entre les mains des estrangers parce qu'ils sont de la R. P. R., et que les parents catholiques en sont exclus. A ces causes, Sire, plaira à Vostre Majesté d'ordonner que ceux de la R. P. R. ne pourront estre tuteurs ny curateurs, et que les biens de leurs enfans qui se trouveront sans père et sans mère soient administrez par les parents catoliques, s'ils en ont, ainsy qu'il sera ordonné par justice ou autrement, et au défaut de parents catoliques ou au cas qu'eux mesmes ne voulussent point accepter ladite administration, par ceux qui seront choisis tant par les parents catoliques que par ceux de la R. P. R., pourveu toutefois que ceux qui seront nommez pour l'administration desdits biens soient catoliques et non autrement.

Response : Le Roy accorde le présent article et fera pour cet effet expédier incessamment la déclaration nécessaire.

Article 2. — Ceux de la R. P. R. se voyant privez d'une partie de leurs temples par la démolition qui en a esté ordonnée sur les contraventions aux déclarations de V. M., affectent depuis quelque temps de s'assembler jusques à six ou sept mil personnes et plus sous prétexte d'aller au presche dans le lieu le plus voisin pour y faire leurs prières quoyqu'ils sçachent que le temple ne peut pas les

---

1. *Arch. départ. de l'Hérault*, C, Etats. Cah. de dol. reg., 1685. Répondu le 14 août 1685. Art. 1, 2, 3, fol. 217 sqq. Copie.

contenir. Ce qui fait que les relaps et les enfans des catoliques nouvellement convertis qui sont au dessous de l'âge de quatorze ans, sont soufferts publiquement dans la foule, parce que n'estant pas du lieu ny dans le temple, le ministre et le consistoire prétendent estre à couvert des peines qui sont ordonnées contre eux. Et comme ce ne peut estre que par un feaux zèle et dans la veue de faire des assembléez que ceux de la R. P. R. affectent ce concours, puisqu'ils ne sçauroient entrer dans le temple et qu'ils ne peuvent faire leurs prières dehors ny les ministres leurs presches, d'ailleurs qu'il arrive cet inconvénient pour eux mesmes que ceux du lieu qui ont conservé l'exercice par leur obéissance sont privez du presche par la considération qu'ils ont pour les estrangers ou parce qu'ils ne sont pas les maistres; A ces causes, Sire, plaira à V. M. d'ordonner que par ses officiers sur les lieux qui seront pour ce commis, il sera fait vérification du nombre des personnes estrangères qui peuvent contenir en chaque temple où l'exercice est encore toléré, afin d'empescher qu'il n'en puisse venir un plus grand nombre, de laquelle vérification il sera dressé par eux procès verbal qui sera remis et signiffié aux ministres et aux consistoires desdits lieux pour estre ensuitte par eux ledit nombre remply de ceux de la R. P. R. qui seront dans les communautez du bailliage seulement pour y venir chacun à leur tour suivant le rolle qu'ils en feront, lequel ils seront tenus de remettre par extrait au greffe desdits bailliages et seneschausséez pour y avoir recours en cas de besoin, leur faisant déffences d'y en appeller un plus grand nombre et d'y recevoir aucun relaps ny enfans des catoliques nouveaux convertis au-dessous de l'âge de quatorze ans à peine d'interdiction de l'exercice.

Réponse : Le Roy y fera considération.

Article 3. — Le moyen le plus assuré pour convertir ceux de la R. P. R. dans un temps que l'exemple ou leurs propres lumières les y pourroient porter, c'est d'empescher que ceux de la R. P. R. qui sont riches ne prestent pas à ceux de la mesme religion pour les contraindre et dans la veue de se faire payer s'ils changeoient de religion, et que ceux qui ont presté à des gens qui se sont depuis peu convertis ne puissent pas les presser pour le payement de ce qui leur est deu. C'est un des articles les plus ordinaires dont ceux de la R. P. R. se servent en Languedoc, parce que les rentes n'y sont pas en usage et qu'on n'y preste que par obligation qui donne le pouvoir et la liberté au créantier de demander en tout temps à son débiteur le principal de sa debte, ce qui fait que le nouveau converty est fort pressé par son créancier et qu'il importe qu'il plaise à Vostre Majesté d'y pourvoir en ordonnant, si tel est son bon plaisir, que les nouveaux convertis depuis dix ans, débiteurs de ceux de la R. P. R., et ceux qui se convertiront à l'avenir, ensemble leurs cautions, s'ils sont catoliques, soit qu'ils soient solidairement obligez ou autrement, auront la faculté de payer leurs créantiers en fonds de terre suivant l'estimation qui en sera faite par experts dont les parties conviendront, sinon par ceux qui seront pris d'office par les juges des lieux, au cas toutesfois et non autrement que les créantiers demandent le principal de leurs debtes, ce qui ne pourra avoir lieu que pour le principal seulement et tant que le créancier sera de la R. P. R. Vostre Majesté trouvera cette demande d'autant plus juste qu'on conserve aux créanciers les fonds de leurs débiteurs qui leur sont obligez et hipothèquez et qui font toute leur assurance.

Réponse : Sa Majesté n'estime pas à propos de rien adjouter à la surséance accordée pendant trois ans pour le payement des debtes de ceux qui se convertissent à la religion catolique.

59.

29 juillet 1685. — « Estat des Exercices personnels qui sont dans la province de Languedoc. » (Mémoire de Daguesseau.)

DIOCÈSE DE MONTPELLIER.

Pignan. Messire Henry de Bachy, marquis de Caylar, mary de dame Elizabet de Ricard, dame de Pignan. . . . . . Produit.

St-Jean-de-Vedas. Noble Jean de Sarret, seigneur de St-Jean-de-Vedas. . . . . Produit

Et est de plus poursuivy pour contravention aux ordonnances.

Montarnaud (barré). Le seigneur du lieu de Montarnaud est nouveau converty.

Cournonterral.

Gremian. Noble Jacques de Courtiac et Polet, seigneur de Gremian. . . . . Produit.

St-Hilaire (barré). Noble Pierre Dampmartin, Sr de la Salade et dudit St-Hilaire. . . . . Produit.

1. *Arch. Nat.*, TT 247 (*olim* TT 322), pièce 178.

Jugé interdit, sauf de justifier que cette terre fut érigée en fief avant l'Edict de Nantes, et qu'elle soit possédée en ligne directe ou collatérale par les descendans de ceux qui la possédoient lors dudit Edict.

DIOCÈSE DE NISMES.

Ginestoux. Noble Jacques de Ginestoux, seigneur dudit lieu.

St-André-de-Valborgne. Aunard de Saurin, seigneur dudit lieu de St-André.

Sauvignargues. Dame Rose de Calvière, dame dudit lieu de Sauvignargues. . . . . Produit.
Renonce au droit d'exercice personnel.

Candiac. Mr Me Pierre de Moncalm, seigneur de St-Veran et Candiac, conseiller au Parlement de Toulouse. . . . . Produit.

St-Cristol. Messire Jean de Tremolet, seigneur de St-Cristol et de Montmoirac. . . . . Produit.

Marvejols Gardons. Le sr Causse est seigneur dudit lieu.

Gaillan. Le sr de Chaumont est seigneur dudit lieu.

St-Cosme. Le sr de Sevre, seigneur dudit lieu.

Vestric. Le sr de Savier, seigneur dudit lieu.

St-Bausel. Le sr Cazalet, seigneur dudit lieu.

DIOCÈSE DE VIVIERS.

La Bastide d'Antragues. Messire Louis de Lauvé, comte d'Entragues. . . . . Produit.

Prades (barré). Interdit par arrest du Conseil. Jugé interdit.

La Bastide de Virac. Messire Jacques de Beauvoir du Roure, seigneur de St-Florans, La Bastide et autres lieux. Pour la Bastide-de-Virac. Produit.

DIOCÈSE D'USEZ.

La Calmette. Noble Philippe Dardouin, seigneur de La Calmette. . . . . Produit.

Vaquières. Messire François de La Tour de La Chara Gouvernet, seigneur dudit lieu de Vaquières.

Clairan.

Fournez. Charles de Sarret, seigneur de St-Privat et dudit lieu. . . . . Produit.

La Bastide d'Orniol de Goudargues. Noble Louis de Pelegrin, seigneur dudit lieu de La Bastide et Dorniol de Goudargues. Produit.

Mers. Dame Antoinette de Guiran, veuve de noble Claude Dolon, seigneur de Mers. . . . . Produit.

Avéjean. Messire Jacque de Bans (Bannes) d'Avéjean.   Produit.

Serignac-Fons. Messire Jean-Louis de Cambis, seigneur des lieux de Serignac et Fons. . . . . Produit.

St-Theodorit. Dame de Bou.anquet, dame dudit lieu.

Fesc. Noble Jean de Bousanquet, seigneur du Fesc.

Pourses et Crouses. Noble Nicolas de Ceires, seigneur desdits lieux de Pourses et Crouses.

Peyremales et La Ribevet. Jean Pierre de Leyris, seigneur desdits lieux de Peiremales et de La Ribevet.

Descombis. Noble Antoine de Leiris, seigneur dudit lieu Descombis.

Lagele et Pranairoles. Noble André Cantières, seigneur desdits lieux de Lagele et Pranairoles.

Aigremont. Messire Henry de Rochemore, baron dudit lieu d'Aigremont. . . . . Produit.

Rosier. Noble Antoine Teissier, seigneur dudit lieu du Rozier.

Du Peyras. Noble Antoine de Leyris, seigneur dudit lieu du Peyras.

Cornillon. Noble Hector de Siber, seigneur dudit lieu de Cornillon.

Verfeuil. Noble Alexandre de La Tour de Gouvernet, seigneur de Verfeuil.

DIOCÈSE D'ALBY.

St-Amans et Paulin (barré). Messire Jacques de Genibrouse, seigneur desdits lieux de St-Amans et Paulin. . . . . . Produit.
Jugé interdit comme nouvel acquéreur.

DIOCÈSE DE MONTAUBAN.

Montbartier. Messire Corbeiran d'Astorg, seigneur dudit Montbartier. . . . . Produit.

Toutes les productions qui ont été remises ainsi qu'il est marqué cy-dessus sont en communication, sont entre les mains des Sindics du clergé du diocèse, et on les jugera à mesure qu'ils les remettront.

Au dos : Mémoire des exercices personnels de Languedoc. R. P. R. — Envoyé par M. Daguesseau dans sa lettre du 20 juillet 1685.

60.

3 août 1685. — « *Mémoire des habitans de la R. P. R. des villes et lieux de la province de Languedoc, qui ont quité le Royaume au préjudice des deffenses du Roy, portées par l'Edit du mois d'aoust mil six cent soixante-neuf*[1]. » (*Transmis par Daguesseau.*)

LIEUX	NOMS DES HABITANTS de la R. P. R. qui ont quitté lesdits lieux.	LE NOMBRE de LEURS FAMILLES	L'ESTAT de LEURS BIENS	CE QUE SONT DEVENUES leurs familles.
Montpelier.	Le sr Bourdieu, par cy devant ministre à Montpellier.	Est marié et a un enfant ministre.	Il a quelques biens en fond changez sur le compoix de son filz.	Est en Angleterre avec son filz et son petit-filz depuis une année, par permission du Roy; sa femme est à Montpelier.
	Le sr Gautier, cy devant ministre à Montpelier.	Est marié, a une femme et deux enfans.	A un domaine au lieu du grand Gallargues.	Est dans l'Electorat de Brandebourg et sa femme à Montpelier avec sa famille.
	Pierre Bufanier, marchand.	A une femme et trois enfans.	A quelque petit bien à Montpellier sur le compoix de son père.	Est en Angleterre avec sa famille depuis 4 ans.

1. *Arch. Nat.*, TT. 217 (*olim* TT. 322), pièce 63.

LIEUX	NOMS DES HABITANTS de la R. P. R. qui ont quitté lesdits lieux.	LE NOMBRE de LEURS FAMILLES	L'ESTAT de LEURS BIENS	CE QUE SONT DEVENUES leurs familles.
Montpelier.	Le sr Bessonnet.	Est jeune homme.	Il n'a aucuns biens.	Est en Hollande depuis 2 ans.
	Le sr Espessil, marchand.	Est jeune homme.	Il a une maison à Mauguio; a une maison à Montpelier sous le nom de Jean Espessil, marchand.	Est en Hollande depuis 4 ans.
	Le sr Lauvas, marchand.	Est un jeune homme ayant sa mère et une sœur.	Il n'a laissé aucuns effets.	Est en Hollande depuis 3 ans avec sa mère et sa sœur.
	Etienne Mars jeune, libraire.	N'est point marié.	N'a aucuns biens.	Est en Hollande depuis 3 mois.
	Jean Pioch, apothicaire.	Est marié et a quatre enfans.	A une maison à Montpelier.	Est à Londres depuis 1 an, où il a etably son filz. Deux de ses filles y sont allées depuis 2 mois et la mère est à Montpelier tenant boutique d'apothicaire.

PIÈCES JUSTIFICATIVES. CXXV

LIEUX	NOMS DES HABITANTS de la R. P. R. qui ont quitté lesdits lieux.	LE NOMBRE de LEURS FAMILLES	L'ESTAT de LEURS BIENS	CE QUE SONT DEVENUES leurs familles.
Montpelier.	Claude Cavalier, gantier.	Est marié.	La mère de ce garçon, du consentement de laquelle il est sorti du Royaume, est acomodée et a de l'argent comptant.	Est hors du Royaume, on ne sçait pas en quel endroit. Sa femme est à Montpelier.
	Jacques Montaud, marchand.	Est marié, n'a point d'enfans.	N'a aucuns biens.	Est en Hollande avec sa femme depuis 4 ou 5 ans.
	Le sr Montagnon, de Montbasin.	Est veuf, a un enfant.	A un domaine au lieu de Montbasin.	Est en Hollande avec son fils depuis 1 an.
	Philipe Dumont, bourgeois *(barré)*.	Est marié, n'a point d'enfans *(barré.)*	A vendu une maison qu'il avoit à Montpelier *(barré.)*	A esté à Orange avec sa femme *et en est revenu.*
	La demoiselle Condeot, belle-sœur du dit Dumont.	Est fille.	A vendu une métairie au sr de la Roche, conseiller.	Est à Orange.
	Le sr Pelet de Cenouillat, diocèse d'Usez.	Est marié avec la fille du sr Fizes, de Montpelier.	Elle a eu 5000 l. de dot.	Sont tous deux à Strasbourg depuis 2 ou 3 mois.

LIEUX	NOMS DES HABITANTS de la R. P. R. qui ont quitté lesdits lieux.	LE NOMBRE de LEURS FAMILLES	L'ESTAT de LEURS BIENS	CE QUE SONT DEVENUES leurs familles.
Montpelier.	Deux enfans du nomé David Bonner.	N'estant point mariez.	Enfans de famille.	Sont hors du Royaume depuis 2 ans; le père est à Montpelier, qui a quelques biens.
	Le filz de Pivrier, gantier.	N'est pas marié.	Enfant de famille.	Est en Angleterre et le père avec; le reste de sa famille, est à Montpelier, tenant boutique.
	Lavoise, apothicaire.	Est jeune homme.	Il avoit le fond d'une boutique à Montpelier qu'on a baillée au nommé Sabre, apoticaire.	Est en Angleterre.
	Jean Vielle, marchand droguiste.	N'est pas marié.	Il a deux maisons à Montpelier et quatre pieces de terre et a fait banqueroute.	Est allé trouver une de ses sœurs en Hollande.
	Jean Bourdieu filz, ministre.	A une femme.	Il a une maison, une metairie et plusieurs terres.	Est allé en Angleterre avec sa femme, par permission du Roy.

PIÈCES JUSTIFICATIVES.

LIEUX	NOMS DES HABITANTS de la R. P. R. qui ont quitté lesdits lieux.	LE NOMBRE de LEURS FAMILLES	L'ESTAT de LEURS BIENS	CE QUE SONT DEVENUES leurs familles.
Montpellier.	Le filz aîné du sr Bornier.	N'est pas marié.	Est fils de famille et son père a du bien.	Est allé en Hollande.
	Castanet, cordonnier.	A un filz et deux filles.	Il a une maison à Montpellier.	Est allé en Hollande avec ses enfans.
	Paravisol.	N'est pas marié.	N'a aucuns biens.	Est allé à Genève. Sa mère et une sœur sont à Montpelier.
Lunel.	Pierre et Jean Anco, freres.	Ce sont des jeunes hommes pastissiers, qui se sont retirez depuis quelques années.	Ils ont deux petites pièces de vigne.	Ils sont à Londres, en Angleterre.
Sommières.	Le sr Pivols, ministre. NOTA. C'est un des ministres qui a prêché à Saint-Hipolite. Condamné à estre pendu, par contumace.	Il a une femme avec trois enfans.	Il ne possede aucuns biens que ceux qu'il a du chef de sa femme.	Sa femme et ses enfans sont dans leur maison. On ne sçait pas ce qu'il est devenu.
Saint-Hipolite.	Josué Noguier, capitaine.	Il a une femme et point d'enfans.	Il a pour 6000 l. ou environ de bien.	Est en Angleterre et sa femme à Saint-Hipolite.

LIEUX	NOMS DES HABITANTS de la R. P. R. qui ont quitté lesdits lieux.	LE NOMBRE de LEURS FAMILLES	L'ESTAT de LEURS BIENS	CE QUE SONT DEVENUES leurs familles.
Saint-Hipolite.	Louis Bedos. Est un des réservez par l'amnistie donnée en faveur de ceux de la R. P. R. des Sevènes et Vivaresiz, qui a esté condamné par contumace à estre rompu.	Il a une femme, un fils et une fille.	Ses biens ont esté mis en distribution et ses immeubles vendus.	Il est en Suisse avec son filz et sa fille. Sa femme est restée à Saint-Hipolite.
	Jean Vestier. Reservé par la mesme amnistie.	Est un jeune homme.	N'a point de biens.	Est à Genève.
	Jacques Lacroix. Reservé par la mesme amnistie.	Est un jeune homme.	N'a point de biens.	On ne sçait ce qu'il est devenu.
	Le sr Durand, de Ganges. Reservé par la mesme amnistie.	Est veuf, a une petite fille.	A des biens assez considerablement.	
	Barrefort. Reservé par la mesme amnistie.	Est jeune homme.	A une maison et une vigne.	Il est en Suisse.

PIÈCES JUSTIFICATIVES.

LIEUX	NOMS DES HABITANTS de la R. P. R. qui ont quitté lesdits lieux.	LE NOMBRE de LEURS FAMILLES	L'ESTAT de LEURS BIENS	CE QUE SONT DEVENUES leurs familles.
Anduse.	Le sr Boyer, ministre de Canaules. C'est un des ministres qui ont prêché à Saint-Hipolite, et qui a esté condamné par contumace à estre pendu.	A une femme et trois garçons.	Ses biens ont esté saisis pour le payement des amandes.	La femme et le plus jeune des filz sont à Anduse; l'aisné est relégué à Mascon et l'autre est en Hollande; le père est en Suisse.
	Michel Duchaisne.	Est jeune homme.	N'a point de biens.	On disoit qu'il estoit allé en Suisse et presentement on dit qu'il est dans les troupes du Roy.
Puylaurens.	Le sr La Mothe Julien.	Est garçon.	N'a point de biens en fons, mais il lui est dû 12000 l. de legitime par le sr Julien Descampon, son frere, qui a son chasteau à une lieue de Lavaur.	Est officier dans les troupes du Roy de Dannemarck.
	Le sr Barrau.	Est jeune homme.	N'a que tres peu de bien.	Il est dans les pays étrangers depuis 4 mois.

LIEUX	NOMS DES HABITANTS de la R. P. R. qui ont quitté lesdits lieux.	LE NOMBRE de LEURS FAMILLES	L'ESTAT de LEURS BIENS	CE QUE SONT DEVENUES leurs familles.
Puylaurens.	Les srs Sarrapuy et Benoist Labarte.	Sont garçons.	N'ont point de biens en fond, ayant vendu le peu qu'ils en avoient avant leur départ ; peuvent avoir environ chacun 2000 l. de légitime.	Sont pareillement officiers dans les troupes du Roy de Dannemarck.
	Les srs Noel et Jean Viala, frères.	Sont garçons, fils d'un notaire. Noel estoit proposant et Jean avoit fait la guerre.	Pouvoient avoir chacun 150 l. de légitime, que l'on croit que Pierre et Jeanne Viala, leurs freres, leur ont payez.	Sont dans les pays étrangers depuis 3 ans.
	Le sr Navort.	Proposant, est garçon, fils d'un orphèvre.	N'a point de biens ; ses freres lui ont payé sa légitime en argent, qui pouvoit monter à 2000 l.	Est dans les pays étrangers depuis 5 ans.
	Le sr Belot.	N'est pas marié. Estoit régent des basses classes de l'académie de Puylaurens.	A peu de bien.	Est dans les pays étrangers depuis 4 ou 5 ans.

LIEUX	NOMS DES HABITANTS de la R. P. R. qui ont quitté lesdits lieux.	LE NOMBRE de LEURS FAMILLES	L'ESTAT de LEURS BIENS	CE QUE SONT DEVENUES leurs familles.
Puylaurens.	Le frere du dit Belot.	Marchand chaussetier, non marié.	Nul bien en fond.	A suivy son frère.
La Salle.	David Sabatier.	Il a une femme qu'il épousa en Bretagne.	Il n'a laissé aucuns biens.	Il est depuis 1 an en Angleterre garde du corps du Roy, à ce qu'on dit.
	Louis Sabre.	Est un jeune garçon, non marié.	Fils de famille.	Après avoir resté à Paris 3 ans avec son oncle, il est allé en Angleterre.
	Le fils de Grenoules, tailleur d'habitz.	Est un jeune garçon, non marié.	Fils de famille.	Est a Genève depuis 4 ou 5 ans.
	Le nommé Lisse fils, tailleur.	N'est pas marié.	Fils de famille.	Est à Genève travaillant de son métier.
	Le fils du sr Fontanier, ancien notaire.	Il estoit mangonnier et n'estoit pas marié.	Est filz de famille.	Apres avoir fait banqueroute, il y a 2 ans, est allé à Geneve.
	Henry Bousanque.	A un enfant en Suisse.	N'a point de bien.	Fit banqueroute en 1680, et on dit qu'il est allé joindre son filz qui negocie en Suisse.

LIEUX	NOMS DES HABITANTS de la R. P. R. qui ont quitté lesdits lieux.	LE NOMBRE de LEURS FAMILLES	L'ESTAT de LEURS BIENS	CE QUE SONT DEVENUES leurs familles.
Saint-André-de-Lodeve.	Valés, tailleur.	Est un jeune homme.	N'a aucuns biens. Son pere et sa mere sont convertis.	Il est en Hollande.
	Jean Coulondres. Fut décrété et mis prisonnier à la requête du Procureur juridictionnel de Lodève.	Est jeune homme.	A pour 5 ou 600 l. de biens immeubles qui ont esté saisis à la requête dudit Procureur juridictionnel.	Il a brisé les prisons et s'est sauvé; on ne sçait pas s'il est passé dans les pays étrangers.
	Jaques Arnaud.	Est un jeune homme.	N'a aucun bien.	Il fut décrété et s'est sauvé il y a 2 mois, on ne sçait pas où.
Durefort.	Isaac Teissier. Est un des ministres qui a preché à Saint-Hipolite et qui a esté condemné par contumace d'estre pendu.	Est un jeune homme.	Son pere jouit de tous les biens qu'il possédoit.	Est présentement avec une de ses sœurs dans le canton de Berne, en Suisse.
	David Roquette, facturier de soie.	Est un jeune homme.	Sa mere jouit de tous les biens de cette famille.	Il est en Hollande, à Amsterdam, travaillant de son mestier.

LIEUX	NOMS DES HABITANTS de la R. P. R. qui ont quitté lesdits lieux.	LE NOMBRE de LEURS FAMILLES	L'ESTAT de LEURS BIENS	CE QUE SONT DEVENUES leurs familles.
Durefort.	Samuel Roquette, frère dudit David.	Est jeune homme.	N'a pas de bien.	Il est deserté et est allé trouver son frere à Amsterdam.
	Marie Libron	Est une jeune fille qui demeuroit pour servante chez le sr Bufanier, marchand, de Montpelier.	Elle n'a point de biens.	A suivy ledit Bufanier à Amsterdam.
Beziers.	Brun, marchand.	Il a trois garçons et cinq filles.	Il a fait banqueroute.	Il est allé en Holande. Sa famille est à Béziers.
Privas.	Le filz aisné de Jaques Brun.	N'est pas marié.	Est cohéritier des biens de sa mère, de valeur de 8000 l., et sont six enfans.	S'est retiré à Genève.
	La fille aisnée de Me René de Couche, avocat, agée de 16 ans.	N'est pas mariée.	Elle est cohéritiere des biens de sa mere, de valeur de 7500 l. avec ses trois freres.	Son pere est nouveau converty. Elle s'est absentée pour ne pas se faire de la religion de son père qui la solicitoit à cela.

LIEUX	NOMS DES HABITANTS de la R. P. R. qui ont quitté lesdits lieux.	LE NOMBRE de LEURS FAMILLES	L'ESTAT de LEURS BIENS	CE QUE SONT DEVENUES leurs familles.
Privas.	Paule Chalamont.	Est une fille agée de 21 ans.	A environ 5000 l. de biens.	Elle s'est absentée à cause des poursuites qu'on fait contre elle pour la faire professer la religion de son pere qui s'etoit converly auparavant sa mort.
	Jean Meyssonnet.	A une femme et quelques enfans.	Il a pour 1000 l. de biens en fons.	Est sorti du Royaume avec toute sa famille depuis 4 mois.
	Le nomé Marousti, dit Saint-André.	Est jeune homme.	A environ 2000 l. de bien.	A quitté le Royaume depuis 18 mois.
	Paul et Daniel Riboulet, l'un ministre et l'autre aspirant.	Ne sont point mariez.	Paul a environ 300 l. de bien et Daniel 1500 l.	Se sont retirez en Suisse.
	Le filz aisné d'Isac Sibleyrac, âgé de 22 ans.	N'est pas marié.	Est filz de famille.	Il est en Suisse, étudiant en téologie.
Aiguesmortes.	Gilly, filz de Gilly dit le Marmot.	N'est pas marié. A estudié pour estre ministre.	Est filz de famille.	Est en Angleterre depuis 1 an. Son père et sa mère sont à Aiguesmortes.

PIÈCES JUSTIFICATIVES, CXXXV

LIEUX	NOMS DES HABITANTS de la R. P. R. qui ont quitté lesdits lieux.	LE NOMBRE de LEURS FAMILLES	L'ESTAT de LEURS BIENS	CE QUE SONT DEVENUES leurs familles.
Montagnac.	François Cabrol.	N'est pas marié.	Est filz de famille.	Est en Dannemarc depuis 2 ans.
Annonay.	Joachim Doulhon.	N'est pas marié.	Filz de famille.	Est en Angleterre depuis 2 ou 3 ans.
	Le fils de Jean Gondet.	N'est pas marié.	Est filz de famille.	Est en Angleterre, où il négocie depuis 2 ans.
	Louis Couston.	Est jeune homme.	Il a pris son droit de légitime.	Il est en Angleterre, dans les gardes du Roy.
	Antoine Marcha.	Est jeune homme.	Il avoit 2000 l. de legitime qu'il a retirés.	Est du costé de Livourne depuis 10 ans.
	Allexandre Chomil, fils du sr Pierre Chomil Valgela.	Est filz de famille.	. . . .	Est sur la mer depuis 8 années.
	Paul Chomil, marchand.	A une femme et quelques enfans.	Il a une vigne et une piece de terre audit Annonay.	On ne sçait pas où il est, ayant quitté sa femme à propos qu'elle se fut faite catholique. Elle est morte depuis peu. Il y a une fille de la religion à Annonay.

LIEUX	NOMS DES HABITANTS de la R. P. R. qui ont quitté lesdits lieux.	LE NOMBRE de LEURS FAMILLES	L'ESTAT de LEURS BIENS	CE QUE SONT DEVENUES leurs familles.
Annonay.	André Lombard, voiturier.	A une femme et trois enfans.	Il n'a laissé aucuns biens.	Après avoir fait abjuration, il alla à Genève où il est mort ; toute sa famille y a resté.
	Jean André Lacou.	A sa femme et un enfant.	Il a son droit de légitime que l'on croit peu considérable.	Il se sauva des prisons, où il estoit accusé de relaps, et est à Genève ; sa femme et son fils sont à Boulieu.
Allez.	Le sr Borély, fils de noble Borély.	Est fils de famille.	Les biens de son père, qui fut tué en Hollande, ont esté confisquez au Roy et donnez au sr de Saint-Hilaire.	Il est au service du prince d'Orange. Sa mère, avec une de ses sœurs, sont à Allez.
	La demoiselle Recoule.	A un enfant bâtard.	A vendu tous ses biens.	Après avoir fait abjuration de la R. P. R., est allée, avec son bastard, à Auvinay, en Suisse.
	Le nommé Rousson, tailleur.	A une femme et quatre enfans.	N'a laissé aucuns biens.	Il est à Auvinay, en Suisse, avec toute sa famille, depuis 2 ans.

LIEUX	NOMS DES HABITANTS de la R. P. R. qui ont quitté lesdits lieux.	LE NOMBRE de LEURS FAMILLES	L'ESTAT de LEURS BIENS	CE QUE SONT DEVENUES leurs familles.
Allez.	Le nommé Donsson, passementier.	A une femme et deux enfans.	N'a laissé aucuns biens.	Est audit Auvinay depuis 2 ans, avec toute sa famille.
Villeneuve-de-Berg.	François de Serres.	N'est point marié.	Est fils de famille.	A quitté le Royaume.
	Scipion, jeune.	Id.	Id.	Id.
	René Raoul.	Id.	Id.	Id.
Privas.	Pierre Sabatier, chapelier.	Est veuf, n'a point d'enfant.	Il a pour 1500 l. de bien, qu'il a donné au nommé Jaques Vignon.	Il est à Genève depuis 3 ans.
	Marguerite Marnier, femme du sr Romiat, ministre.		A 4000 l. de dot sur les biens de son mary, à Saint-Fortunat.	Est en Suisse depuis 1 an.
	Le fils d'Isaac Chambaud.	N'est point marié.	Est fils de famille.	Est en Suisse pour faire des études.
	Le fils de Paul Suzier, apoticaire.	N'est point marié.	Est filz de famille.	Id.

LIEUX	NOMS DES HABITANTS de la R. P. R. qui ont quitté lesdits lieux.	LE NOMBRE de LEURS FAMILLES	L'ESTAT de LEURS BIENS	CE QUE SONT DEVENUES leurs familles.
Privas.	Le filz de feu Alexandre Robiol.	Est jeune homme.	Son père luy a fait un légat de 1500 l.	Il est en Suisse pour faire son aprentissage de marchand.
Le Vigan.	Le sr Roussel et son fils, ministres.	Le père n'a que cet enfant et sa femme est à Anduse.	Il a quelque bien.	Ils sont en Angleterre.
	La femme du sr Vial, ministre d'Aulas.	....	N'a point de bien.	Est allée en Suisse joindre son mary, depuis 4 mois.
Mazamet.	Le sr Vernoux, ministre à Mazamet.	Il est marié. Sa femme et ses enfans sont à Castres.	Il a deux metairies de quatre paires de labourage.	Il est ministre à Londres et a un de ses fils avec luy depuis 1 an.
	Abel Alba.	Est jeune homme.	N'a aucuns biens.	Est à Londres.
	Antoine Cordes, apoticaire.	Est jeune homme.	N'a aucuns biens.	Est aux isles Carolines, au service des Anglois depuis 3 ans.
	Jean Cordier, orphèvre.	Est jeune homme.	Est heritier d'un bien de 10000 l. conjointement aux huit sœurs qu'il a.	Est à Londres depuis 3 ans.

LIEUX	NOMS DES HABITANTS de la R. P. R. qui ont quitté lesdits lieux.	LE NOMBRE de LEURS FAMILLES	L'ESTAT de LEURS BIENS	CE QUE SONT DEVENUES leurs familles.
Toulouse.	Valentin, marchand.	Est jeune homme.	N'a pas de biens.	On ne sçait ce qu'il est devenu.
	Sevérac le jeune. Isaac Risoliers.	Sont de jeunes hommes condemnez à mort par arrest du Parlement de Toulouse du 23 janvier 1683.	Ils n'ont laissé aucuns biens.	
Castres.	Pierre Aurel. Jean Auriol. Pierre Lucadou.	Sont de jeunes hommes condemnez à mort par deffaut, par arrest du Parlement de Toulouse du 22 juin 1683.	Ils n'ont laissé aucuns biens.	Le premier est en Holande. Le deuxième est en Angleterre. Le troisième en Holande.
	Pintard.	C'est un jeune homme qui s'est retiré depuis quelques années.	Il doit venir recueillir l'heritage de son pere qui a esté tué, lequel peut valoir 7 à 8000 l.	Est en Angleterre.

LIEUX	NOMS DES HABITANTS de la R. P. R. qui ont quitté lesdits lieux.	LE NOMBRE de LEURS FAMILLES	L'ESTAT de LEURS BIENS	CE QUE SONT DEVENUES leurs familles.
Nismes.	Charles Icard, ministre. A esté condemné par contumace à estre rompu, pour estre du nombre des ministres seditieux.	Est marié et a femme et enfans.	N'a d'autre bien que celuy de sa femme, qui est peu considérable.	Est allé à Genève ou en Suisse depuis 18 mois, où sa femme et ses enfans le sont allé joindre depuis 4 mois.
	Le sr Perol, ministre. Idem, à estre pendu.		N'a point de biens dans Nismes.	Il s'en est allé dans le mesme temps que ledit Icard, on ne sçait pas où.
	Le sr Bauzille Fonfrolde.	Est mort à Geneve.	Il avoit quelque bien.	Sa femme, sa fille et son beau-fils sont à Nismes.
	Le sr Brousson, avocat, estoit un des boute-feu de la rebélion des huguenots, ainsi qu'il a esté communiqué depuis l'amnistie.			
	Pierre André, marchand,	Est veuf et sans enfans.	N'a aucuns biens.	Est en Hollande.

PIÈCES JUSTIFICATIVES.

LIEUX	NOMS DES HABITANTS de la R. P. R. qui ont quitté lesdits lieux.	LE NOMBRE de LEURS FAMILLES	L'ESTAT de LEURS BIENS	CE QUE SONT DEVENUES leurs familles.
Nismes.	David Martin, marchand de soye.	Est veuf et ses enfans sont à Nismes.	A quelque bien.	Est à Lauzanne, en Suisse, où il fait travailler.
	Michel Viviers, praticien.	Est marié.	Il a quelque bien sous le nom d'Isabelle (?) Chabaud, sa belle-mère.	Est à Genève et sa femme est restée à Nismes.
	Jaques Esperandieu, tondeur.	Est marié.	A du bien.	Est allé en Angleterre trouver son filz qui y est marié depuis 4 ans, d'où l'on croit qu'il doit revenir. Sa femme et ses enfans sont à Nismes.
	Pierre Pascal. A esté capitaine de cavaliers.		N'a point de bien en fons à Nismes.	Est à Genève depuis 18 mois, où il a esté obligé d'aller à cause du desordre de ses affaires.
	Jean Coutiveau, marchand.		Ses créanciers ont pris son bien pour ce qui leur estoit deu.	Est à Genève.

LIEUX	NOMS DES HABITANTS de la R. P. R. qui ont quitté lesdits lieux.	LE NOMBRE de LEURS FAMILLES	L'ESTAT de LEURS BIENS	CE QUE SONT DEVENUES leurs familles.
Nismes.	La dame de Saint-Cosme la douairière.	Est de famille.	A du bien.	S'est retirée à Genève.
	David Castanet, marchand teinturier.	Est marié.	N'a point de bien en fons.	Est en Angleterre avec sa femme.
	Abraham Castanet, idem.	Id.	Id.	Est à Genève avec sa femme et ses enfans.
	Jean Esperandieu, taffetassier. Est un des coupables de la sédition qui arriva à Nismes au mois de may 1683.	....	Id.	Est en Angleterre.
	Le sr Guer, marchand de soye.	....	N'a point de biens en fons.	Est en Angleterre à cause du désordre de ses affaires.
	Jean Larguier, taffetassier.	Est marié.	A quelque peu de bien.	On croit qu'il est à Genève ou à Lauzanne avec sa famille.

PIÈCES JUSTIFICATIVES. CXLIII

LIEUX	NOMS DES HABITANTS de la R. P. R. qui ont quitté lesdits lieux.	LE NOMBRE de LEURS FAMILLES	L'ESTAT de LEURS BIENS	CE QUE SONT DEVENUES leurs familles.
Nismes.	Claude Noüailles, cordonnier.	Est marié.	A quelque peu de bien.	Il est à un lieu près de Genève.
	Prunel filz, tondeur.	Est un jeune homme.	N'a aucun bien.	Est à Londres depuis 1 an.
	Le sr Longuet, marchand.	....	Id.	Est allé en Angleterre depuis 2 ans.
	Le nomé Valentin, tailleur d'habits.	....	....	Est en Angleterre depuis quelques années.
	Le sr Pestil, droguiste.	Est marié.	A une maison.	Est en Angleterre. Sa femme et ses enfans sont à Nismes.
	Valentin Frigoulier, tailleur d'habits.	Est marié.	A quelque peu de bien.	Est en Suisse, où il est allé joindre une de ses sœurs qui s'y est retirée. A laissé deux de ses enfans à Nismes.
	Le sr Massureau, marchand de soye.	Est un jeune homme.	....	Est en Angleterre.

LIEUX	NOMS DES HABITANTS de la R. P. R. qui ont quitté lesdits lieux.	LE NOMBRE de LEURS FAMILLES	L'ESTAT de LEURS BIENS	CE QUE SONT DEVENUES leurs familles.
Nismes.	Antoine Altivat, boulanger.	....	....	Est à Genève.
	Les nommez Penallier, Reboul frères, Selviers et Longues, taffetasiers.	....	....	Sont allez ensemble à Lauzanne depuis 10e mois.
	Le nommé Esperandieu de la Boucarie.	....	....	Est à Genève, où on croit qu'il est marié.
	Le nomé Courdil, taffetasier.	Est marié.		Est allé en Angleterre, avec toute sa famille.
	Les sr^s Junques et Mutuel.	....	N'ont aucuns biens en fond.	Sont en Angleterre.
Clermond de Lodéve.	Pierre Baille.	Est marié et a sa femme et quatre enfans.	A du bien, dont le sr Massaur jouit, en vertu de la saisie qu'il a fait faire à sa requete.	Est à Amsterdam avec sa famille.
	Jean Baille, frère dudit Pierre.	Est jeune homme.	A du bien.	Est allé joindre sondit frere.

PIÈCES JUSTIFICATIVES. CXLV

LIEUX	NOMS DES HABITANTS de la R. P. R. qui ont quitté lesdits lieux.	LE NOMBRE de LEURS FAMILLES.	L'ESTAT de LEURS BIENS	CE QUE SONT DEVENUES leurs familles.
Clermond de Lodève.	Barthelemy Garigues, chirurgien.	Est marié.	N'a point laissé de bien.	Est à Genève depuis 7 ans, où il s'est marié.
	Jean Forestier. A esté condemné à mort par sentence du Juge de ladite ville.	Est veuf.	Ses biens ont esté confisquez.	On ne sçait ce qu'il est devenu. On croit néanmoins qu'il est en Suisse.

Au dos : Mémoire des religionnaires de Languedoc qui ont quité le Royaume sans permission. Envoyé par M. Daguesseau avec sa lettre du 3ᵉ aoust 1685.

Nᵃ. Peu qui ayent quelque chose à perdre.

61.

1ᵉʳ octobre 1685. — Mesures de police précedant la Révocation [1].

Anne Julles, duc de Noailles, pair de France, premier capitaine des gardes du corps du Roy, commandant en chef pour Sa Majesté en la province de Languedoc, gouverneur et lieutenant général des comtés et vigueries du Roussillon, Conflans et Cerdagne, capitaine général desdits païs, gouverneur particulier des ville, château et citadelle de Perpignan, et lieutenant général des armées du Roy...

Sur l'avis qui nous a esté donné que plusieurs personnes insul-

1. *Arch. départ. de l'Hérault*, GG. Réformés. Liasse.

toient les Nouveaux Convertis, nous avons ordonné et ordonnons que ceux qui seront trouvés insultans lesdits Nouveaux Convertis de parole ou autrement seront condamnés en deux cens livres d'amende et mis au carcan pour la première fois, et, en cas de récidive, condamnés d'avoir le fouet par la main du bourreau; enjoignons au premier consul de tenir la main à l'exécution de nostre presente ordonnance. Fait à Montpellier le premier jour d'octobre 1685.

Anne Julles, duc de Noailles (autogr.).

1er octobre 1685 [1].

Anne Julles, duc de Noailles, etc...

Il est ordonné à tous ceux qui ont achepté à vil prix des meubles, denrées ou autres effetz des gens de la R. P. R. et presentement convertis à la R. C. A. et Romaine, de les rendre et restituer incessamment aux vendeurs pour le mesme prix qu'ilz les ont acheptés, aussy tost qu'ils en seront par eux requis; enjoignons aux officiers de justice, consuls des lieux et autres qu'il appartiendra de tenir la main à l'exécution de nostre presente ordonnance que nous voulons estre lue, publiée et affichée partout où besoin sera, affin que personne n'en ignore. Fait à Montpellier le premier octobre 1685.

Anne Julles, duc de Noailles (autogr.).

1er octobre 1685.

De par le Roy et de Mgr le duc de Noailles, etc.

Estant venu à nostre cognoissance lors de nostre arrivée en la ville de Montpellier que la plus part des habitans de la R. P. R. de ladite ville se sont absantés avec leurs femmes et enfans dans le dessein de quitter le royaume; que pour cest effect ils ont vendu leurs meubles, fruitz et denrées et autres effects et qu'ils ont fait transporter ailheurs ceux qu'ils n'ont peu vendre, et, par ce mauvais exemple, ont esté cause que grand nombre d'habitans de la R. P. R. de plusieurs villes et lieux de la province se sont pareillement retirés après avoir vendu ou caché leurs effets; et considérant que ceste conduite est tout à fait seditieuse et contraire aux Edits et déclarations de Sa M^{té} portant deffences à ses subjets de passer en des pays

---

1. Cf. ordonnance de Daguesseau (même cote), publiée dans l'*Histoire gén. de Languedoc*, t. XIII, n° 480, et qui doit être datée du 18 septembre 1685.

estrangers sans sa permission à peyne de confiscation de corpz et de biens; Nous ordonnons que ceux de la R. P. R. de ladite ville de Montpellier et autres villes et lieux de ceste province quy ont quité le lieu de leur demeure ordinaire depuis le premier jour du mois de septembre dernier et quy en les quittant ont vendu et emporté leurs meubles et effects seront tenus d'y revenir et d'y faire revenir leurs femmes et enfans dans vingt jours après la publication de nostre presente ordonnance quy sera publiée et affichée tant à la place publique de Montpellier et aux carrefours de ladite ville que dans les autres villes et lieux où besoin sera, passé lequel dellay le procès leur sera faict à la deligence du procureur du Roy suivant la rigueur des ordonnances et déclarations de Sa Maté. Fait à Montpellier, le premier jour d'octobre 1685. Signé A. J. duc de Noailles, et plus bas : par Mgr, Delort signé. (Copie).

62.

20 octobre 1685. — Mise en train officielle des Dragonnades à Nimes et dans le diocèse[1].

Anne Julles, duc de Noailles, etc...

Nous ordonnons qu'il sera fait nouvelle visite dans toutes les maisons de la ville de Nismes et du diocèse et que dans celles où il sera trouvé des chefs de familles, femmes ou enfans au dessus de l'âge de quatorze ans, valets, servantes ou autres domestiques de la R. P. R., il sera mis garnison dans le delay de quatre jours, conformément aux ordres du Roy; enjoignons au Procureur du Roy en la sénéchaussée et siège présidial dudit Nismes de faire lire, publier à son de trompe et afficher nostre presente ordonnance, affin que personne n'en ignore. Fait à Nismes ce vingt octobre 1685.

Anne Julles, duc de Noailles.

Pour Monseigneur,

Delort.

1. Arch. municip. de Nimes, OO 171. Impr.

FIN.

TABLE DES MATIÈRES.

	Pages.
Avant-propos.	7

LA PROCÉDURE (1660-1680) ... 17

Chapitre premier. — Condition civique des Réformés ... 17

   1° Les Réformés et les États ... 17
   2° Les Réformés et les consulats ... 25
   3° Les Réformés et les conseils de ville ... 48
   4° Réformés et finances municipales ... 60
   5° Réformés et assistance publique ... 70
   6° Les Réformés et l'enseignement ... 77

Chapitre II. — Condition religieuse des Réformés. La propagande catholique par les États de Languedoc ... 81

   1° L'exercice religieux ... 81
   2° Le temple ... 102
   3° Manifestations extérieures du culte ... 104
   4° L'action des pasteurs ... 106
   5° Restrictions au droit représentatif ... 108
   6° La propagande catholique ... 122

Chapitre III. — Condition administrative et économique des Réformés ... 133

   1° Les offices ... 134
   2° La Chambre de l'Édit ... 136
   3° Condition économique des Réformés ... 142

	Pages.
LA VIOLENCE (1680-1685).............................	159
CHAPITRE UNIQUE...................................	159
1º État des Réformés en 1680....................	159
2º Daguesseau..................................	162
3º Rôle des Etats en 1680-82....................	164
4º Mesures de rigueur...........................	166
5º Essais de conciliation.......................	176
6º Résistance et répression.....................	179
7º Rigueurs de procédure........................	187
CONCLUSION......................................	199
ADDITIONS ET CORRECTIONS........................	203
PIÈCES JUSTIFICATIVES...........................	I
— nº 1. — 13 mars 1618. — Les Réformés dans les Etats et les assemblées d'assiettes...........	III
— nº 2. — Mémoire à La Vrillière sur le même sujet....	IV
— nº 3. — 1655. — Précautions contre les magistrats réformés de Languedoc.....................	VII
— nº 4. — 1656. — Rivalité économique entre Catholiques et Réformés à Nimes.................	VII
— nº 5. — 25 avril 1661. — Exemple d'abjuration reçue par un religieux........................	VIII
— nº 6. — 1661. — Réformés et consulats municipaux...	IX
— nº 7. — 12 octobre 1661. — Attribution des commissaires de l'Edit relativement aux fonctions municipales................................	X
— nº 8. — 1662. — Etats de Languedoc et Chambre de l'Edit. Collège de Nimes.....................	XI
— nº 9. — Janvier-juillet 1662. — Subvention des Etats aux œuvres de conversion.................	XIII
— nº 10. — 18 février 1662. — Subvention des Etats à une famille de Nouveaux Convertis...........	XIV
— nº 11. — 1662-63. — Extrait du cahier des Réformés de Montpellier.............................	XIV
— nº 12. — août 1662. — Un détournement d'enfants....	XVI
— nº 13. — 1662. — Mémoire sur les enterrements des Réformés.................................	XVII
— nº 14. — Janvier 1663. — Note de Conti sur le même objet.....................................	XVIII
— nº 15. — Fin 1663. — Mémoire de l'évêque de Nimes sur l'œuvre des commissaires de l'Edit.......	XIX

TABLE DES MATIÈRES.

Pièces justificatives :

— n° 16. — Janvier 1664. — Conseils de ville et assistance publique..	XXIV
— n° 17. — Avril 1664. — Les consuls de Montpellier contre l'organisation des Réformés de Bas-Languedoc..	XXVI
— n° 18. — 1665. — Le Parlement de Toulouse et les Réformés..	XXVIII
— n° 19. — 1665. — Statistique des villes et lieux de confession mixte..	XXIX
— n° 20. — 1665. — Interdiction aux Catholiques d'abjurer demandée par les Etats...........................	XLV
— n° 21. — 1666-67. — Situation du commissaire protestant de l'Edit, de Peyremales.....................	XLVIII
— n° 22. — 1667. — Les Réformés et les maîtrises d'arts et métiers..	L
— n° 23. — 1667. — Arrêts des Grands Jours du Puy et de Nimes contre les Réformés........................	LII
— n° 24. — 1668. — Les Réformés et les menus emplois..	LXI
— n° 25. — 1668. — Allocation des Etats à un Nouveau Converti...	LXII
— n° 26. — 1668. — La surveillance des malades de la religion réformée.....................................	LXIII
— n° 27. — 1670. — Monopole des charges municipales vénales aux Catholiques................................	LXIV
— n° 28. — 1670. — Extrait de requête au Roi par les Réformés...	LXV
— n° 29. — 1673. — Les synodes et le Roi.............	LXVII
— n° 30. — 1673. — Exclusion des Réformés des assemblées d'assiette......................................	LXX
— n° 31. — 1674. — Instances par les Etats pour la suppression de la Chambre de Castres..................	LXXI
— n° 32. — 3 janvier 1676. — Exclusion des Réformés du consulat et du conseil politique d'Uzès............	LXXII
— n° 33. — 1677. — La surveillance des synodes........	LXXIV
— n° 34. — 1678. — Les Réformés et la répartition municipale des impôts à Montpellier.....................	LXXVIII
— n° 35. — 1679. — Mémoire de Daguesseau sur la conversion des pasteurs et des Religionnaires de Languedoc...	LXXIX
— n° 36. — 1679. — Mémoire de Daguesseau sur l'exercice de la R. P. R. dans les lieux pris par la force des armes..	LXXXVI

TABLE DES MATIÈRES.

Pièces justificatives :

Pages.
— n° 37. — 27 novembre 1670. — Extrait d'un discours de Daguesseau aux Etats.................... LXXXVIII
— n° 38. — 9 décembre 1679. — Refus d'ouvrir le synode d'Uzès en présence d'un commissaire catholique. LXXXVIII
— n° 39. — 1680. — Restrictions aux droits des seigneurs protestants hauts justiciers..................... XC
— n° 40. — Juillet 1680. — Règlement, par Daguesseau, de la dette des Réformés de Nîmes................ XCI
— n° 41. — Novembre 1680. — Exemple d'abjuration notable... XCIV
— n° 42. — 1680-81. — Exemples d'allocations diverses à des Nouveaux Convertis..................... XCIV
— n° 43. — 1681. — Les Etats demandent la suppression du Collège et de l'Académie protestante de Puylaurens.. XCV
— n° 44. — 1682. — Note indiquant certaines hésitations dans le cabinet de Châteauneuf................ XCVI
— n° 45. — Septembre 1682. — Note de Daguesseau sur les magistrats protestants de Languedoc.......... XCVII
— n° 46. — 1682. — Les Etats, le culte et la contribution des Réformés aux dépenses des Catholiques....... XCVIII
— n° 47. — 29 septembre 1682. — Rapport de Daguesseau sur l'affectation aux hôpitaux mixtes des legs faits aux Réformés..................................... C
— n° 48. — Décembre 1682. — Restrictions aux subventions votées par les synodes pour les pasteurs et veuves de pasteurs................................ CIII
— n° 49. — 1682-83. — Quelques libéralités à des Nouveaux Convertis et à des œuvres de conversion.... CIV
— n° 50. — 1683. — Mesures diverses proposées par les Etats contre les Réformés.......................... CVI
— n° 51. — 1683. — Placet des Réformés de Languedoc au Roi sur leurs droits dans les corporations d'arts et métiers.. CVIII
— n° 52. — Janvier 1683. — Contribution imposée aux Réformés pour les écoles communes............... CIX
— n° 53. — Juillet 1683. — Rapport de Daguesseau sur la situation à Montpellier et en Languedoc.......... CX
— n° 54. — Septembre 1683. — Extrait du mémoire des Réformés au comte du Roure attestant leurs sentiments de fidélité au Roi........................... CXIV

TABLE DES MATIÈRES. CLIII

PIÈCES JUSTIFICATIVES :

Pages.

— n° 55. — Juin 1684. — Projet d'arrêt sur les Nouveaux Convertis et leur admission dans les corporations envoyé par Daguesseau.................... CXV

— n° 56. — Août 1684. — Preuves d'exercice de la R. P. R. exigées pour Nîmes, Uzès et Castres.............. CXVI

— n° 57. — Décembre 1684. — L'occupation militaire avant la Révocation........................ CXVII

— n° 58. — 1685. — Dernières mesures restrictives proposées par les Etats contre les Réformés.......... CXVIII

— n° 59. — Juillet 1685. — Etat « des exercices personnels » en Languedoc. (Mémoire de Daguesseau.)... CXX

— n° 60. — 3 août 1685. — Etat des Religionnaires fugitifs de Languedoc (transmis par Daguesseau)..... CXXIII

— n° 61. — 1er octobre 1685. — Mesures de police précédant la Révocation........................... CXLV

— n° 62. — 20 octobre 1685. — Mise en train officielle des Dragonnades à Nîmes et dans le diocèse.......... CXLVII

IMPRIMERIE ET LIBRAIRIE ÉDOUARD PRIVAT
45, RUE DES TOURNEURS, 45

Envoi franco dans toute l'Union postale, contre mandat-poste ou valeur sur Toulouse.

BIBLIOTHÈQUE MÉRIDIONALE

PUBLIÉE SOUS LES AUSPICES DE LA FACULTÉ DES LETTRES DE TOULOUSE

La *Bibliothèque méridionale* publie des travaux & des documents de tout genre relatifs à l'histoire, à la langue & à la littérature du Midi de la France & des pays voisins : Italie, Espagne, Portugal. Elle forme deux séries distinctes au point de vue du format : la première série, petit in-8°, est plus spécialement consacrée à l'histoire littéraire ; la seconde, grand in-8°, à l'histoire.

EN VENTE

PREMIÈRE SÉRIE, tome I. *Poésies complètes de Bertran de Born*, publiées dans le texte original, avec une introduction, des notes, un glossaire, & des extraits inédits du cartulaire de Dalon, par Antoine THOMAS, professeur honoraire à la Faculté des lettres de Toulouse, chargé du cours de philologie romane à la Sorbonne. — Petit in-8°. — Prix : 4 francs.

PREMIÈRE SÉRIE, tome II. *Première partie des Mocedades del Cid de Don Guillen de Castro*, publiée d'après l'édition princeps, avec une étude critique sur la vie & les œuvres de l'auteur, un commentaire & des poésies inédites, par Ernest MÉRIMÉE, professeur de langue & de littérature espagnoles à la Faculté des lettres de Toulouse. — Petit in-8°. (Quelques exemplaires seulement.) — Prix : 7 francs.

PREMIÈRE SÉRIE, tome III. *Les Mystères provençaux du quinzième siècle*, publiés pour la première fois, par M. M. JEANROY, professeur à la Faculté des Lettres de Toulouse et H. TEULIÉ. — Petit in-8°. — Prix : 7 francs.

PREMIÈRE SÉRIE, tome IV. *Le troubadour Guilhem Montanhagol*, par Jules COULET, agrégé des lettres, ancien élève de l'École normale supérieure & de l'École pratique des hautes études. — Un vol. petit in-8°. — Prix : 5 francs.

DEUXIÈME SÉRIE, tome I. *Documents pour l'Histoire de la Domination française dans le Milanais (1499-1513)*, publiés par L.-G. PÉLISSIER, professeur à la Faculté des Lettres de Montpellier. — Un volume grand in-8°. — Prix : 7 fr. 50.

DEUXIÈME SÉRIE, tome II. *Inscriptions antiques des Pyrénées*, par Julien SACAZE. 468 inscriptions dont 350 gravées d'après les monuments originaux. — Un fort volume in-8° raisin de 600 pages, imprimé sur beau papier. — Prix : 20 francs.

DEUXIÈME SÉRIE, tome III. *Gaston IV, comte de Foix, vicomte souverain de Béarn, prince de Navarre, 1423-1472*, par Henri COURTEAULT, archiviste aux Archives nationales. — Un volume grand in-8°. — Prix : 7 francs.

DEUXIÈME SÉRIE, tome IV. *Les Institutions politiques et administratives du pays de Languedoc du XIII° siècle aux guerres de Religion*, par Paul DOGNON, ancien élève de l'École normale supérieure, professeur à la Faculté des Lettres de Toulouse. — Un vol. grand in-8°. — Prix : 10 francs.

DEUXIÈME SÉRIE, tome V. *Quelques préliminaires de la révocation de l'Édit de Nantes en Languedoc*, par M. GACHON, prof. à la Faculté des Lettres de Montpellier. — Un vol. gr. in-8°. — Prix : 7 francs.

POUR PARAÎTRE PROCHAINEMENT

PREMIÈRE SÉRIE, tome V. *Les comptes consulaires d'Albi*, par M. VIDAL, lauréat de l'Institut, secrétaire de la Société des Sciences, Arts et Belles-Lettres du Tarn.

www.ingramcontent.com/pod-product-compliance
Lightning Source LLC
Chambersburg PA
CBHW070903170426
43202CB00012B/2179